Jean-Jacques Becker

Histoire politique de la France depuis 1945

Huitième édition

ARMAND COLIN

— COLLECTION CURSUS • HISTOIRE —

Conception de couverture : Dominique Chapon et Emma Drieu

Internet : http://www.armand-colin.com
ISBN 2-200-26475-5

ARMAND COLIN ÉDITEUR • 21, RUE DU MONTPARNASSE • 75006 PARIS

— Sommaire —

Chapitre I

La France à la Libération

Lorsque à la fin du mois d'août 1944 la majeure partie de la France se trouva libérée de l'occupation allemande, une fois l'enthousiasme des premières heures passé, elle se trouva devant d'innombrables problèmes à régler. Le plus important, même si faire vivre le pays était également crucial, fut un problème politique, celui du *pouvoir*.

Le problème du pouvoir

Une solution provisoire

La vie politique d'un pays tourne toujours autour de l'exercice du pouvoir, mais il est des moments hors de l'ordinaire où cette question prend une acuité particulière.

En septembre 1944, elle recouvrait trois interrogations : À qui doit revenir le pouvoir ? Qui a le *droit* de l'occuper ? Qui possède la légitimité ?

En effet, le pouvoir précédent s'était évanoui. N'ayant plus aucun soutien dans le pays, le gouvernement de Vichy n'avait tenté aucune résistance et ses responsables ainsi que les principaux partisans de la « collaboration » avaient trouvé refuge en Allemagne, en Italie, en Espagne ou en prison… Les autorités administratives dépendant du gouvernement de Vichy avaient, de leur côté, abandonné leurs fonctions sans protestations ni résistance. Place nette avait été faite à peu près spontanément, ce qui n'était pas assuré d'entrée.

Pour remplir le vide créé, il n'était guère possible de rappeler la Chambre des députés (élue en 1936) et le Sénat, dans la mesure où ces assemblées avaient signé leur propre abdication en confiant les pleins pouvoirs au maréchal Pétain le 10 juillet 1940. Il aurait été difficile de faire accepter au pays une telle solution, même si certains y ont songé.

Il n'était pas possible non plus de recourir dans l'immédiat à une consultation populaire pour diverses raisons. Une consultation électorale était-elle possible à organiser dans un pays où les communications étaient extrêmement difficiles, les voies ferrées hors d'usage, les ponts détruits… ? Ensuite, contrairement à ce qui avait pu être espéré un moment, la résistance allemande s'était affermie et l'Est de la France depuis les Vosges restait occupé. Enfin, plus de 1 500 000 Français étaient retenus en Allemagne, prisonniers, requis du Service du travail obligatoire (STO), déportés politiques et raciaux.

Dans ces conditions toute solution ne pouvait être que provisoire en attendant que des institutions définitives puissent être établies…

Au cours d'une histoire politique tourmentée, la France avait déjà eu recours à des gouvernements provisoires à plusieurs reprises, en 1830 pendant quelques jours, en 1848 pendant huit à neuf mois, en 1871 pendant cinq ans. Néanmoins, dans les deux derniers cas, le pouvoir provisoire était issu d'élections.

• *Deux légitimités concurrentes*

La situation en 1944 était d'autant plus complexe que deux forces pouvaient prétendre détenir l'autorité : d'une part la *résistance extérieure* représentée par le général de Gaulle et le *Gouvernement provisoire de la République française* (GPRF) qu'il présidait [le GPRF qui siégeait à Alger avait remplacé le 3 juin 1944 le *Comité français de Libération nationale* (CFLN)], d'autre part la résistance intérieure représentée par le *Conseil national de la Résistance* (CNR) et par les mouvements de résistance.

En théorie les deux résistances n'étaient ni antagonistes ni étrangères l'une à l'autre : la création du CNR en mai 1943 avait eu lieu sur les instructions du général de Gaulle, tandis que le GPRF, ainsi que l'Assemblée consultative réunie à Alger en novembre 1943, comprenaient des représentants des mouvements de résistance et des forces politiques métropolitaines.

D'ailleurs, aussitôt après son arrivée en France, de Gaulle avait manifesté le souci de réaliser une synthèse, d'un côté entre les résistances intérieure et extérieure, de l'autre entre les représentants de la tradition parlementaire et des hommes nouveaux issus de la Résistance. Le 5 septembre 1944 il avait constitué un nouveau Gouvernement provisoire (remanié dès le 9 septembre) où sur les 22 portefeuilles ministériels 8 étaient confiés à des anciens parlementaires de 1940, soit 6 à d'anciens députés, 2 à d'anciens sénateurs.

Composition du CNR

Mouvements de résistance Mouvement de Libération nationale (MLN) : – Combat : Claude Bourdet – Franc-Tireur : Claudius Petit – Libération : Pascal Copeau Front national : Pierre Villon Organisation civile et militaire (OCM) : J. Henri Simon Libération Zone Nord : Charles Laurent Ceux de la Résistance (CDLR) : Jacques Lecompte-Boinet Ceux de la Libération (CDLL) : Roger Coquoin-Lenormand	*Organisations syndicales* CGT : Louis Saillant CFTC : Gaston Tessier *Partis politiques* Parti communiste : André Mercier Parti socialiste : Daniel Mayer Parti radical : Marc Rucart Parti démocrate-populaire : Georges Bidault Alliance démocratique : Joseph Laniel Fédération républicaine : Jacques Debû-Bridel

Deux membres du gouvernement symbolisaient particulièrement cet esprit de synthèse, Jules Jeanneney, président du Sénat en 1940, chargé de préparer la réorganisation des pouvoirs publics, Georges Bidault, à peu près inconnu avant la guerre, qui avait succédé à Jean Moulin à la tête du CNR et à qui était confié le ministère des Affaires étrangères.

Dans la réalité ce gouvernement « d'unanimité nationale » dissimulait pourtant l'affrontement de deux logiques, de deux conceptions : d'un côté celle du rétablissement de l'autorité de l'État dans ses prérogatives traditionnelles, de l'autre celle d'une expérience nouvelle, confiant une partie au moins des pouvoirs de l'État aux autorités issues ou paraissant issues du « soulèvement » des masses populaires au mois d'août 1944.

• *La restauration de l'État*

La Résistance serait-elle détentrice de simples pouvoirs provisoires en attendant de les remettre à des autorités régulièrement constituées ? Devait-on œuvrer à la *restauration* de l'État comme le voulait de Gaulle ou imaginer avec une partie de la Résistance des institutions directement issues du mouvement populaire ?

L'affrontement pouvait paraître d'autant plus inévitable que la Résistance n'était pas seulement constituée par des « mouvements » d'importance, de coloration politique et d'implantation géographique diverses, mais qu'elle était d'ores et déjà représentée par un certain nombre d'institutions. En 1943 en effet était née l'idée de former des *Comités départementaux de la Libération* (CDL). Progressivement, constitués dans la clandestinité, ils apparurent au grand jour lors de la Libération et leur influence et leur action étaient souvent prolongées par des *Comités locaux de Libération* (CLL) au niveau de villes, de quartiers, d'usines...

Par ailleurs de nouveaux préfets avaient été nommés par le GPRF. Une commission de l'ancien CFLN (dans laquelle le jeune Michel Debré – il a 32 ans en 1944 – joua un rôle important) avait établi la liste des futurs préfets, de même que celle de 17 commissaires de la République, sorte de préfets régionaux. Or, si les préfets et les commissaires de la République n'avaient pas été choisis contre la Résistance, bien au contraire, leur mission était tout de même d'assurer l'autorité de l'État.

Pour beaucoup de CDL, le pouvoir local devait leur revenir, les préfets n'étant en quelque sorte que leurs assistants, opinion assez largement partagée par l'ancien commissaire à l'Intérieur (jusqu'au 9 septembre) du GPRF, Emmanuel d'Astier de la Vigerie (qui allait bientôt se révéler proche des communistes). Pour le GPRF en revanche, les CDL devaient seulement assister les préfets.

Composition du GPRF (9 septembre 1944)

Président du gouvernement : Général de Gaulle
Ministre d'État : Jules Jeanneney, ancien président du Sénat
Garde des Sceaux et ministre de la Justice : François de Menthon (démocrate populaire)
Affaires étrangères : Georges Bidault (démocrate populaire), président du Conseil national de la Résistance
Intérieur : Adrien Tixier (socialiste)
Guerre : André Diethelm
Marine : Louis Jacquinot (Alliance républicaine), ancien député de la Meuse
Air : Charles Tillon (communiste), ancien député de la Seine
Économie nationale : Pierre Mendès France (radical-socialiste), ancien député de l'Eure
Finances : Aimé Lepercq
Production : Robert Lacoste (socialiste)
Agriculture : François Tanguy-Prigent (socialiste)
Ravitaillement : Paul Giacobbi (radical-socialiste), ancien sénateur de la Corse
Colonies : René Pleven
Éducation nationale : René Capitant
Travail et Sécurité sociale : Alexandre Parodi
Transports et Travaux publics : René Mayer (radical-socialiste)
PTT : Augustin Laurent (socialiste), ancien député du Nord
Information : Pierre-Henri Teitgen (démocrate-populaire)
Prisonniers, déportés et réfugiés : Henri Frenay
Santé publique : François Billoux (communiste), ancien député des Bouches-du-Rhône
Afrique du Nord : Général Catroux

Dans la pratique, les rapports entre CDL et préfets furent variables. L'autorité des CDL a été souvent plus importante dans le Sud de la France, où la Résistance était bien implantée, qu'au Nord.

Au total, avec plus ou moins de facilité, les préfets parvinrent à s'installer un peu partout, mais l'autorité de l'État était loin pourtant d'être assurée. En fait la désorganisation des communications rendait difficile au pouvoir central de seulement faire parvenir ses instructions.

Pour éviter ce risque de désagrégation de la France, de Gaulle pratiqua une sorte de gouvernement direct en effectuant d'importantes tournées en province, en particulier dans les régions les plus éloignées de la capitale qui de ce fait menaçaient d'échapper à l'autorité gouvernementale : ainsi au cours des mois de septembre-octobre 1944, il se rendit dans le Midi, le Nord, la Normandie, la Savoie, le Dauphiné... où il fut accueilli avec enthousiasme par les populations visitées. Il conforta l'autorité des préfets et des commissaires de la République : progressivement l'autorité de l'État se renforça tandis que s'étiolait celle des CDL.

Alors que de Gaulle bénéficiait d'un vaste soutien populaire, les CDL reposaient sur des bases fragiles. Une partie de leurs membres ne tenait pas à prolonger leur existence une fois le pouvoir légal rétabli, ensuite un divorce tendit à se produire entre des CDL qui ne représentaient que les résistants et la masse de la population qui, même si elle avait été au moins vers la fin favorable à la Résistance, n'y avait pas participé ; enfin la composition des CDL était discutable : le Parti communiste s'y était souvent taillé une place considérable en y figurant à son propre titre, mais aussi à celui du Front national, de la CGT, de l'Union des Femmes françaises, des Forces unies de la Jeunesse patriotique... Il disposait ainsi de la majorité absolue dans les CDL d'assez nombreux départements, et dans beaucoup d'autres des minorités communistes cohérentes et dynamiques s'imposèrent facilement face à des majorités disparates.

Les CDL cependant ne disparurent pas sans lutter : un certain nombre de CDL du Sud-Est se réunirent en septembre 1944, d'abord à Vizille (près de Grenoble), puis à Valence où des discours de tonalité très révolutionnaire furent prononcés. Au mois d'octobre ce furent les délégués des CDL de 37 départements du Sud de la France qui décidèrent de convoquer à Paris du 15 au 17 décembre 1944 une assemblée nationale des comités départementaux de Libération. Cette assemblée devait d'ailleurs se contenter d'inviter le CNR à réunir pour le 14 juillet 1945 des *États généraux de la Renaissance française*. Un certain nombre de CDL où les communistes étaient fort actifs avaient sans doute engagé un processus de conquête du pouvoir, ou au moins de partage du pouvoir, mais face à un pouvoir central qui ne cessait de se renforcer, cette tentative s'était essoufflée dès le mois d'octobre 1944. L'idée d'un pouvoir « populaire » face au pouvoir central s'effaça alors rapidement. Lorsque l'année suivante, les 23 et 30 septembre 1945 les élections cantonales eurent lieu et que les conseils généraux furent rétablis, les CDL eurent définitivement vécu.

La question des communistes

La restauration du pouvoir de l'État pose en 1944 une question essentielle. Quelle place le Parti communiste entendait-il occuper ?

• *Les communistes voulaient-ils prendre le pouvoir ?*

Le Parti communiste avait pris une part active à la résistance contre l'occupant principalement à partir du moment où l'URSS avait été engagée dans la guerre contre l'Allemagne hitlérienne. Après la Libération, les communistes français ont-ils souhaité, ont-ils essayé de s'emparer du pouvoir comme cela s'est produit dans les pays de l'Europe orientale et centrale ? En ont-ils été empêchés par de Gaulle ou par la présence des troupes anglo-américaines, ou encore par Staline dont cela aurait contrarié la politique ?

Ces interrogations recouvrent un débat historique qui n'est pas encore définitivement tranché. Pour l'historiographie communiste, la question ne s'est jamais posée, les dirigeants communistes imaginant au mieux un nouvel épisode de Front populaire, parce que pour des raisons géographiques et stratégiques (la présence des armées alliées) la prise du pouvoir était impossible ; pour Jean Poperen les communistes avaient certes l'intention d'arriver au pouvoir, mais ils n'ont pas voulu alors s'engager dans une aventure incertaine en risquant la destruction de ce qui était pour eux le plus important à terme, l'organisation du Parti.

L'analyse la plus élaborée a été présentée par Annie Kriegel. D'après elle il n'y a pas eu une seule stratégie du Parti communiste, mais deux successivement.

• *Les deux stratégies du Parti communiste*

La première correspond à la période de juin à novembre 1944 et elle fut fondée sur sa puissance numérique – plus de 500 000 membres en 1945 –, son expansion géographique – les communistes ne sont plus seulement nombreux dans les régions industrielles mais aussi dans les campagnes les plus reculées –, son expansion sociale – il n'est plus uniquement un parti ouvrier, mais un parti « interclasses » –, son expansion politique – il contrôle une puissante organisation de résistance, le *Front national*, et est infiltré dans beaucoup d'autres. Le Parti communiste joue en outre un rôle souvent primordial, comme nous l'avons vu, dans les CDL, ainsi que dans le CNR dont il contrôle la commission militaire. Il dispose enfin d'une force militaire non négligeable grâce aux *Francs-tireurs et partisans français* (FTPF) et aux *milices patriotiques*. Créées en mars 1944 sous l'égide du Front national, conçues comme une force territoriale apte à jouer un rôle de premier plan dans le « soulèvement national » qui devait avoir lieu contre les Allemands, les milices patriotiques avaient survécu à la Libération, ne cessaient même de se renforcer de « résistants » tardifs et s'étaient transformées en une force militaro-policière parallèle se livrant à des perquisitions, des arrestations, voire des exécutions.

En fait dans les semaines qui suivent la Libération, devant la faiblesse des autres forces politiques, le Parti communiste apparaît comme la grande force politique omniprésente. D'un côté il participe – à une place mineure – au pouvoir d'État (deux ministres, deux préfets...) et il a reconnu la légitimité du GPRF, mais de l'autre, il consacre une grande activité à maintenir et à développer les structures parallèles au pouvoir d'État, CNR, CDL, CLL, comités d'épuration, milices patriotiques.

À moins d'imaginer que le Parti communiste a consacré tant d'efforts à faire vivre ces institutions sans aucune raison, par pur activisme, il est logique de penser qu'il a mis en œuvre une stratégie imitée de celle de la révolution bolchevique de 1917, la stratégie de *double pouvoir*, dont aurait pu sortir victorieux un pouvoir révolutionnaire[1].

Il est avéré en tout cas qu'une nouvelle stratégie s'est substituée à la première à partir du mois de décembre 1944.

Le *28 octobre* le Gouvernement provisoire, inquiet de l'existence de la force parallèle que représentaient les milices patriotiques, en avait ordonné *le désarmement*, prélude à leur dissolution. Le Bureau politique du Parti communiste (3 novembre 1944) avait d'abord refusé avec véhémence cette dissolution et engageait une grande campagne de protestation à travers le pays, puis il s'arrêtait brusquement au moment précis du retour en France, fin novembre, du secrétaire général du Parti communiste, Maurice Thorez. Ce dernier, après avoir déserté en octobre 1939 et avoir passé toute la guerre en URSS, venait d'être gracié à la suite d'un marchandage entre le gouvernement soviétique et de Gaulle. Le Parti communiste acceptait donc, au moins en théorie, le désarmement des milices patriotiques et le respect de l'ordre établi : sans pour autant démanteler brutalement le pouvoir parallèle dont il disposait, il instaurait pour le moment une nouvelle *stratégie d'intégration* dans le jeu politique normal.

1. Les travaux ultérieurs de Philippe Buton ont montré au surplus que le parti communiste avait envisagé un soulèvement national pendant l'été 1944 qui aurait pu le porter au pouvoir, mais que ce soulèvement n'a pas eu lieu, sauf de façon très circonscrite.

Les suffrages communistes en 1936 et 1945

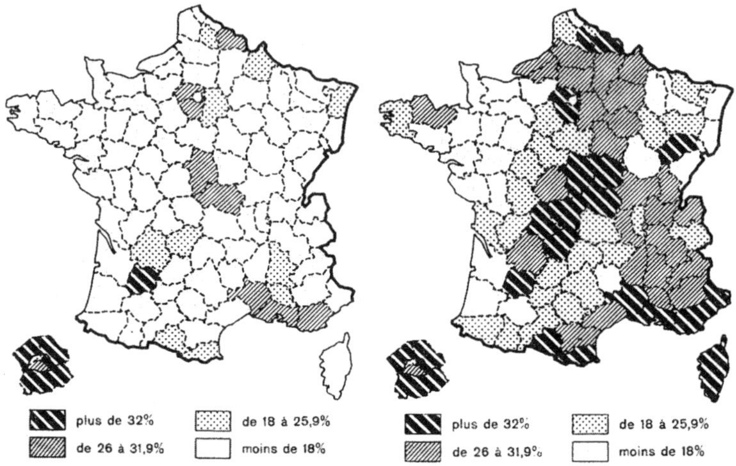

D'après F. Goguel, *Géographie des élections françaises de 1870 à 1951*, FNSP, Colin, 1951.

Les deux cartes représentent les suffrages obtenus par les candidats du Parti communiste lors des élections d'avril 1936 et d'octobre 1945. La progression est nette : ces suffrages passent de 15,37 % en 1936 (en progrès déjà sensibles par rapport à 1932) à 26,12 % lors des premières élections après la Libération. Plus frappante encore est l'extension du vote communiste à la plus grande partie du territoire. En 1936, les voix communistes n'avaient dépassé 18 % des suffrages exprimés que dans 20 départements (ou fractions de départements), en 1945 il n'y en a plus que 22 où elles soient inférieures à 18 %. Les régions rurales ont été gagnées au vote communiste à peu près autant que les régions urbaines. Toutefois quatre zones de force sont visibles : la région parisienne, le Nord-Pas-de-Calais, la bordure nord et ouest du Massif central et les régions méditerranéennes. Trois régions restent rétives au communisme, l'Ouest, surtout l'Ouest intérieur, l'Est, régions de forte tradition catholique, et une grande partie du Bassin Aquitain, de tradition radicale ou socialiste.

Ce changement de la politique communiste en France s'explique aisément par le « respect des intérêts prioritaires du camp socialiste » (Annie Kriegel), c'est-à-dire de l'Union soviétique dont les objectifs principaux, en cet automne 1944, étaient de vaincre l'Allemagne le plus vite possible et d'empêcher un excès d'influence des États-Unis dans l'Ouest de l'Europe. Or toute tentative révolutionnaire en France aurait risqué de détourner de la guerre contre l'Allemagne une partie des forces alliées et d'obliger de Gaulle qui faisait tous ses efforts pour limiter l'influence américaine et pour assurer l'indépendance nationale, à faire appel au concours américain. On comprend ainsi que Maurice Thorez qui avait longuement conféré avec Staline avant de rentrer en France ait imposé la modération à ses camarades.

Au total, quelles que soient les interprétations des uns et des autres, il y a accord pour dire qu'au moins à partir de la fin de l'automne 1944 les communistes avaient abandonné l'idée (s'ils l'ont eue) d'une prise de pouvoir immédiate.

La question du pouvoir était réglée, c'était la volonté de restauration de l'État qui l'avait emporté.

Les forces politiques

Dans le cadre ainsi défini de la démocratie traditionnelle, allait-on assister à un retour aux forces politiques traditionnelles ? à l'apparition de forces nouvelles issues de la Résistance ? ou bien à une solution mixte.

L'échec de la Résistance

Au début de 1945, une grande force politique tenta de voir le jour par la fusion des deux principaux mouvements de résistance, le *Front national* et le *Mouvement de Libération nationale (MLN)*. Le premier, même si tous ses membres n'appartenaient pas au Parti communiste, était inspiré et dirigé par lui ; le second, résultat lui-même de la fusion d'un grand nombre d'organisations, était plus hétérogène, comprenant entre autres une fraction communisante, une fraction socialisante, une fraction gaulliste.

Lors de son Congrès national (30 janvier-3 février 1945), le Front national se déclara favorable à ce projet. En revanche le MLN se montra très divisé, une partie de ses membres craignant que la fusion ne se fasse au bénéfice du Front national, donc du Parti communiste. Les congrès régionaux du MLN adoptèrent des positions variées, mais lors du Congrès national (23-28 janvier 1945), la fusion fut rejetée par 250 mandats contre 110.

À la suite de ce vote négatif, la minorité du MLN fit scission pour constituer avec le Front national le *Mouvement unifié de la renaissance française* (MURF), simple succursale du Parti communiste, qui vivota quelque temps avant de s'évanouir.

La majorité du MLN de son côté s'associa avec d'autres mouvements de résistance : *Organisation civile et militaire* (OCM), *Libération-Nord, Ceux de la Résistance*, pour constituer l'*Union démocratique et socialiste de la Résistance* (UDSR) : en principe assez proche du Parti socialiste, en fait assez composite, associant une fraction plutôt à gauche à une fraction plutôt gaulliste, l'UDSR ne devait jamais être qu'une force politique marginale.

L'échec des forces de la Résistance à se constituer en formations politiques fut donc complet.

Le renouveau des partis

Tout naturellement des partis politiques de forme traditionnelle devaient donc se reconstituer.

Ils avaient cependant un premier handicap à surmonter pour jouer un nouveau rôle : l'opinion publique (non sans injustice d'ailleurs) les rendait responsables de l'écroulement de 1940. Toutefois ils avaient été remis en selle par de Gaulle qui avait souhaité que des représentants des partis politiques figurent dans le CNR.

Deuxième handicap : une partie des formations politiques avait pratiquement disparu pendant la guerre. Certes ce n'était pas le cas du Parti communiste, ni celui, dans une moindre mesure, du Parti socialiste (SFIO) qui s'était reconstitué pendant la guerre autour d'un nouveau secrétaire général, Daniel Mayer, son véritable inspirateur Léon Blum étant encore à ce moment déporté en Allemagne. En revanche les autres partis n'avaient guère eu d'existence. Partis de cadres et non partis de militants, quelles que soient les positions prises individuellement par leurs anciens adhérents, ils n'étaient guère adaptés à la vie clandestine.

La grande formation du centre-gauche de l'avant-guerre, le Parti radical, tint un congrès marquant sa renaissance en décembre 1944, mais les partis de droite étaient pratiquement éliminés, discrédités par l'accusation d'avoir soutenu le régime de Vichy.

Cette situation fut favorable à l'apparition d'une formation politique nouvelle, le *Mouvement républicain populaire* (MRP) dont le congrès constitutif eut lieu les 25-26 novembre 1944, et qui ne manquait pas d'originalité. Il se voulait d'abord un *mouvement* et non un parti, c'est-à-dire quelque chose de moins figé, de moins dogmatique, mais sa principale originalité fut d'être créé par un groupe de chrétiens résistants (l'idée en avait été lancée pendant la clandestinité à Lyon à la fin de 1943), eux-mêmes issus du petit courant démocrate-populaire d'avant-guerre. Or, fait nouveau dans l'histoire politique française, ces chrétiens se situaient à gauche. Jusque-là, il y avait eu à peu près identité entre être catholique et être de droite, voire antirépublicain. Les fondateurs du MRP entendaient réconcilier la démocratie, le progrès social et le christianisme.

Le MRP bénéficia du soutien d'une grande partie de l'électorat « modéré » privé de ses partis politiques habituels et se trouva ainsi dans la situation ambiguë d'une formation politique dont le corps était plutôt à droite et la tête plutôt à gauche.

Le MRP

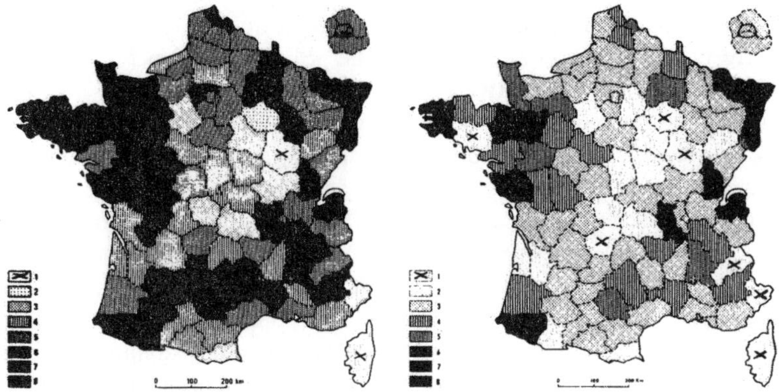

Élections législatives du 10 novembre 1948 et du 17 juin 1951
Pourcentage calculé par rapport aux électeurs inscrits :
1. Pas de candidat. – 2. Moins de 5 %. – 3. De 5 à 10 %. – 4. De 10 à 15 %. – 5. De 15 à 20 % – 6. De 20 à 25 %. – 7. De 25 à 30 %. – 8. 30 % et plus.

R. Rémond et div., *Atlas historique de la France contemporaine,* A. Colin, collection U. 1966.

En novembre 1944 un certain nombre de chrétiens de gauche résistants, ont constitué le Mouvement républicain populaire (MRP). Il n'y avait jamais eu jusqu'alors de grand parti catholique dans l'histoire politique française. La première carte montre le très grand succès obtenu par le MPR lors des élections de 1945 et 1946, 25,9 % des suffrages exprimés le 10 novembre 1946.
Le succès du MRP était pourtant en partie fondé sur un quiproquo entre une direction plutôt à gauche et un électorat majoritairement conservateur (les partis de droite pour lesquels il votait habituellement sont, en effet, momentanément discrédités). La deuxième carte montre que dès les élections du 17 juin 1951, le MRP perd la moitié de son électorat au profit du RPF et il ne conserve de fortes positions que dans les régions de forte tradition catholique, Ouest et en particulier Bretagne, Est, Haute-Savoie, Pyrénées-Atlantiques. Par la suite le MRP qui en raison de sa position centrale devait jouer un rôle très important pendant l'ensemble de la IVe République, ne retrouva plus jamais l'influence électorale qu'il avait connue après la Libération. Le MRP disparut en 1966 au profit du Centre démocrate, et les formations centristes de la Ve République sont en partie issues de la tradition démocrate-chrétienne et donc du MRP.

Restauration ou renouvellement ?

L'échec de la Résistance, la remise en place de formations politiques traditionnelles doivent-ils conduire à la conclusion qu'à la restauration de l'État a correspondu la restauration du système politique ancien ?

Outre l'apparition du MRP, phénomène incontestablement nouveau, les éléments de renouvellement ne furent pas minces.

Le renouvellement fut d'abord considérable au niveau du personnel politique. Beaucoup d'hommes de droite (et à un moindre degré de gauche) avaient été discrédités par leur comportement pendant la guerre et l'inéligibilité prononcée contre tous les parlementaires qui, le 10 juillet 1940, avaient voté les pleins pouvoirs au maréchal Pétain, éliminait au moins provisoirement la plus grande part de la classe politique ancienne (beaucoup seront par la suite relevés de cette inéligibilité). De plus un certain nombre de dirigeants importants étaient déportés en Allemagne et y restèrent jusqu'au mois de mai 1945 (Édouard Herriot, Édouard Daladier, Léon Blum, Paul Reynaud,…). En revanche un grand nombre d'hommes jeunes qui s'étaient distingués dans la résistance intérieure ou extérieure arrivaient aux postes de commande. Quand des élections purent avoir lieu, elles confirmèrent ce profond renouvellement des hommes, qui ne présentait d'ailleurs pas que des avantages, la bonne volonté et le courage pendant la guerre ne suppléant pas toujours à l'expérience.

Facteurs nouveaux également, les clivages politiques traditionnels, celui entre le Parti communiste et le Parti socialiste, et celui entre « cléricaux » et « anticléricaux » qui avait marqué toute l'histoire de la IIIe République, s'estompèrent. Provisoirement du moins.

Dès le 10 septembre 1944, Daniel Mayer avait proposé la création d'un Comité d'entente socialiste-communiste, et le premier congrès de la SFIO (9-12 novembre 1944) avait adopté une motion présentée par Jules Moch proposant de faire *l'unité avec le Parti communiste*. Une commission mixte socialiste-communiste se réunissait pour la première fois dans ce but le 30 novembre 1944.

Quelques semaines plus tard, le 6 janvier 1945, les comités directeurs du Parti socialiste, du MRP, de l'OCM et de Libé-Nord se prononçaient pour la formation d'une *Union travailliste de la Libération*, grand parti social qui aurait annulé le clivage entre le socialisme démocratique et les démocrates d'inspiration chrétienne.

À vrai dire ces deux tentatives étaient un peu contradictoires et elles révélaient les hésitations du Parti socialiste à choisir entre le retour à l'unité ouvrière et la construction d'un vaste rassemblement de la gauche non communiste. Elles témoignaient aussi de sa conviction d'être la grande force politique de l'heure (ce qui allait être assez rapidement démenti).

Les deux tentatives échouèrent. L'obstacle de la laïcité avait été sous-estimé et l'idée du grand parti travailliste buta rapidement sur la question de la reconduction des subventions accordées à l'enseignement libre par le gouvernement de Vichy. La tentative d'union socialiste-communiste se prolongea plus longtemps. Les anniversaires du 12 février 1934 et de la Commune furent célébrés en commun, de même que le 1er mai, mais la commission d'unité ne progressait guère dans ses travaux. Aussi quand les communistes proposèrent que l'unité se fasse suivant les méthodes d'organisation du Parti communiste et dans l'approbation des principes du parti bolchevik de Lénine et de Staline, les socialistes furent convaincus que le Parti communiste n'avait pas comme objectif une fusion mais une absorption, et lors du congrès de la SFIO d'août 1945, la décision d'ajourner l'unité fut adoptée à une immense majorité.

Le maintien des clivages anciens semblait donc conduire à ce que la restauration du passé l'emporte sur le renouvellement.

Les élections de 1945

La réponse à la question posée ne pouvait malgré tout être donnée que par le suffrage universel.

• *Le refus du retour aux institutions de la IIIe République*

Une fois la guerre terminée, une fois les Français survivants rentrés d'Allemagne, les moyens de communication rétablis, il était possible d'organiser une consultation électorale. Elle eut lieu le 21 octobre 1945.

Il fut demandé le même jour aux électeurs de répondre aux deux questions d'un *référendum* et d'élire une Assemblée.

La première question du référendum était : « Voulez-vous que l'Assemblée élue ce jour soit une Assemblée constituante ? »

Une réponse positive signifiait que l'on souhaitait ne pas revenir aux institutions de la IIIe République, donc rompre avec le passé politique. Une réponse oui à la deuxième question : « Approuvez-vous l'organisation provisoire des pouvoirs publics indiquée dans le projet qui vous est soumis ? » signifiait que les pouvoirs de l'Assemblée constituante seraient limités : elle ne serait élue que pour sept mois, le projet de Constitution serait soumis au référendum, le chef du gouvernement serait désigné par l'Assemblée, mais elle ne pourrait le renverser que par la censure votée à la majorité de ses membres.

Toutes les forces politiques sauf le Parti radical annoncèrent qu'elles étaient favorables à la réponse oui à la première question.

Pour la seconde question les radicaux se prononcèrent logiquement pour le non, ainsi que les communistes qui étaient hostiles à la limitation des pouvoirs de l'Assemblée, les autres forces politiques, en particulier les socialistes et le MRP, étaient favorables au oui.

De Gaulle, chef du Gouvernement provisoire, appelait également à répondre oui aux deux questions.

Les combinaisons étaient donc variées : non-non pour les radicaux, oui-non pour les communistes, oui-oui pour les autres.

Résultats du référendum du 21 octobre 1945

Inscrits	25 717 551	
Abstentions	4 968 578	soit 20,1 % des inscrits
1re question		
Suffrages exprimés	19 283 882	soit 74,97 % des suffrages exprimés
OUI	18 584 746	soit 96,37 % des suffrages exprimés
NON	699 136	soit 3,63 % des suffrages exprimés
2e question		
Suffrages exprimés	19 244 419	soit 74,82 % des suffrages exprimés
OUI	12 795 213	soit 66,48 % des suffrages exprimés
NON	6 449 206	soit 33,52 % des suffrages exprimés

Résultats des élections à l'Assemblée constituante (statistiques ne prenant en compte que les résultats de la France métropolitaine)

Inscrits	24 680 981	
Abstentions	4 965 256	soit 20,1 % des inscrits
Parti communiste et apparentés	5 024 174	soit 26,12 % des suffrages exprimés
SFIO	4 491 152	soit 23,35 % des suffrages exprimés
Radicalisme et UDSR	2 018 665	soit 10,49 % des suffrages exprimés
MRP	4 580 222	soit 23,81 % des suffrages exprimés
Modérés	3 001 063	soit 15,60 % des suffrages exprimés
Divers	41 352	

Effectif des groupes à l'Assemblée nationale (y compris les députés d'Outre-mer) Nombre de sièges : 586 (dont 64 pour l'Outre-mer)

Communiste et apparentés	159
SFIO et apparentés	146
Radicaux-socialistes et apparentés	29
UDSR et apparentés	31
MRP	150
Modérés	64
Non inscrits	7

• *Les innovations de ces premiers scrutins d'après la Libération*

En ce qui concerne les modes de scrutin d'abord, avec l'utilisation du référendum (il n'avait jamais été employé sous la IIIe République et il fallait remonter aux plébiscites du Second Empire pour trouver ce procédé de consultation directe) et avec *le système de représentation proportionnelle* pour la désignation des députés. Établie dans le cadre départemental ou dans celui d'une fraction de département pour les départements très peuplés (Seine, Seine-et-Oise, Seine-et-Marne, Nord, Pas-de-Calais, Rhône, Bouches-du-Rhône, Seine-Inférieure), cette « proportionnelle » ne donnait pas une représentation parfaitement équitable, mais une image politique de la France beaucoup plus proche de la réalité que le système uninominal d'arrondissement utilisé le plus souvent sous la IIIe République.

En outre le corps électoral avait été considérablement augmenté à la suite de *l'établissement du suffrage féminin* (ordonnance du 21 avril 1944).

Les innovations furent encore plus importantes au niveau des résultats. Ils manifestaient d'abord le rejet presque unanime d'un retour pur et simple à la IIIe République. Même l'électorat radical n'avait suivi ses dirigeants que très partiellement. Ils exprimaient surtout une profonde mutation des forces politiques françaises. Par rapport aux dernières élections législatives de la IIIe République, celles de 1936, le Parti communiste passait de 15,2 % des suffrages exprimés à 26,12 % et devenait la première force politique française ; le MRP, sortant du néant ou presque, faisait une percée étonnante, en devenant la deuxième force politique ; les socialistes obtenaient un score honorable, environ 3 % de plus qu'en 1936 (20,8 %), mais ce fut pour eux une profonde déception puisqu'ils se retrouvaient au troisième rang (au lieu du premier). Le trait le plus spectaculaire néanmoins fut l'écroulement du radicalisme (20,1 % en 1936), et de la droite tombée de 43,7 % en 1936 à 15 % répartis d'ailleurs en plusieurs formations. *Parti républicain de la Liberté* (PRL), *Républicains indépendants, Groupe paysan.*

L'épuration

Le renouveau de la France devait être également assuré par la liquidation du passé récent, c'est-à-dire par l'« épuration » de ceux qui s'étaient compromis avec l'occupant.

L'épuration est restée longtemps un des sujets les plus controversés de la période : pour les uns, elle n'avait été qu'une parodie d'épuration (un des thèmes les plus habituels de la presse communiste) ; pour d'autres, ce fut un « bain de sang ».

Les exécutions sommaires

Le 26 juin 1944 à Alger, le GPRF avait pris une ordonnance créant *des cours de justice* pour juger les faits postérieurs au 16 juin 1940, mais dans l'atmosphère de la Libération, il était peu probable que l'épuration puisse se passer dans l'ordre et le respect strict des règles juridiques.

L'épuration fut tout d'abord une épuration dite « spontanée ».

Dans les jours de la Libération elle fut le fait de cours martiales plus ou moins improvisées et surtout d'exécutions sommaires. À ce moment des excès de tous genres se produisirent dont certains trouvaient leur justification dans les événements récents lorsqu'ils visaient des « miliciens », des agents de la Gestapo, des dénonciateurs, mais il y eut aussi un certain nombre de règlements de compte purement politiques, voire entre groupes de résistance d'obédience différente.

Il est très difficile de connaître le nombre des victimes de cette répression « spontanée ». Certains auteurs ont parlé de plus de 100 000 victimes, mais ce chiffre semble tout à fait exagéré. Robert Aron dans un ouvrage intitulé *Histoire de l'Épuration* (Fayard, 1975) donne le chiffre de 40 000 à 50 000 victimes. En revanche de Gaulle dans ses *Mémoires* parle d'environ 10 000 exécutions dont 6 675 antérieures à la Libération, chiffre confirmé par une série d'enquêtes de gendarmerie et un dernier recensement dû au *Comité d'Histoire de la Seconde Guerre mondiale.*

La justice légale

L'épuration légale est plus facile à chiffrer, 126 000 arrestations eurent lieu au moment de la Libération, dont environ 36 000 ne furent pas maintenues, 160 287 dossiers furent soumis au jugement des cours de justice (90 avaient été mises en place au cours des mois de septembre et d'octobre 1944) (ou dans certains cas à celui des tribunaux militaires) et des chambres civiques.

Bilan de l'épuration légale au 31 décembre 1948

Non-lieu et acquittements	73 501
Dégradation nationale[1]	40 249
Prison ou réclusion	26 249
Travaux forcés temporaires ou à perpétuité	13 211
Condamnations à mort	7 037 dont 4 397 par contumace
Exécutions	767

1. La condamnation à l'indignité nationale entraînait la dégradation nationale, c'est-à-dire la privation des droits civils et politiques. De plus les parlementaires qui avaient voté les pleins pouvoirs au maréchal Pétain le 10 juillet 1940 étaient déclarés inéligibles. Environ 3 000 de ces condamnés furent relevés de leurs peines assez rapidement pour services ultérieurs rendus à la résistance.

Les personnalités du gouvernement de Vichy furent, elles, jugées par la Haute Cour de Justice créée en novembre 1944 et composée de magistrats professionnels et de membres élus par l'Assemblée consultative. Elle eut à connaître de 100 affaires de 1945 à 1948 parmi lesquelles le procès du maréchal Pétain condamné à mort, mais gracié en raison de son grand âge (il avait 89 ans en 1945), et de Pierre Laval, condamné à mort et exécuté...

L'épuration prit plusieurs autres formes :

– l'épuration administrative qui avait été codifiée par une ordonnance du 27 juin 1944 : dans chaque département les CDL constituèrent un comité d'épuration qui se prononçait sur le cas des fonctionnaires. Dans la réalité il fut assez difficile de séparer ce qui avait été du ressort de l'exécution des ordres de ce qui avait été du domaine de la collaboration avec l'ennemi. Il y eut environ 40 000 à 50 000 dossiers d'enquête, mais on ne possède pas de bilan d'ensemble de l'épuration administrative, d'autant que bien des sanctions furent annulées par la suite. Globalement elle ne fut pas considérable. À titre d'exemple dans un département comme le Nord 24 révocations ou mises à la retraite, 4 mises en disponibilité, 2 suspensions et 8 mutations d'office furent prononcées ;

– l'épuration économique. Son objectif était de frapper ceux qui s'étaient enrichis, soit par la pratique exagérée du « marché noir », soit par la recherche de commandes allemandes.

Une ordonnance du 16 octobre 1944 avait prévu l'institution de comités interprofessionnels d'épuration économique. Des confiscations de « profits illicites » eurent lieu, mais l'épuration économique resta assez limitée. Là encore il était assez difficile de déterminer les responsabilités. En outre dans la situation économique où se trouvait la France, il n'apparut pas opportun au gouvernement de se lancer dans une épuration qui aurait encore davantage désorganisé l'activité.

L'épuration la plus spectaculaire fut en définitive celle de la presse.

Une ordonnance du 6 mai 1944 avait établi que tout journal qui avait continué à paraître après le 15 juin 1940 en zone nord et 15 jours après le 11 novembre 1942 en zone sud (date de l'occupation allemande), serait interdit. La conséquence fut la plus formidable mutation de la presse que la France ait connue. À quelques titres près, la totalité de la presse d'avant-guerre disparut. Les biens des journaux furent saisis et attribués aux nouveaux journaux issus de la Résistance.

• *Comment s'établit le bilan de l'épuration ?*

Comme toujours dans ce type de situation les peines les plus sévères, suivies de rapides exécutions, furent prononcées dans les premiers mois, puis au fur et à mesure que les années passèrent, les peines devinrent plus légères et furent souvent commuées. Le général de Gaulle de son côté usa très largement de son droit de grâce.

Les comparaisons faites avec l'épuration menée dans d'autres pays occupés tendent à montrer que l'épuration a été plus clémente en France qu'ailleurs.

Il est surtout vrai qu'on a passé rapidement l'éponge. Assez vite les condamnés à l'indignité nationale ont retrouvé leurs droits civils, ce qui leur permettait par exemple d'être fonctionnaires, avocats…, les emprisonnés ont été libérés. En décembre 1948, ils étaient encore 13 000 en prison, au début de 1951, 4 000, en octobre 1952, 1 500, en 1956, 62, en 1958, 19, en 1964, 9…

L'épuration au total a été loin d'être négligeable, mais l'opinion publique a rapidement souhaité que la page fût tournée.

Problèmes économiques et réformes de structures

Le bilan de la guerre

• *Des destructions importantes*

Dans cet ouvrage consacré à la vie politique, il est nécessaire d'évoquer brièvement les problèmes économiques et sociaux de la France de la Libération, tant leur influence fut grande sur l'évolution politique.

Les effets de la guerre ont été considérables. Les pertes humaines se chiffrent à 600 000 décès, elles furent donc bien moindres que pour la Première Guerre mondiale (1 350 000), mais elles touchent tous les groupes d'âge ou de sexe : les morts n'ont pas été seulement des hommes jeunes.

Les destructions matérielles, elles aussi, ont été réparties sur l'ensemble du territoire, et si aucune région n'a été aussi complètement ravagée que la zone du front pendant la Grande Guerre, l'appareil productif a été particulièrement affecté par les bombardements, les sabotages.

Un indice résume l'état de la production industrielle, l'indice 38 en 1944 à comparer à l'indice 100 en 1938 (la production en 1938 n'étant d'ailleurs qu'à l'indice 80 par rapport à 1929). Dès l'année 1945 cet indice remontait à 50, ce qui correspondait à peu près à la production industrielle de la France de la fin du XIXe siècle !

Bilan des destructions

Moyens de transport :

2/3 des wagons de marchandises
14 500 locomotives sur 17 500
2/3 des cargos
2/3 des pétroliers
4/5 des péniches

Voies de communications et équipements portuaires :

9 000 ponts routiers ou ferroviaires
115 grandes gares
4 900 km de voies
80 % des quais portuaires

Exploitations industrielles (de toutes tailles) :

60 000 totalement détruites, 144 500 partiellement

La situation de l'agriculture n'était guère meilleure : faute d'engrais dont l'utilisation déjà insuffisante avait baissé de moitié, faute de main-d'œuvre, faute de matériel, la production avait diminué de 22 %.

• *L'inflation ou la rigueur ?*

À cette situation matérielle déplorable s'ajouta rapidement une forte poussée inflationniste, due en partie à la différence considérable entre la masse monétaire disponible (environ 500 milliards) et la masse monétaire nécessaire en fonction de l'état de la production (environ 150 milliards).

Pierre Mendès France, alors ministre de l'Économie, estimait qu'une politique de rigueur était nécessaire pour limiter le pouvoir d'achat afin de le proportionner à la quantité d'objets de consommation disponibles. Cela signifiait dans la pratique blocage des prix, blocage des salaires, blocage des disponibilités monétaires, c'est-à-dire échange des billets, ce qui aurait permis de n'en rembourser la fraction excédentaire qu'après des délais assez longs. Ces mesures d'austérité devaient en outre s'inscrire dans le cadre d'une importante transformation de l'économie française dont le premier acte devait être des nationalisations extrêmement étendues.

Le ministre des Finances, René Pleven, estimait de son côté que la politique de rigueur prônée par Mendès France n'était pas « socialement » possible, que la population ne l'accepterait pas. Il valait mieux attendre que la reprise de la production permette de rétablir les équilibres économiques. La politique de René Pleven voulait être une *politique de confiance*, que ses adversaires baptisèrent *politique de facilité.*

Le chef du gouvernement, le général de Gaulle, trancha en faveur de la seconde thèse : il craignait que la politique de rigueur n'entraîne de « périlleuses convulsions », « d'autant que les mois à venir vont par la force des choses, améliorer sa condition [du pays] » (*Mémoires de guerre*, t. III).

Désavoué, Pierre Mendès France démissionnait officieusement le 18 janvier 1945 et partait définitivement le 6 avril 1945.

Effectivement l'inflation prenait le galop à partir du printemps 1945 et devait durer plusieurs années (+ 38 % en 1945 ; + 60 % en 1947), épongeant dans une certaine mesure les énormes disponibilités monétaires qu'il n'avait pas été possible de bloquer. La reconstruction économique de la France en fut rendue plus difficile, ne serait-ce que par les graves difficultés sociales qu'elle engendra.

Les réformes de structure

Le programme du CNR avait également prévu de grandes transformations économiques et sociales. Si le gouvernement du général de Gaulle n'avait pas voulu suivre Pierre Mendès France dans le projet qu'il proposait, il s'engagea néanmoins dans un vaste programme de réformes.

• *Les réformes sociales*

Elles concernèrent :

– la vie des entreprises avec la création des *comités d'entreprise*, d'abord dans les établissements industriels et commerciaux de plus de 100 employés (ordonnance du 22 février 1945), puis d'au moins 50 employés (loi du 16 mai 1946).

– la vie des salariés en les assujettissant à un système complet de *Sécurité sociale* auquel furent rattachés les organismes d'assurances sociales existant déjà. Il devait couvrir les « risques » maladie, invalidité, vieillesse, décès et accidents du travail, et gérer les allocations familiales (principalement ordonnances du 4 et du 19 octobre 1945) ;

– la vie d'une partie des agriculteurs avec le *statut du fermage et du métayage* allongeant en particulier la durée des baux (13 avril 1946).

• *Les nationalisations*

Elles avaient pour but de rendre à la collectivité « les grandes sources de la richesse » (formule du général de Gaulle, 12 septembre 1944) ; elles affectèrent principalement les secteurs de l'énergie, des transports et de la banque.

Dans le domaine énergétique, le 13 décembre 1944, furent créées les *Houillères nationales du Nord et du Pas-de-Calais* et le 17 mars 1946 par extension à l'ensemble des bassins miniers, les *Charbonnages de France.* Le 8 avril 1946, une loi nationalisa les entreprises de production, de transport et de distribution de gaz et d'électricité en créant l'*Électricité de France* (EDF) et le *Gaz de France* (GDF).

Dans le domaine des transports où les chemins de fer avaient déjà été nationalisés en 1937, les transports aériens le furent le 16 juin 1945 avec la création d'*Air France.*

Dans le domaine financier, la loi du 2 décembre 1945 réalisa la nationalisation de la *Banque de France* et des quatre grandes *banques de dépôts* (Crédit Lyonnais, Société Générale, Comptoir National d'Escompte, Banque Nationale pour le Commerce et l'Industrie), et par une loi du 25 avril 1946 la nationalisation des principales *compagnies d'assurances.*

À ces nationalisations touchant des secteurs fondamentaux de l'économie s'ajoutèrent des nationalisations-sanctions à l'encontre d'entreprises ayant collaboré activement avec l'occupant : le 15 novembre 1944 les usines Renault furent nationalisées et formèrent la *Régie nationale des usines Renault*, tandis que Gnôme et Rhône, entreprise de fabrication de moteurs d'avions, fut transformée par l'ordonnance du 29 mai 1945 en *Société nationale d'études et de construction de matériel aéronautique* (SNECMA).

Au total, l'économie française n'était plus une économie libérale de type classique, elle était devenue une *économie « mixte »* dans la mesure où l'État contrôlait dorénavant les « services publics » et une partie notable des moyens financiers. C'était d'autant plus vrai que par un décret de janvier 1946 était publié le premier *Plan* de « modernisation et d'équipement économique » dû à Jean Monnet, nommé commissaire général au Plan, et à l'équipe qu'il avait rassemblée. Restauration ou transformation de la France à la Libération ? Le cadre démocratique et libéral était resté le même, mais à l'intérieur de ce cadre les changements étaient considérables.

Chapitre II

La naissance de la IVe République

Les premiers mois après la Libération avaient donc permis la restauration de l'État, mais les formes du gouvernement étaient restées provisoires puisqu'à la suite du référendum du 21 octobre, la Constitution de la IIIe République avait été définitivement rejetée et qu'il était nécessaire d'en établir une nouvelle. À partir d'octobre 1945, la principale préoccupation politique fut donc celle des *institutions*. Il n'est pas sûr, en revanche, que l'opinion y ait attaché autant d'importance que les milieux politiques, la masse des Français étant davantage préoccupée par les difficultés matérielles de la vie, le ravitaillement toujours très difficile, les prix qui montaient…

L'établissement de la Constitution

Ce ne fut pas chose aisée : pour mener à terme ce débat, il fallut deux nouveaux référendums (5 mai et 13 octobre 1946), ainsi que de nouvelles élections générales (2 juin 1946), deux projets de constitution furent successivement établis dont le premier fut rejeté, et une année entière y fut consacrée. Outre le temps perdu, ce grand débat eut néanmoins l'inconvénient de faire des institutions le bouc émissaire des « malheurs de la France » plutôt que d'en chercher d'autres raisons, alors que c'était davantage la pratique que la lettre des lois constitutionnelles de 1875 qui avait provoqué les faiblesses de la IIIe République. En particulier, à l'origine, les pouvoirs du président de la République n'étaient pas négligeables : il était le véritable chef de l'exécutif. Néanmoins la dissolution de la Chambre des députés par le maréchal Mac Mahon le 16 mai 1877 avait été assimilée à une tentative de coup d'État, et par la suite la « tradition républicaine », en privant moralement le président de la République du droit de dissoudre l'Assemblée, donna à cette dernière une omnipotence responsable en partie de l'instabilité ministérielle, d'autant que les systèmes électoraux utilisés et l'éparpillement des forces politiques ne permettaient pas la constitution de majorités parlementaires stables.

Les projets de réforme antérieurs

L'idée de réformer les institutions n'était pas une idée nouvelle et, tant dans l'entre-deux-guerres que pendant la guerre, différents projets avaient été élaborés, aussi bien à droite qu'à gauche (en faisant abstraction de ceux qui rejetaient purement et simplement la démocratie parlementaire à l'extrême gauche ou à l'extrême droite).

• *À droite*

André Tardieu avait proposé, pour restaurer l'autorité de l'État, d'étendre l'usage du droit de dissolution, d'enlever aux députés l'initiative des dépenses, d'établir le vote des femmes, de recourir au référendum, d'interdire la grève aux fonctionnaires... Ces propositions ont certainement, en partie, inspiré la pensée institutionnelle du général de Gaulle. Il faut noter toutefois qu'au fur et à mesure des années, André Tardieu tendait à souhaiter un régime de plus en plus autoritaire.

• *À gauche*

Dans les années 1930, *le groupe des « Jeunes Turcs » du Parti radical* (Jacques Kayser, Pierre Mendès France, Pierre Cot, Jean Zay...) n'élabora pas un projet précis, mais souhaitait également une réforme de la Constitution dans le sens d'un renforcement de l'autorité du président du Conseil.

Le plus gros effort de réflexion toutefois avait été fait chez les socialistes. Dès 1918, *Léon Blum* avait publié un ouvrage, *Lettres sur la réforme gouvernementale*, transformé en 1936 en *La Réforme gouvernementale*. Pendant la guerre, emprisonné par le gouvernement de Vichy, il avait prolongé cette réflexion dans *À l'échelle humaine*, publié en 1941. Il souhaitait aussi une rénovation du régime.

Pendant la guerre également un autre socialiste, *Vincent Auriol*, écrivit *Hier et Demain* où il faisait un certain nombre de propositions : la *réforme du suffrage* en le rendant vraiment *universel*, l'établissement du vote des femmes, l'élimination des abstentions par le vote obligatoire, le remplacement du scrutin d'arrondissement, accusé de ne donner qu'une image déformée des forces politiques françaises, par le scrutin proportionnel qui, d'après Vincent Auriol, serait un élément de stabilisation, surtout si ne subsistaient que deux ou trois grands partis, puissants et disciplinés, soutiens indispensables de la démocratie. Auriol proposait également d'éliminer le Sénat rendu responsable de la stagnation par son refus de toute réforme. Le Parlement serait donc composé d'une *Assemblée nationale* s'occupant des problèmes politiques et d'un *Conseil national des Provinces* pour les questions régionales. Les candidats aux élections devraient être présentés par les partis *nationalement* organisés. Enfin, le président de la République serait le chef du gouvernement, élu pour trois ans par l'Assemblée nationale, c'est-à-dire pour la durée de la législation ramenée à la même durée. En cas de renversement du gouvernement à la suite d'un vote de censure, la dissolution de l'Assemblée serait automatique.

Un certain nombre de propositions de Vincent Auriol furent effectivement reprises lors des discussions institutionnelles de 1945-1946, mais elles comportaient une faiblesse que l'on retrouve aussi dans les idées de Léon Blum : elles faisaient reposer le système sur des partis peu nombreux et solidement organisés, or c'était faire abstraction – sans donner les moyens d'y remédier – d'une constante de la vie politique française, celle de groupements politiques nombreux et souvent faiblement structurés.

Il n'en reste pas moins que lorsque le débat constitutionnel, à la suite de l'élection de la première Assemblée constituante (21 octobre 1945), put véritablement commencer, les idées ne manquaient pas.

Les enjeux du débat constitutionnel

Les principaux protagonistes du débat furent le Parti communiste, le Parti socialiste, le MRP, qui avaient des représentations parlementaires de forces à peu près semblables, et de Gaulle.

Il faut d'abord remarquer que le Parti communiste et le Parti socialiste disposaient de la majorité absolue des sièges à l'Assemblée nationale, soit 305 sur 586 et que leurs conceptions étaient assez proches.

À l'instar de la Convention ou de la Commune, les communistes voulaient *une assemblée unique* d'où procèdent tous les pouvoirs : pouvoir exécutif, pouvoir législatif et même pouvoir judiciaire.

Quant aux *socialistes*, ils se montraient opposés au maintien d'un Sénat qui avait fait tomber le gouvernement du Front populaire en juin 1937, ils ne souhaitaient pas non plus le maintien de la présidence de la République, et en reprenant un certain nombre des mécanismes décrits par Vincent Auriol, ils aboutissaient aussi à un système dans lequel l'Assemblée aurait le rôle décisif.

Le *MRP* (soutenu par les radicaux et par les modérés) était hostile à une assemblée unique et omnipotente. Il souhaitait que soit mis en place un système de « freins et de contrepoids » et qu'en particulier l'exécutif dispose d'une certaine indépendance par rapport au législatif.

• *Le discours de Bayeux*

Entre les conceptions communistes et socialistes d'un côté et celles du MRP de l'autre, les différences n'étaient déjà pas négligeables, mais le fossé était encore bien plus grand avec celles du général de Gaulle. Le chef du Gouvernement provisoire avait quitté le pouvoir le 20 janvier 1946 (voir ci-dessous), en marquant qu'il ne pouvait accepter le retour en force *des partis*. Il ne pouvait donc apprécier des projets qui à travers une Assemblée unique donnait la première place aux partis politiques. Néanmoins il resta silencieux pendant le débat constitutionnel, et il ne prit la parole, avec éclat, qu'après le rejet du premier projet constitutionnel et qu'une deuxième Assemblée constituante se soit mise à l'œuvre pour élaborer un nouveau projet. Ce fut le *discours de Bayeux* prononcé le 16 juin 1946 qui est resté la référence essentielle des idées du général de Gaulle en matière institutionnelle. Dans le détail sa pensée a pu varier par la suite, mais il n'est jamais revenu sur les principes qu'il avait alors définis :

- la recherche de l'efficacité, de la continuité, de la stabilité ;
- un État qui en soit un ;
- un gouvernement qui gouverne ;
- le fonctionnement de l'État soustrait à l'influence des partis politiques.

Dans la pratique cela signifiait que les trois pouvoirs législatif, exécutif, judiciaire seraient nettement séparés, que le vote définitif des lois et des budgets serait le fait d'une assemblée élue au suffrage universel et direct, mais que le premier mouvement de cette assemblée serait contrebalancé par les avis d'une seconde assemblée élue différemment, que le pouvoir exécutif ne serait pas dans la dépendance du Parlement mais procéderait d'un chef de l'État élu par un collège plus large que lui, que le président de la République nommerait le Premier ministre, puis les autres ministres, qu'il présiderait les conseils du gouvernement et accorderait l'intérêt général avec la tendance qui se dégagerait du Parlement. Il faut souligner que le projet décrit à Bayeux par le général de Gaulle définissait un régime « présidentialiste », proche du système américain, en tout cas beaucoup plus présidentialiste que ne le fut plus tard la Constitution de 1958.

• *Les considérations de circonstances*

Les principes constitutionnels des uns et des autres en outre n'étaient pas exclusifs de considérations de circonstances liées au contexte politique du moment.

Les communistes et les socialistes ne voulaient pas d'une Constitution qui aurait pu convenir au général de Gaulle, et en conséquence étaient hostiles à tout « présidentialisme » qui aurait pu faire du Général un Président. De plus les socialistes ne voulaient pas rester en tête à tête avec les communistes et cherchaient à éviter une rupture avec le MRP. Quant à ce dernier dont les options n'étaient pas très éloignées de celles des communistes et des socialistes, il se voulait fidèle à de Gaulle et cherchait à trouver une solution qui puisse lui convenir. Enfin toutes les formations politiques (sauf le Parti communiste) s'inquiétaient d'une Constitution qui aurait pu servir de marchepied vers le pouvoir pour les communistes.

C'est donc en fonction de tous ces éléments que le débat constitutionnel se développa.

La genèse de la Constitution de 1946

Aussitôt élue l'Assemblée constituante créa une commission de la Constitution, présidée d'abord par un professeur de droit, le socialiste André Philip, député du Rhône (novembre 1945-janvier 1946), puis lorsqu'il devint ministre par un autre socialiste, le jeune député du Pas-de-Calais, Guy Mollet. Deux professeurs de droit se succédèrent au poste de rapporteur général de la commission : le premier était François de Menthon, député MRP de Haute-Savoie, qui démissionna en avril 1946 en raison des désaccords de son parti avec les socialistes et les communistes et qui fut remplacé alors par Pierre Cot, officiellement radical-socialiste, mais très proche des communistes dont il avait recueilli les voix en Savoie où il avait été élu.

Au sein de la commission, l'affrontement eut lieu principalement sur deux points, *l'existence ou non d'une seconde chambre*, « monocamérisme » ou « bicamérisme » ? (il avait bien été décidé de créer une seconde assemblée, le *Conseil de l'Union française*, mais ses pouvoirs étaient nuls) et sur *le mode d'élection et le rôle du président de la République*. Le projet ne retint pas l'idée d'une seconde véritable assemblée et décida que le président de la République élu uniquement par *l'Assemblée nationale* n'aurait que des pouvoirs très restreints. En résumé la majorité socialiste et communiste avait choisi le *gouvernement d'assemblée* et rejeté l'idée d'un équilibre des pouvoirs.

Vincent Auriol, élu président de l'Assemblée constituante, après que Félix Gouin ait remplacé de Gaulle à la tête du gouvernement (voir ci-dessous) avait multiplié les efforts de conciliation sans parvenir à surmonter les désaccords. Pourtant le gouvernement était alors tripartite (voir ci-dessous), c'est-à-dire composé de ministres communistes, socialistes et MRP, mais les communistes, qui souhaitaient que les socialistes gouvernent avec eux sans les MRP, ne montrèrent aucun esprit de conciliation. En outre puisque communistes et socialistes disposaient de la majorité absolue à l'Assemblée constituante, ils pouvaient se passer des voix du MRP. Effectivement le projet fut voté à la majorité de 309 contre 249 voix.

Comme il avait été prévu, le projet de Constitution fut soumis à un référendum qui eut lieu le 5 mai 1946.

Résultats du référendum du 5 mai 1946

Inscrits	24 657 128	
Abstentions .	4 761 717	soit 19,3 % des inscrits
OUI	9 109 771	soit 36,9 % des inscrits, 47 % des suffrages exprimés
NON	10 272 586	soit 41,6 % des inscrits, 53 % des suffrages exprimés

• *La victoire du non fut une énorme surprise*

Le déplacement de voix n'avait pas été considérable – socialistes et communistes en avaient à peine perdu 3 % depuis octobre 1945 –, mais il y avait eu tout de même plus d'un million de voix de différence entre le oui et le non.

L'explication de ce résultat était plus d'ordre politique que d'ordre constitutionnel. De Gaulle ne s'était pas manifesté pendant la campagne électorale, il n'alla même pas voter, et même s'il était connu qu'il était hostile au projet de Constitution, ce fut le MRP qui anima principalement la campagne pour le non. Du côté du oui, la campagne avait été marquée par la présence écrasante du Parti communiste, alors que le Parti socialiste se tenait légèrement en retrait. La Constitution dans ces conditions était apparue à un tel point comme la Constitution voulue par les communistes que cela avait suffi à inquiéter la marge la plus modérée de l'électorat socialiste.

• *Tout était donc à refaire*

Il fallait immédiatement procéder à *l'élection d'une seconde Assemblée constituante*, qui de nouveau disposerait au maximum de sept mois pour établir un autre projet de Constitution.

Confirmant leur vote lors du référendum, les électeurs qui n'avaient jamais été aussi nombreux depuis la Libération – les suffrages exprimés dépassaient pour la première fois les 80 % – avaient placé en tête le MRP qui gagnait plus d'un million de voix. Le Parti communiste se maintenait, avec 100 000 voix de plus, mais en reculant très légèrement en pourcentage. Les socialistes perdaient quant à eux 300 000 voix. Les autres forces politiques ne voyaient pas leur situation changer considérablement, le Rassemblement des gauches républicaines gagnant, les modérés perdant, chacun, un peu.

De ces oscillations assez faibles du corps électoral, les conséquences étaient pourtant considérables : les communistes et les socialistes avaient perdu la majorité absolue, en ne disposant plus que de 281 sièges sur 586 – les voix perdues par les socialistes avaient en majorité glissé vers la droite –

Les élections de la seconde Assemblée constituante
2 juin 1946
(France métropolitaine)

Inscrits	24 696 949	
Abstentions	4 481 749	soit 18,1 % des inscrits
Blancs et nuls	409 870	soit 1,6 % des inscrits
Suffrages exprimés	1 980 330	soit 80,3 % des inscrits
Parti communiste	5 145 325	soit 25,9 % des suffrages exprimés
SFIO	4 187 747	soit 21,1 % des suffrages exprimés
RGR[1]	2 299 963	soit 11,6 % des suffrages exprimés
MRP	5 589 213	soit 28,2 % des suffrages exprimés
Modérés	2 538 167	soit 12,8 % des suffrages exprimés
Divers	44 915	soit 0,1 % des suffrages exprimés

1. Le RGR (Rassemblement des gauches républicaines) rassemblait les radicaux et l'UDSR.

Effectif des groupes à la seconde Assemblée constituante
(y compris des députés d'Outre-mer)

Communistes et apparentés	153
Socialistes et apparentés	128
RGR	52
MRP et apparentés	166
Modérés	67
UDMA (Union démocratique du manifeste algérien)	11
Non inscrits	9
Total	586

et il n'était plus possible de prétendre faire une Constitution sans le concours du MRP. Le compromis s'imposait donc et il fut immédiatement symbolisé par la désignation comme rapporteur général de la commission de la Constitution d'un autre professeur de droit du MRP, Paul Coste-Floret, député de l'Hérault. Un certain nombre de modifications furent apportées au premier projet, la création d'une véritable seconde Assemblée baptisée *Conseil de la République*, l'élection par l'ensemble du *Parlement* (Assemblée nationale et Conseil de la République) du président de la République qui obtenait en outre le droit de désigner le président du Conseil, alors que dans le projet précédent il devait se contenter de communiquer à l'Assemblée nationale le nom des candidats, c'est-à-dire de jouer le rôle de facteur !

• *Un texte de compromis...*

Au total l'architecture du projet restait la même et les modifications n'étaient pas très substantielles, elles manifestaient tout de même une tendance à limiter l'omnipotence de l'Assemblée nationale. Le MRP avait espéré que cette inflexion serait suffisante pour fléchir l'hostilité du général de Gaulle. Peine perdue. Le 27 août 1946, ce dernier faisait diffuser une note condamnant le projet, ce qu'il confirmait dans le *discours d'Épinal* (22 septembre 1946) où il reprenait les principes définis à Bayeux et s'écriait à l'égard du nouveau projet : « Non, franchement non ! » En revanche le Parti communiste qui avait d'abord manifesté de la mauvaise humeur en rejetant le projet en commission, l'acceptait dans la discussion générale puisque de Gaulle ne l'approuvait pas, et le nouveau projet de Constitution était voté par l'Assemblée constituante par 440 voix (communistes, socialistes, MRP) contre 106.

• *... acquis dans la lassitude*

Résultats du référendum du 13 octobre 1945

Inscrits............................	24 905 538		
Abstentions.....................	7 775 893	soit 31,2	% des inscrits
Exprimés	16 793 143	soit 67,42	% des inscrits
OUI................................	9 002 287	soit 36	% des inscrits
		soit 53,5	% des suffrages exprimés
NON	7 790 856	soit 31,2	% des inscrits
		soit 46,5	% des suffrages exprimés

Le projet de Constitution fut approuvé par le référendum du 13 octobre 1946, mais suivant le mot du général de Gaulle, « un tiers des Français l'a (vait) rejeté, un tiers (s'était) absenu, un tiers l'a (vait) approuvé ».

La formule était discutable parce que si le nombre d'abstentions avait dépassé les 30 %, ce qui était certes considérable, il n'était pas légitime de donner un sens politique au contingent d'abstentionnistes qui existe dans toute élection et qui à l'époque avoisinait les 20 %. Il n'empêche que malgré le soutien du MRP, le nouveau projet avait recueilli moins de oui que lors du précédent référendum. En fait en dépit du choix de ses dirigeants l'électorat MRP avait voté non ou s'était abstenu, manifestant ainsi la très grande influence que conservait de Gaulle.

Le résultat positif avait été davantage celui de la lassitude que de l'enthousiasme : la majorité de l'électorat n'approuvait pas le projet de Constitution mais avait estimé qu'il fallait sortir du « provisoire » à qui on imputait les difficultés du moment. Ceci explique qu'un nombre important d'électeurs se soient réfugiés dans l'abstention plutôt que de voter une nouvelle fois non.

La Constitution de 1946

Contrairement aux lois constitutionnelles de 1875 qui avaient régi la IIIe République, la Constitution de 1946 appartient au type des Constitutions longues – 108 articles – qui veulent avoir tout prévu. À l'inverse aussi de celle de 1875, un préambule définissait un certain nombre de principes. Ce *préambule* avait d'ailleurs remplacé de façon plus succincte une déclaration des droits de l'homme longue de 39 articles qui figurait dans le premier projet et qui s'inspirait de celle de 1789 avec en plus un paragraphe sur les droits sociaux et économiques. Un des points importants en était le 9e alinéa : « Tout bien, toute entreprise, dont l'exploitation a ou acquiert les caractères d'un service public national ou d'un monopole de fait, doit devenir la propriété de la collectivité », qui avait pour but de justifier *a posteriori* les nationalisations réalisées depuis la Libération.

• *Au cœur du dispositif institutionnel figurait l'Assemblée nationale*

Cette dénomination s'appliquait sous la IIIe République à la réunion de la Chambre des députés et du Sénat.

Elle était élue au *suffrage universel pour cinq ans* mais sans que la Constitution précise par quel mode de scrutin. Suivant la tradition la détermination du système électoral restait du domaine de la loi.

Elle était *permanente*, ce qui signifie qu'il n'y avait pas de limite constitutionnelle à la durée des sessions de l'Assemblée, alors que celle des interruptions de session ne pouvait dépasser quatre mois par an au total. Cette disposition était importante parce que dans la pratique cela voulait dire que les ministres risquaient d'être très souvent mobilisés par les séances de l'Assemblée.

L'Assemblée *seule* votait la loi. Elle n'avait pas le droit de déléguer ce droit. Cette disposition avait pour but d'empêcher la pratique des décrets-lois qui à la fin de la IIIe République avaient délégué au gouvernement une grande partie du travail législatif. Cette interdiction fut dans la réalité rapidement tournée par l'usage des lois d'habilitation, puis plus tard par *les lois-cadres*, l'Assemblée se contentant alors d'établir le « cadre » des lois et laissant au gouvernement le soin d'en préciser le contenu.

L'Assemblée nationale jouait également un rôle essentiel en cas de *révision de la Constitution*, puisque le principe devait d'abord en être voté par elle à la majorité absolue.

Quant au Conseil de la République, il était appelé à donner son avis sur les lois votées par l'Assemblée nationale, mais le dernier mot restait à celle-ci.

Maîtresse du pouvoir législatif, l'Assemblée était également maîtresse du *pouvoir exécutif.*

Le président de la République était élu pour sept ans par le *Parlement*, mais il ne disposait que de pouvoirs très limités, très inférieurs à ceux prévus par les lois constitutionnelles de 1875. Son principal moyen d'action ne pouvait être que *d'influence*, influence qui fut d'ailleurs réelle pendant la présidence de Vincent Auriol.

• *Assurer la stabilité gouvernementale*

Le gouvernement était dirigé par un *président du Conseil*, ce qui était nouveau par rapport à la IIIe République où il s'était imposé dans les faits, mais n'avait pas d'existence constitutionnelle. Désigné par le président de la République, il devait obtenir *l'investiture* de la majorité absolue des députés constituant l'Assemblée nationale dans un scrutin public, et ensuite il désignait les ministres formant le gouvernement. L'obligation d'une majorité absolue avait été décidée pour favoriser la stabilité ministérielle puisqu'un gouvernement ne pourrait se constituer sans avoir une solide majorité au départ. Dans la pratique cela aboutit surtout à rendre l'investiture très difficile à obtenir, d'où bien souvent des crises interminables, les candidats échouant les uns après les autres. En outre, dès le début, les présidents du Conseil prirent l'habitude, ce qui n'était pas prévu par la Constitution, de solliciter une seconde investiture une fois leur gouvernement constitué. Cette pratique de *la double investiture* fut une cause supplémentaire de la difficulté à résoudre les crises ministérielles.

La Constitution, toujours dans le souci de préserver la stabilité gouvernementale, avait pourtant cherché à mettre au point des dispositifs qui limiteraient le renversement des gouvernements. Contrairement à ce qui se passait sous la IIIe République où un ministre pouvait engager la responsabilité du gouvernement dans n'importe quelles conditions, sans même quelquefois en référer au président du Conseil, la Constitution de 1946 avait prévu que le président du Conseil possédait *seul* le droit d'engager la responsabilité du gouvernement en posant la *question de confiance*, et seulement après une délibération du Conseil des ministres, le vote n'ayant lieu qu'un jour franc après le dépôt de la question de confiance. L'Assemblée nationale de son côté avait le droit de déposer une *motion de censure* contre le gouvernement, mais cette procédure ne fut jamais employée. Pour rendre le renversement d'un gouvernement plus difficile encore, il avait été prévu que la confiance était refusée seulement si une majorité absolue de députés avait voté contre le gouvernement.

Dans la pratique ces précautions ne résistèrent pas aux habitudes : nombreux furent les gouvernements qui démissionnèrent sans poser la question de confiance dans les formes constitutionnelles, quand ils n'obtenaient pas la majorité simple dans un vote. Ils démissionnaient également quand ils étaient mis en minorité sur une question de confiance, même si l'opposition n'avait pas rassemblé la majorité absolue. Les dispositions constitutionnelles n'ont jamais remplacé des majorités solides.

Une autre disposition destinée à renforcer la stabilité gouvernementale était la possibilité de *dissoudre* l'Assemblée nationale, mais les conditions d'une dissolution étaient si compliquées qu'il y avait peu de chances pour qu'elles puissent être réalisées. En outre une dissolution s'accompagnait de la mise en place d'un gouvernement intérimaire comprenant des représentants de tous les groupes de l'Assemblée, ce qui, dans les circonstances de la guerre froide qui fut bientôt le trait dominant de cette époque, était peu réalisable.

• *Régime d'assemblée et régime des partis*

La combinaison des dispositions constitutionnelles et des habitudes héritées de la IIIe République créa au plein sens du terme un régime des partis, dans la mesure où à son tour l'Assemblée était dominée par des partis devenus plus disciplinés que dans le passé. En réalité les constituants, et en particulier les socialistes, avaient raisonné en fonction de majorités stables et cohérentes, ce qui ne dépendait qu'assez peu de la Constitution, et davantage de la loi électorale. Or de ce point de vue, si, avant la guerre, le scrutin uninominal n'avait pas pu donner des majorités stables faute de partis solidement constitués, la représentation proportionnelle, dans un pays où les courants politiques étaient nombreux, avait encore plus de chances d'empêcher la formation de majorités stables. Des groupes politiques relativement peu importants pourraient en effet obtenir des élus et diviser encore davantage la représentation nationale. En outre la « proportionnelle », en permettant à un très grand nombre de députés d'être réélus sans difficulté, affaiblissait notablement le caractère dissuasif d'une éventuelle dissolution.

• *La question de l'Empire*

La Constitution avait eu enfin à régler les rapports de la France avec son Empire colonial. Elle lui substitua l'*Union française*. Celle-ci réunissait la France métropolitaine, les *départements d'Outre-mer* (DOM) et les *territoires d'Outre-mer* (TOM) qui étaient les anciennes colonies, les pays associés, soit *territoires associés* (anciens territoires sous mandat de la Société des Nations), soit *États associés* (anciens protectorats). Le président de l'Union française était le président de la République, assisté d'organismes consultatifs, le *Haut Conseil de l'Union française* (formé d'une délégation du gouvernement français et de représentants des États associés) et l'*Assemblée de l'Union française* (composée par moitié de représentants de la France et par moitié de représentants des DOM-TOM et des États associés). Dans la pratique les décisions concernant l'Union française étaient prises par l'Assemblée nationale et par le gouvernement français, c'est-à-dire qu'il y avait en fait peu de changements par rapport au passé, sauf que les populations des pays coloniaux avaient obtenu d'être représentées dans les assemblées françaises, mais en très petit nombre.

• *La révision du 7 décembre 1954*

Elle a apporté quelques modifications à la Constitution telle qu'elle a été établie en 1946. Elles ont été peu importantes, sauf sur deux points. Dorénavant le président du Conseil était investi en même temps que son gouvernement, ce qui faisait disparaître la pratique de la double investiture. D'autre part en cas de dissolution le cabinet restait en fonction, contrairement à ce qui avait été prévu en 1946, ce qui devait en théorie rendre plus facile une dissolution éventuelle.

L'Union française

• *Les départements d'Outre-mer (DOM)*

Guyane, Guadeloupe, Martinique, Réunion.

• *L'Algérie*

Elle est divisée en trois départements (Alger, Oran, Constantine) et gérée en fonction du statut de l'Algérie voté le 20 septembre 1947.

• *Les territoires d'Outre-mer (TOM)*

Saint-Pierre-et-Miquelon,
Établissements français de l'Océanie,
Nouvelle-Calédonie et ressortissants français des Nouvelles-Hébrides,
Établissements français dans l'Inde,
Archipel des Comores,
Madagascar,
Côte française des Somalis,
Sénégal, Mauritanie, Guinée, Soudan, Niger, Haute-Volta, Côte-d'Ivoire, Dahomey, Moyen-Congo, Gabon, Oubangui-Chari, Tchad.

• *Les territoires associés*

Togo, Cameroun.

• *Les États associés*

Viêt-nam, Laos, Cambodge, Tunisie, Maroc.

La mise en place des institutions

Une fois la Constitution votée, toute une série d'étapes étaient nécessaires pour qu'elle puisse fonctionner : élection de l'Assemblée nationale, élection du Conseil de la République, élection du président de la République, désignation du premier gouvernement. Toutefois un retour en arrière s'impose préalablement, car pendant la période de l'établissement de la Constitution, la vie politique du pays s'était évidemment poursuivie.

La vie politique de novembre 1945 à novembre 1946

• *La démission du général de Gaulle*

Lorsque la première Assemblée constituante était entrée en fonctions, c'est *à l'unanimité* qu'elle avait confié au général de Gaulle le soin de continuer de diriger le gouvernement (13 novembre 1945), mais des difficultés étaient très vite apparues entre le chef du gouvernement et les partis, en particulier avec le Parti communiste et le Parti socialiste qui disposaient de la majorité à l'Assemblée constituante.

La première opposition grave se manifesta entre le Parti communiste et le général de Gaulle à propos de la composition du gouvernement. Le Parti communiste exigeait un des grands ministères, Intérieur, Affaires étrangères, ou Défense, ce que le général de Gaulle refusait, considérant que chacun de ces ministères commandait la politique étrangère : « la diplomatie qui l'exprime, l'armée qui la soutient, la police qui la couvre ». Il estimait en effet que dans le délicat équilibre à maintenir entre les États-Unis et l'URSS, il ne fallait pas donner l'impression qu'on favorisait l'un plutôt que l'autre. L'argument n'était pas sans valeur, mais de surcroît le général de Gaulle ne voulait pas donner aux communistes un de ces ministères clefs qui, au même moment, dans l'Est de l'Europe leur permettait de conquérir progressivement le pouvoir. Un compromis fut finalement trouvé : à la place d'un des grands ministères refusés, le secrétaire général du Parti communiste, *Maurice Thorez*, reçut le titre de *ministre d'État*.

Deuxième accrochage important, celui-ci avec le Parti socialiste, à propos du budget de la Défense nationale. Le général de Gaulle n'admit pas qu'un socialiste, André Philip, réclame une diminution de 20 % du budget de la Défense nationale, alors que des socialistes faisaient partie du gouvernement. Le général de Gaulle estima rapidement qu'il ne lui était pas possible de gouverner dans la dépendance de l'Assemblée constituante, et *le 20 janvier 1946*, brusquement, *il annonça sa démission.*

Dans un message au pays, il expliquait qu'il avait achevé sa mission, « qu'il avait remis le pays sur les rails », mais dans une déclaration devant le Conseil des ministres, il affirmait : « Le régime exclusif des partis a reparu. Je le réprouve. Mais à moins d'établir par la force une dictature dont je ne veux pas, qui sans doute tournerait mal, je n'ai pas les moyens d'empêcher cette expérience. Il me faut donc me retirer. »

Quels étaient les objectifs du général de Gaulle ? Vraisemblablement être rappelé très rapidement au pouvoir, mais dans des conditions qui le satisfassent, sans que l'action du gouvernement soit entravée par les partis politiques. Les choses allaient tourner autrement. La décision du général de Gaulle causa une grande surprise mais ne provoqua aucun trouble, aucune manifestation, et le MRP décida rapidement, malgré sa fidélité à de Gaulle, d'assurer la continuité gouvernementale, pendant que les socialistes et les communistes ne cachaient guère leur satisfaction.

• *Le tripartisme*

Le 23 janvier 1946, les trois grands partis signaient une *charte de collaboration*, qui était plutôt un pacte de non-agression et qui ouvrit l'ère d'une formule politique nouvelle appelée le *tripartisme*. Elle devait durer *quinze mois* jusqu'au début de mai 1947. Il n'y avait pas d'autre solution dans la mesure où la SFIO ne voulait gouverner en tête à tête, ni avec le Parti communiste, ni avec le MRP, ni gouverner sans eux d'ailleurs.

Pendant la période d'élaboration de la Constitution, et dans le cadre du tripartisme, deux gouvernements se succédèrent : le gouvernement présidé par le socialiste *Félix Gouin* qui était jusque-là le président de l'Assemblée constituante (26 janvier-12 juin 1946) et celui présidé par le MRP *Georges Bidault* (après le succès de son parti lors des élections à la seconde Assemblée constituante (voir ci-dessus) (23 juin-28 novembre 1946).

Ces deux gouvernements étaient composés de la même façon, un tiers de ministres communistes, un tiers de ministres socialistes, un tiers de ministres MRP, *désignés* par le parti auquel ils appartenaient, sous l'autorité assez théorique du chef du gouvernement, chaque parti s'employant activement à « coloniser » les ministères dont il avait la charge, en plaçant aux postes essentiels les hommes de sa tendance politique. Pendant ces deux gouvernements, il y eut une certaine permanence dans la répartition des ministères entre les trois partis. Aux socialistes les ministères de l'Intérieur, de l'Éducation nationale, de la France d'Outre-mer et une partie des ministères économiques (Agriculture, Transports,...), au MRP, les Affaires étrangères, la Justice, les Armées, aux communistes, une partie des ministères économiques et les ministères sociaux (Production industrielle, Travail, Reconstruction, Anciens Combattants...). Il est à noter que les communistes n'avaient pas réussi là encore à obtenir un des grands ministères déjà revendiqués au temps du général de Gaulle, mais à défaut de la Défense, ils avaient reçu le ministère de *l'Armement.*

Ces brefs gouvernements, un peu plus de quatre mois pour le premier, un peu plus de cinq pour le second, accaparés par les problèmes constitutionnels, ne purent guère que tenter de faire face assez péniblement aux difficultés économiques du moment tout en poursuivant néanmoins les réformes de structure (nationalisations, Sécurité sociale, statut général de la fonction publique...).

Pendant ce temps sur le plan international la tension croissait entre l'URSS et les États-Unis à propos du règlement du problème allemand et de la mainmise soviétique sur la partie centrale et orientale de l'Europe. Winston Churchill annonçait la *guerre froide*, en déclarant qu'un « rideau de fer » était tombé sur le continent.

Sur le plan colonial, les premières difficultés apparaissaient en *Indochine* où le communiste Hô Chi Minh avait proclamé en août 1945 la République démocratique du *Viêt-nam* et l'indépendance du pays. De difficiles négociations s'engageaient avec les représentants de la France soutenus par un corps expéditionnaire débarqué en Cochinchine à partir de septembre 1945.

Ces problèmes internationaux et coloniaux accroissaient les tensions à l'intérieur des gouvernements tripartites.

L'élection de l'Assemblée nationale

• *La victoire des trois Grands*

Le 10 novembre 1946 eut lieu l'élection de la première Assemblée nationale de la IVe République. C'était en treize mois la quatrième consultation de caractère national (trois référendums, trois élections générales), ce qui explique que les Français recrus d'élections n'aient pas été apparemment passionnés. La campagne fut fort calme. Toutefois cela ne se traduisit que par une faible augmentation de l'abstentionnisme, 21,9 % contre 20,1 % en octobre 1945 et 20,8 % en juin 1946.

La plupart des formations politiques avaient obtenu des résultats assez proches de ceux du mois de juin précédent. Le Parti communiste redevenait le premier parti politique en France, devançant le MRP qui, lui, perdait 500 000 voix, ce qui était d'ailleurs peu, si on tient compte du fait que son électorat ne l'avait pas suivi lors du dernier référendum et que les gaullistes lui reprochaient sa « trahison » envers le général de Gaulle. L'électorat gaulliste ne

Résultats des élections à l'Assemblée nationale 10 novembre 1946 (France métropolitaine)

Inscrits	25 083 039	
Abstentions	5 504 913	soit 21,9 %des inscrits
Parti communiste	5 430 593	soit 28,2 %des suffrages exprimés
SFIO	3 433 901	soit 17,8 % des suffrages exprimés
RGR	2 136 152	soit 11,1 % des suffrages exprimés
MRP	4 988 609	soit 25,9 % des suffrages exprimés
Union gaulliste	585 430	soit 3 % des suffrages exprimés
Modérés	2 487 313	soit 12,9 % des suffrages exprimés
Divers	154 377	soit 0,8 % des suffrages exprimés

Effectifs des groupes à l'Assemblée nationale (y compris les députés d'Outre-mer)

Groupes communistes et apparentés	182
Groupe socialiste	102
Groupe radical	43
Groupe UDSR	26
Groupe MRP	173
Groupes modérés	67
Groupes algériens	13
Non-inscrits	13

soit 544 pour la métropole et 75 pour l'Outre-mer : 619 députés

l'avait donc pas abandonné et l'Union gaulliste qui s'était constituée à l'initiative de quelques fidèles du général de Gaulle, mais sans son aval, n'avait guère connu de succès. Le RGR et les modérés se maintenaient pratiquement au même niveau modeste que précédemment.

Le parti le plus éprouvé avait été le Parti socialiste : il perdait plus de 700 000 voix, soit un peu plus d'un million en un an depuis les élections de 1945. Les raisons de cet échec sont multiples, mais la principale semble avoir été la difficulté de la SFIO à trouver sa place sur l'échiquier politique, et son perpétuel balancement entre les communistes qu'elle redoutait et le MRP dont elle était en principe plus éloignée, mais qui l'effrayait moins, d'où des attitudes contradictoires. Une fraction de l'électorat socialiste, la plus à gauche, avait glissé vers le Parti communiste, une autre fraction plus nombreuse et plus modérée vers la droite.

Les trois grands partis recueillaient néanmoins près des trois quarts des voix et le socialiste Vincent Auriol était à nouveau porté à la présidence de l'Assemblée nationale.

• *Le ministère Blum*

En attendant l'élection du Conseil de la République également préalable à celle du président de la République, il fallut désigner un dernier gouvernement provisoire : successivement les candidatures à la direction du gouvernement de Maurice Thorez puis de Georges Bidault furent rejetées par l'Assemblée nationale, et c'est *Léon Blum*, qui constitua un *ministère homogène socialiste* pour une durée d'un mois (16 décembre 1946-16 janvier 1947). Malgré ce court laps de temps, la personnalité du président du Conseil et la cohésion du gouvernement permirent une certaine efficacité. Une tentative de politique de baisse des prix se traduisit par une baisse de 5 % sur tous les prix, et il était prévu qu'elle serait suivie d'autres.

Entre-temps, le *Conseil de la République* avait été élu le 8 décembre, suivant un système complexe à deux degrés. Sa composition fut à peu près identique à celle de l'Assemblée nationale.

L'élection du président de la République et la formation du gouvernement

Toutes les étapes préliminaires étant réalisées, l'élection du président de la République pouvait avoir lieu. Fixée au 16 janvier 1947 et, suivant la tradition, au château de Versailles, elle surprit par sa rapidité. Dès le premier tour, le président de l'Assemblée nationale, *Vincent Auriol*, était élu président de la République par 452 voix contre 242 au candidat MRP, Auguste Champetier de Ribes, président du Conseil de la République, 122 voix à un candidat radical, 62 voix à un modéré, Michel Clemenceau, fils de Georges Clemenceau… Les communistes avaient en effet décidé de voter sans attendre pour le candidat du Parti socialiste, ce qui leur donnerait une créance sur lui lors de la formation du gouvernement.

Communistes et socialistes ne disposaient en réalité que de 430 voix alors que la majorité absolue des présents (883) était de 442, mais Vincent Auriol recueillit également un certain nombre de voix des radicaux qui espéraient qu'en compensation la présidence de l'Assemblée nationale reviendrait à un des leurs, *Édouard Herriot*, le dernier président de la Chambre des députés en 1940, ce qui eut lieu.

Le nouveau président de la République appelait immédiatement pour former le gouvernement un autre socialiste, *Paul Ramadier*, député de l'Aveyron depuis 1928. Celui-ci revenait à la formule du tripartisme, mais avec une sensible inflexion : à côté de 9 ministres socialistes, de 5 MRP et de 5 communistes, 3 radicaux, 2 UDSR, et d'union nationale.

Paul Ramadier avait trouvé une solution pour donner au Parti communiste le grand ministère qu'il réclamait inlassablement : l'un des siens, François

LES GOUVERNEMENTS DE LA IVe RÉPUBLIQUE

	GAUCHE	CENTRE	DROITE	
1945	*21 novembre*	Charles de GAULLE	*20 janvier*	*Première Assemblée constituante*
1946	*26 janvier* Félix GOUIN (socialiste) *12 juin*			
		23 juin Georges BIDAULT (MRP) *28 novembre*		*Seconde Assemblée constituante*
1947	*16 décembre* Léon BLUM (socialiste) *16 janvier*			*Première législature*
	22 janvier Paul RAMADIER (socialiste) *19 novembre*			
1948		*24 novembre* Robert SCHUMAN (MRP) *19 juillet*		
		26 juillet André MARIE (radical) *28 août*		
1949		*11 septembre* Henri QUEUILLE (radical) *6 octobre*		
1950		*29 octobre* Georges BIDAULT (MRP) *24 juin*		
1951		*12 juillet* René PLEVEN (UDSR) *28 février*		
		10 mars Henri QUEUILLE (radical) *10 juillet*		
1952		*12 août* René PLEVEN (UDSR) *17 janvier*		

Année				Législature
1952		*20 janvier* Edgar FAURE (radical) *29 février*		Deuxième législature
			8 mars Antoine PINAY (indépendant) *23 décembre*	Deuxième législature
1953		*8 janvier* René MAYER (radical) *21 mai*		Deuxième législature
1954			*28 juin* Joseph LANIEL (indépendant) *13 juin*	Deuxième législature
1955	*19 juin* Pierre MENDÈS-FRANCE (radical) *5 février*			Deuxième législature
1956		*23 février* Edgar FAURE (radical) *24 janvier*		Deuxième législature
1957	*1er février* Guy MOLLET (socialiste) *21 mai*			Troisième législature
		13 juin Maurice BOURGÈS-MAUNOURY (radical) *30 septembre*		Troisième législature
1958		*5 novembre* Félix GAILLARD (radical) *15 avril*		Troisième législature
		13 mai Pierre PFIMLIN (MRP) *28 mai*		Troisième législature

Ce tableau fait clairement apparaître que d'abord dirigée par les socialistes, la IVe République glisse vers le centre à partir de 1948 avec des gouvernements à direction MRP, radicale ou UDSR, puis vers la droite à partir de 1952, avant de revenir vers le centre ou la gauche à partir de 1954.

N.B. Pour ne pas surcharger le tableau n'y figurent ni les gouvernements dont le chef avait été investi, mais qui n'a pas pu passer le cap de la seconde investiture, ni les périodes de crise entre deux gouvernements.

Billoux, devenait ministre de la Défense nationale, mais flanqué de trois ministères « d'arme », guerre, air, marine, confiés respectivement à un MRP, un modéré, et un radical. Les communistes acceptèrent un arrangement qui leur permettrait de sauver la face.

Le gouvernement voyait également l'entrée d'un jeune député récemment élu dans la Nièvre, François Mitterrand, au ministère des Anciens Combattants et Victimes de la guerre.

Avec l'investiture accordée à Paul Ramadier le 21 janvier 1947 et à son gouvernement le 28 janvier, la IVe République pouvait réellement commencer.

Chapitre III

La vie politique sous la IVe République

(1947-1958)

La IVe République, au sens strict du terme, a duré du 16 janvier 1947 (date de l'élection de Vincent Auriol à la présidence de la République) au 28 septembre 1958 (date du référendum sur la Constitution de la Ve République), mais dans la pratique la IVe République s'est terminée le 2 juin 1958, lorsque de Gaulle a obtenu de l'Assemblée nationale les pleins pouvoirs pour réformer la Constitution, soit un peu plus de onze ans. Ce fut donc un des régimes les plus brefs que la France ait connus : seuls le Directoire, la IIe République et le gouvernement de Vichy ont duré moins longtemps encore. Constatation surprenante si on songe que rarement autant d'efforts avaient été faits pour donner à la France des institutions durables.

Pourquoi en a-t-il été ainsi ?

De Gaulle a toujours accusé « les institutions » d'avoir été responsables de la faiblesse de la IVe République, mais on peut remarquer qu'elles n'étaient pas très différentes de celles de la IIIe République qui avait duré soixante-cinq ans. Il est vraisemblable que le système de scrutin utilisé a eu des effets aussi importants que les institutions elles-mêmes. Sous la IIIe République, on taxait le scrutin dit d'arrondissement, scrutin uninominal à deux tours, d'être une des causes de l'instabilité ministérielle, parce que des députés, plus soucieux des intérêts de leurs circonscriptions que des intérêts nationaux, se montraient très indisciplinés. On l'avait donc remplacé par le *scrutin de liste proportionnel* : plus juste dans la mesure où les forces politiques étaient représentées en fonction de leur importance, il fut néanmoins une des causes majeures de la fragilité du régime parce qu'il se révéla incapable de donner des majorités durables. Par le jeu de la « proportionnelle », la IVe République ne connut pas seulement un « régime d'assemblée », comme sous la IIIe République, mais véritablement le « régime des partis », et de partis à la fois violemment opposés entre eux, et souvent eux-mêmes divisés. La gravité et la difficulté des problèmes à résoudre en furent d'ailleurs la cause.

Les problèmes économiques et sociaux. Les difficultés du ravitaillement (le rationnement du pain, un des éléments de base de la nourriture à cette époque, ne sera aboli qu'à l'automne 1949) et la rapidité de l'inflation affectaient gravement la vie quotidienne. L'inflation ruinait, dans l'immédiat, les épargnants et amputait le niveau de vie des salariés, l'augmentation des salaires ne suivant qu'avec retard celle des prix.

Les rapports de la France avec le monde extérieur. À partir de 1946, les rapports s'étaient tendus entre les vainqueurs de la guerre qui progressivement se constituèrent en deux « blocs » prêts à s'affronter. D'un côté l'URSS et les pays de la partie orientale et balkanique de l'Europe transformés en *Démocraties populaires* – l'Albanie (1945), la Yougoslavie (1945), la Bulgarie (1946), la Roumanie (1946), la Pologne (1947), la Hongrie (1947), la Tchécoslovaquie (1948), la partie orientale de l'Allemagne devenue République démocratique allemande (1949) – à quoi s'ajoutent la Chine populaire (1949) et la Corée du Nord (1948), de l'autre les États-Unis et le reste du monde.

À peine la Seconde Guerre mondiale était-elle terminée, que le risque d'une troisième guerre mondiale planait. Dès 1947, *la guerre froide* commençait.

Toute la vie politique française en fut atteinte dans la mesure où la grande majorité des forces politiques, depuis la gauche socialiste jusqu'à la droite choisissait le camp « occidental », tandis que le Parti communiste affirmait sa solidarité avec l'URSS. C'est ainsi que le 30 septembre 1948, son bureau politique déclarait :

« Le peuple de France ne fera pas, il ne fera jamais la guerre à l'Union soviétique », ce qui signifiait qu'en cas de conflit les communistes français seraient du côté soviétique.

La « guerre froide » passait ainsi à l'intérieur de la France, créant un fossé infranchissable entre les communistes et les autres.

La vie politique française fut particulièrement touchée également par le grand mouvement de *décolonisation* qui emporta les « empires coloniaux », hérités du siècle précédent. Forces politiques et opinion publique étaient gravement divisées entre tenants de l'indépendance des peuples coloniaux, partisans de l'Union française, c'est-à-dire de l'intégration ou de l'association avec la France, sur une base d'ailleurs inégalitaire, et avocats du maintien de l'état ancien, la domination de la France.

À ces conditions majeures et nouvelles, se superposèrent les problèmes hérités du passé, comme *la querelle de la laïcité* matérialisée alors par la question de l'aide aux écoles libres.

Il n'est pas très étonnant dans ces conditions que les effets cumulatifs d'institutions peu favorables à un exécutif stable et fort, des difficultés économiques et sociales, de la guerre froide, de la décolonisation, du combat des partisans et adversaires de la laïcité…, aient donné à la vie de la IVe République un aspect très tourmenté.

La rupture du tripartisme et la crise de 1947

Au début de l'année 1947 après la formation du gouvernement Ramadier, le ciel n'était certes pas sans nuages, le ravitaillement restait difficile, l'inflation galopait, la guerre avait commencé en Indochine, mais l'atmosphère politique était plutôt bonne. Le président de la République se félicitait de « l'allocution délicate » que le vice-président communiste de l'Assemblée nationale, Jacques Duclos, lui avait adressée le jour de son élection.

Dix mois plus tard, la France était balayée par une véritable tourmente sociale : grèves, émeutes, sabotages, violences déferlèrent pendant les mois de novembre et de décembre. « Insurrection froide », « année des angoisses », « année des tempêtes », d'après Vincent Auriol, « année terrible », d'après Jacques Fauvet.

La IVe République avait bien failli sombrer l'année même de sa naissance.

La montée des difficultés

• *Vivre dans la pénurie et l'inflation*

Malgré les efforts et les sacrifices consentis depuis 1945, la situation économique restait très difficile. La production industrielle et agricole redémarrait lentement, ce qui entraînait la pénurie, particulièrement sensible dans le domaine du ravitaillement. Après un retour prématuré à la vente libre du pain (novembre et décembre 1945), il avait fallu ramener la ration de pain quotidienne à 300 grammes, puis à 250 grammes le 1er avril 1947 (du 1er septembre 1947 jusqu'au 31 mai 1948, elle fut de 200 grammes).

Le déficit de la balance commerciale était considérable et la France qui devait beaucoup acheter et n'avait pas grand-chose à vendre, ne disposait que de très peu de devises pour payer ses achats.

Toute une série de facteurs (parmi lesquels la pénurie n'était pas le moindre) se combinaient pour provoquer la hausse des prix.

Après le relatif succès d'une baisse des prix de 5 % par le gouvernement de Léon Blum, une nouvelle baisse de 5 % au 1er mars 1947 fut un échec. Les salaires ne suivaient que de loin la montée des prix ; les conditions de vie, loin de s'améliorer, avaient tendance à empirer. Les salariés supportaient de plus en plus mal cette situation. La déception était grande que trois ans après la Libération, les conditions de vie soient encore aussi pénibles.

• *À l'aube de la guerre froide*

La mainmise progressive de l'URSS sur la partie orientale de l'Europe, le maintien sur pied de guerre de l'armée soviétique, alors que l'armée américaine avait été très rapidement démobilisée, faisaient monter dès 1946 la tension entre les États-Unis et l'URSS. Le 5 mars à Fulton (Missouri) en présence du président des États-Unis, Harry Truman, l'ancien Premier ministre britannique, Winston Churchill, déclarait : « De Stettin sur la Baltique à Trieste sur l'Adriatique, un rideau de fer est tombé sur le continent. »

Deux événements accrurent considérablement la tension au début de l'année 1947.

Jusque-là, la politique américaine avait été assez passive, mais le 12 mars le président Truman définissait une politique nouvelle connue sous le nom de *doctrine Truman.* Dorénavant les États-Unis étaient décidés à endiguer la progression du communisme (politique du *containment*) et dans l'immédiat ils accordaient des crédits importants à deux États menacés, la Grèce et la Turquie.

Le 10 mars s'était ouverte à Moscou une conférence des ministres des Affaires étrangères des quatre Grands (États-Unis, URSS, France, Royaume-Uni) dont l'objectif était de trouver une solution au problème allemand ; elle s'acheva le 25 avril par un échec complet : en fait les anciens alliés entendaient chacun conserver leur morceau d'Allemagne.

La France par la force des choses versait du côté occidental dans un monde divisé en deux blocs. Compte tenu de la présence des communistes dans le gouvernement, cela ne pouvait manquer d'avoir d'importantes conséquences sur le plan intérieur.

• *Le destin mal engagé de l'Union française*

Il se posait pour le moment particulièrement en Indochine : face à la volonté d'indépendance du Viêt-minh animé par les communistes indochinois sous la direction d'Hô Chi Minh, la politique sur place des représentants de la France était contradictoire.

Le 6 mars 1946, à Hanoï, le général Leclerc et Hô Chi Minh signaient un accord reconnaissant la République du Viêt-nam, État libre à l'intérieur de l'Union française, tandis que le 1er juin à Saïgon, l'amiral Thierry d'Argenlieu proclamait une République de Cochinchine étroitement dépendante de la France. Une conférence qui se tint à Fontainebleau pendant l'été 1946 entre Hô Chi Minh et le ministre de la France d'Outre-mer, le socialiste Marius Moutet, n'aboutit à aucun résultat.

Pendant le mois de novembre, les incidents se multiplièrent entre le Viêt-minh et les troupes françaises, aboutissant le 23 novembre au bombardement du port d'Haïphong par les navires français (plusieurs milliers de morts) et le 19 décembre au massacre de Français dans Hanoï.

Le gouvernement Léon Blum alors au pouvoir n'avait pu empêcher la guerre qui commençait.

De plus dans la nuit du 29 au 30 mars 1947, une insurrection nationaliste éclatait à Madagascar ; elle fut durement réprimée au cours des années 1947 et 1948 (plusieurs dizaines de milliers de morts).

La combinaison des difficultés économiques, sociales, internationales et coloniales explique la crise de 1947.

La rupture du tripartisme

Les difficultés qui s'accumulaient eurent rapidement d'importants effets sur la vie politique, d'autant qu'elles opposaient principalement les communistes d'un côté, les autres partis gouvernementaux de l'autre.

Première escarmouche, le 22 mars 1947, à propos du vote des crédits militaires pour l'Indochine. Pour ne pas rompre la solidarité gouvernementale, les ministres communistes votaient pour, mais les députés communistes s'abstenaient. Il était certes paradoxal que des députés ne votent pas la confiance à un gouvernement auquel des ministres de leur parti appartenaient.

La rupture allait avoir lieu pourtant sur les questions économiques et sociales.

La politique suivie dans ce domaine par le gouvernement était celle du blocage des prix et des salaires. Comme toujours, le blocage des salaires était appliqué plus efficacement que celui des prix, d'où un mécontentement qui se traduisit par différentes grèves. Le 25 avril la grève éclatait à la Régie Renault, à l'initiative de groupes trotskystes peu nombreux ; elle fut bientôt soutenue par une grande partie du personnel. Dans ces conditions la CGT, d'abord réticente, décidait d'appuyer le mouvement.

Le 4 mai un débat s'ouvrit à l'Assemblée nationale : le président du Conseil Paul Ramadier confirma qu'il entendait maintenir la politique de blocage des salaires. Lors du vote, les députés et les ministres communistes votèrent contre le gouvernement.

Malgré la conception assez élastique de la solidarité gouvernementale qui prévalait alors, il était impossible que le gouvernement continue dans ces conditions. Deux solutions étaient envisageables : ou la démission du gouvernement ou le remplacement des ministres communistes. Le Parti socialiste avait affirmé peu de temps auparavant qu'il se refusait à gouverner sans les communistes, mais, après diverses tergiversations, Paul Ramadier décidait de remplacer les ministres communistes dont le décret de révocation fut publié par le *Journal officiel* du 5 mai.

Événement capital de l'histoire politique de la France puisqu'il fallut attendre 34 ans pour que des ministres communistes participent de nouveau à un gouvernement. Toutefois, dans l'immédiat il ne fut pas ressenti ainsi et tant du côté des socialistes que des communistes, il fut plutôt considéré comme une péripétie. Lors de son congrès de Strasbourg (25 juin-28 juin 1947), le Parti communiste continua de s'affirmer comme *un parti de gouvernement*, estimant ainsi qu'il reprendrait sa place au gouvernement à la première occasion.

Au printemps 1947 les grèves furent nombreuses dans des secteurs variés, mais le mouvement de grèves n'atteignit pas un niveau exceptionnel.

La naissance du Rassemblement du peuple français

Amputé sur sa gauche par l'éviction des communistes, le gouvernement Ramadier était au même moment attaqué sur sa droite à la suite de la rentrée en scène du général de Gaulle.

Le 7 avril à Strasbourg, il avait lancé l'idée d'un Rassemblement du peuple français (RPF) dont l'objectif serait, dans le cadre des lois, de réformer le fonctionnement de l'État et le plus rapidement possible la Constitution. Création d'autant plus urgente d'après de Gaulle, que la France était menacée de désagrégation interne alors que les dangers extérieurs s'accumulaient.

Le lancement du RPF rencontra un très grand succès, les adhésions se comptèrent par centaines de milliers venant des horizons politiques et sociaux les plus divers, témoignant de l'immense prestige conservé par de Gaulle. En revanche les trois grands partis manifestèrent une vive hostilité envers le RPF, les socialistes, sous l'influence de Léon Blum et de Paul Ramadier, se montrant particulièrement déterminés.

La puissance du RPF fut manifeste lors des élections municipales d'octobre 1947, marquées par un véritable raz de marée en sa faveur. Il obtint environ 40 % de suffrages dans les villes de plus de 9 000 habitants où les élections faites à la proportionnelle furent très politiques, tandis que le système majoritaire était utilisé dans les communes de moins de 9 000 habitants. Treize des plus grandes villes de France dont Paris, Marseille, Lille..., 52 préfectures étaient conquises par le RPF. Pierre de Gaulle, frère du général, devenait président du conseil municipal de Paris.

De Gaulle en était puissamment conforté pour réclamer la dissolution de l'Assemblée nationale dont il estimait qu'elle ne représentait plus le pays.

La montée de la crise

Si les événements internationaux n'avaient pas joué un rôle central dans la rupture du tripartisme, en revanche ils furent au cœur de la crise de l'automne 1947.

• *La fracture de la guerre froide...*

Le 5 juin 1947, le secrétaire d'État américain, le général Marshall, avait annoncé la mise sur pied d'un plan d'aide à l'Europe. Le *plan Marshall* s'adressait à tous les pays européens, y compris l'Union soviétique. Ses objectifs étaient divers : aider les pays européens qui, faute de moyens de paiement, s'enfonçaient dans les difficultés, soutenir également l'économie américaine qui, faute de partenaires solvables, risquait la récession. Le général Marshall n'avait pas fait allusion à des objectifs politiques, mais le but du plan était aussi d'éviter que les pays européens victimes de troubles sociaux versent du côté du communisme. En outre cette aide devait être reçue et gérée collectivement et solidairement par les Européens, ce qui les pousserait dans la voie d'une certaine unification, facteur de paix.

Le gouvernement soviétique dans un premier temps ne se montra pas hostile, mais il refusait le caractère collectif de cette aide. Il ne pouvait accepter qu'une aide inconditionnelle et bilatérale. Il rejeta donc l'aide américaine, entraînant derrière lui, de gré ou de force, tous les pays sous son influence.

Dans ces conditions le plan Marshall fut un élément essentiel du partage du monde en deux blocs, d'autant que l'Union soviétique devait tout faire pour qu'il échoue, sans quoi les États-Unis risquaient de présenter une attraction considérable pour les pays du camp soviétique.

En septembre 1947, une réunion secrète rassembla en Pologne les représentants de 9 partis communistes européens (URSS, Pologne, Roumanie, Bulgarie, Yougoslavie, Hongrie, Tchécoslovaquie, France, Italie) : le représentant soviétique, André Jdanov, expliqua que dorénavant le monde était partagé en deux camps, le camp impérialiste dirigé par les États-Unis et le camp anti-impérialiste dirigé par l'Union soviétique et qu'entre les deux camps il n'y avait plus d'accord, plus de coopération possible. La « guerre froide » était maintenant bien engagée.

• *... et ses conséquences*

Elles furent considérables pour la France : les communistes français et italiens avaient été rudement sermonnés en Pologne, accusés d'avoir abandonné la lutte des classes en se transformant en « partis de gouvernement ». Ils devaient se racheter et être dorénavant les champions du « bloc anti-impérialiste », se saisir du « drapeau de l'indépendance nationale », c'est-à-dire lutter de toutes leurs forces contre les impérialistes américains, dans l'immédiat contre le plan Marshall et contre ceux qui en étaient partisans, toutes les autres forces politiques, et au premier chef les socialistes. D'ailleurs avant même que les suites de cette conférence apparaissent pleinement, dès l'été 1947, les rapports n'avaient cessé de se tendre entre socialistes et communistes et lors des élections municipales du mois d'octobre, les communistes perdirent de nombreuses municipalités parce que les élus socialistes refusèrent de faire bloc avec eux pour l'élection des maires.

La crise de l'automne 1947

• *La tourmente sociale*

Aussitôt les élections municipales passées, la CGT dominée maintenant par les communistes lançait un vaste mouvement d'agitation qui trouvait d'autant plus d'écho dans les masses ouvrières que la situation était particulièrement mauvaise. Fin octobre 1947, la hausse des produits alimentaires avait été de 43 % en six mois, alors que les salaires n'avaient progressé que de 11 %. À partir de la mi-novembre, un énorme mouvement de grèves déferlait sur la France, particulièrement fort dans la métallurgie et les mines. En même temps des violences de toutes sortes avaient lieu : véritables émeutes à Marseille après l'augmentation du prix du billet de tramway qui virent la mairie prise d'assaut et le maire RPF molesté, commandos qui obligèrent les établissements où le travail continuait à s'arrêter, affrontements aux limites de la guerre civile avec les forces de l'ordre (dont certaines unités peu sûres durent être dissoutes), attaque de la gare de Valence, actions de sabotage... Dans certaines régions, dans le Midi en particulier, l'agitation paraissait maîtresse et les forces de l'ordre impuissantes. Le mouvement prenait au fil des jours de plus en plus l'allure d'une insurrection, même si progressivement un grand nombre de participants l'abandonnaient.

En face le gouvernement Ramadier s'affaiblissait. Violemment attaqué de l'extérieur par les communistes et le RPF, il était miné de l'intérieur par les radicaux et les modérés qui lui reprochaient une politique économique trop « dirigiste » et d'après eux qui avait échoué, tandis que Guy Mollet, secrétaire général du parti socialiste, le propre parti du président du Conseil, voulait lui substituer un gouvernement plus à gauche sous la direction de Léon Blum.

Le 19 novembre, le gouvernement Ramadier démissionnait et laissait sa place à un gouvernement dirigé par le MRP Robert Schuman comprenant 11 MRP, 8 socialistes, 6 radicaux, 2 indépendants et 1 UDSR. Il y avait donc eu, contrairement au souhait de Guy Mollet, glissement vers la droite de la majorité gouvernementale. Le ministère de l'Intérieur était toutefois occupé par un socialiste, Jules Moch, qui allait faire face avec une grande énergie au mouvement d'agitation.

Finalement le 9 décembre la CGT donnait l'ordre de la reprise du travail.

La CGT depuis 1939

Fondée au *congrès de Limoges en 1895*, la Confédération générale du travail s'était divisée en 1921 en deux organisations. La majorité maintenait l'ancienne CGT dirigée par Léon Jouhaux qui évoluait vers le réformisme, la minorité rassemblait les communistes dans la CGTU (Confédération générale du travail unitaire).
Les deux CGT s'étaient *réunifiées* en 1936 au profit des « ex-confédérés » proches des socialistes, qui conservaient la majorité dans la direction.
Une *nouvelle scission* de fait eut lieu en 1939 après la signature du pacte germano-soviétique, où les dirigeants syndicaux communistes furent exclus. La CGT fut dissoute par le gouvernement de Vichy en novembre 1940. Elle se reconstitua dans la clandestinité en avril 1943 avec un bureau confédéral comprenant cinq « ex-confédérés » et trois « unitaires ». Mais après la Libération, la plupart des fédérations syndicales furent bientôt dirigées par des syndicalistes communistes, et dès septembre 1945 le bureau confédéral était à majorité communiste.
Lors du congrès de la CGT d'avril 1946, *la prise en main complète* de la CGT *par les communistes* fut réalisée. À la suite des grèves de 1947, les syndicalistes socialistes ou proches des socialistes quittaient la CGT pour créer Force Ouvrière (FO).

• *Un mouvement insurrectionnel ?*

L'explication de ce mouvement reste encore difficile à l'heure actuelle : s'il n'est guère possible de le considérer comme un simple mouvement revendicatif, il ne semble pas non plus – comme l'ont cru souvent les contemporains – qu'il se soit agi d'un mouvement insurrectionnel dont l'objectif aurait été la conquête du pouvoir par le Parti communiste. La violence de la propagande contre le plan Marshall dans cette période permet plutôt de penser que l'objectif véritable était d'empêcher la mise en place du plan Marshall, et de permettre d'achever plus facilement la transformation des derniers pays de l'Est en démocraties populaires (Tchécoslovaquie – Hongrie) pendant que l'attention internationale était détournée vers la France et en Italie par la violence de l'agitation qui s'y était développée et qui donnait l'impression de mouvements révolutionnaires.

En revanche les conséquences sur la vie politique de la France sont faciles à énumérer :

– glissement à droite de la majorité gouvernementale dont les socialistes maintenant ne forment plus que l'aile gauche ;

– rupture définitive du tripartisme : les communistes face à toutes les autres forces politiques françaises sont isolés pour longtemps dans une sorte de « ghetto » et un véritable fossé, souvent de haine, s'est développé entre communistes et socialistes ;

– la grande majorité de l'opinion publique française est submergée par une puissante vague d'anticommunisme ;

– sur le plan syndical, scission de la CGT : un certain nombre de syndiqués se sont rassemblés dans une nouvelle organisation, la *CGT Force ouvrière* dont le principal ciment à ce moment est l'anticommunisme. La Fédération de l'Éducation nationale, regroupant les personnels de l'enseignement, a quitté aussi la CGT, mais en restant indépendante.

La Troisième Force (1948-1951)

Une formule fragile

Au début de 1948, la IVe République existait encore, et après la tempête de l'automne précédent, c'était déjà une surprise. Elle était en outre munie d'une nouvelle formule politique baptisée par Guy Mollet la Troisième Force, parce qu'elle entendait lutter sur sa gauche contre le communisme, sur sa droite contre le gaullisme. Mais cette formule politique issue des événements de 1947 était fragile.

• *Elle était minoritaire dans le pays*

Si l'on se rapporte aux élections municipales de 1947, les partis de la Troisième Force ne rassemblaient guère plus de 30 % de l'électorat dans les villes de plus de 9 000 habitants. En principe la Troisième Force était seulement la coalition de la SFIO et du MRP, mais ces deux formations ne disposaient que de 275 sièges à l'Assemblée nationale où la majorité absolue était de 310 sièges. Les 35 voix manquantes pouvaient être fournies arithmétiquement par les députés radicaux et UDSR, mais une partie des uns et des autres étaient en fait des gaullistes et étaient passés au RPF. Dans ces conditions la Troisième Force n'a pu exister qu'en obtenant le concours des députés modérés, c'est-à-dire de la droite. Dans la pratique la Troisième Force a donc correspondu à l'ensemble des forces politiques en dehors du Parti communiste et du RPF.

• *En s'étendant vers la droite, elle avait perdu de sa cohérence*

Il a souvent été dit que la Troisième Force était une coalition négative dont le seul ciment avait été l'anticommunisme et l'antigaullisme. Affirmation discutable car derrière ces deux vocables, on trouvait une volonté très positive, celle de défendre la démocratie, à la fois contre le communisme (le « coup de Prague », date de l'installation du communisme en Tchécoslovaquie, pays qui avait bien des points communs avec la France, avait eu lieu en février 1948) et contre le général de Gaulle que l'on soupçonnait de souhaiter établir un régime autoritaire. Il faut toutefois souligner que si l'anticommunisme était sans failles et sans nuances chez tous les partenaires de la Troisième Force, l'antigaullisme, très ferme chez les socialistes, l'était nettement moins chez leurs alliés.

L'unité de la Troisième Force était également manifeste en politique étrangère : contre la menace de l'URSS (l'idée d'une prochaine agression soviétique était alors fort répandue), tous les partis de la Troisième Force étaient de chauds partisans du « leadership » américain, du plan Marshall d'abord, de l'Alliance atlantique ensuite (le traité de l'Atlantique nord (pacte Atlantique) fut signé le 4 avril 1949).

Il n'y avait pas non plus de divergences excessives en matière coloniale : la guerre d'Indochine se prolongeait, coûtait cher, mais l'opinion ne se préoccupait pas trop d'une guerre menée si loin par des soldats de métier.

En revanche les oppositions étaient fortes à l'intérieur de la Troisième Force sur les problèmes économiques et sociaux. Socialistes et MRP étaient assez proches dans le domaine du *réformisme social* où les radicaux et les modérés se montraient plus réticents, mais surtout l'opposition fut considérable sur la gestion de l'économie, principalement entre les socialistes favorables au *dirigisme* et les radicaux et les modérés partisans du *libéralisme*. La plupart des gouvernements de Troisième Force se disloquèrent d'ailleurs sur les questions économiques et sociales. La SFIO se trouva en effet constamment en porte à faux, prise entre sa volonté de défendre le régime démocratique contre les communistes et celle de ne pas laisser ses partenaires en profiter pour faire trop dériver sur la droite la politique gouvernementale. Lorsque cette dérive leur paraissait trop manifeste, les socialistes renversaient le gouvernement. C'est ce qui arriva à six reprises sur les huit gouvernements qui succédèrent à celui de Paul Ramadier jusqu'en 1951. Les ambiguïtés de la position du Parti socialiste qui tenait un discours de « gauche » et devait consentir à une politique plus modérée, qui participait à des gouvernements qu'il renversait régulièrement, expliquent à la fois les « tourments de la SFIO » (la formule est de Philipp Williams) et la désaffection dont elle souffrit dans l'opinion.

• *Elle subissait les assauts conjoints du RPF et du PC*

À droite de Gaulle et le RPF dénonçaient sans ménagements la faiblesse des gouvernements, la médiocrité des institutions et la malfaisance des partis, le tout symbolisé par la formule « le système des partis ».

À gauche le Parti communiste attaquait avec acharnement la politique « américaine » des gouvernements, et soutenait, quand il le pouvait, des grèves très dures, comme celle des mineurs en octobre-novembre 1948. Pour en venir à bout, le ministre de l'Intérieur Jules Moch dut engager de véritables opérations militaires. L'impression de faiblesse donnée alors par la France face à la « subversion communiste » fut telle qu'un journal britannique, l'*Observer,* écrivait le 2 novembre 1948 : « La France est une alliée sur laquelle nous ne pouvons plus compter. » Malgré un certain affaiblissement, malgré la perte d'une partie notable de ses adhérents et de la plus grande partie de ses journaux, le Parti communiste qui était dans une des périodes les plus « sectaires » de son histoire, marquée par une adhésion totale à la politique soviétique et à la personne du maréchal Staline (le stalinisme, le « culte de la personnalité »), restait un adversaire redoutable.

Le maintien et le renforcement de la Troisième Force

• *Ce renforcement tient à plusieurs facteurs. L'amélioration rapide de la situation économique et financière*

Même si cela parut long à ceux qui le vécurent au quotidien, cette amélioration due à l'aide Marshall (la France reçut près de 5 milliards de dollars) et à l'activité du Commissariat général au Plan dirigé par Jean Monnet fut réelle. En 1949, la production industrielle était revenue au niveau de 1938, les restrictions alimentaires avaient disparu, le rythme d'augmentation des prix avait diminué dans des proportions considérables. On peut considérer que la reconstruction était terminée, même si la situation financière restait préoccupante (déficit du budget de l'État, affaiblissement du franc). Toutefois la dévaluation du franc en septembre 1949 (le dollar vaut alors 350 (anciens) francs contre 43,8 francs en 1940), fut la dernière avant 1957. La productivité de l'industrie restait faible, mais le taux d'investissement était élevé.

• *La « continuité ministérielle »*

Elle venait atténuer l'effet des crises ministérielles fréquentes et donc de la « discontinuité gouvernementale ». C'était à peu près les mêmes équipes qui se reconstituaient.

• *L'habileté du docteur Queuille*

La coalition de la Troisième Force trouva son point d'équilibre autour de présidents du Conseil radicaux ou UDSR, André Marie, René Pleven et surtout Henri Queuille. Député radical de la Corrèze, le docteur Queuille avait une longue expérience politique puisqu'il avait été très souvent ministre, en particulier de l'Agriculture, sous la IIIe République. Ferme, mais prudent, conscient des réalités, il évitait de brusquer les solutions des problèmes avant qu'elles ne soient mûres, ce qui valut à sa politique d'être dénoncée – injustement – sous le nom « d'immobilisme ». Il parvint à diriger le plus long ministère de cette période, 13 mois du 11 septembre 1948 au 6 octobre 1949. Admiratif, l'historien britannique Philipp Williams a parlé du « bon docteur Queuille ».

● *La Troisième Force usa habilement ses adversaires*

La vague communiste avait été écrêtée par les échecs des grèves de 1947 et 1948, et les gouvernements successifs s'employèrent à réduire la représentation communiste dans le pays. Déjà, lors des élections municipales de 1947, la coalition de Troisième Force (avant la lettre) avait fait perdre aux communistes de nombreuses municipalités (quarante sur soixante dans la Seine). Les élections au Conseil de la République de novembre 1948 eurent lieu suivant une nouvelle loi qui favorisa la représentation des petites communes rurales et introduisit le scrutin majoritaire dans les 79 départements les moins importants. Résultat, les communistes furent à peu près éliminés.

L'adversaire toutefois le plus dangereux était le RPF. Pour empêcher qu'après les élections municipales qui avaient été pour lui un triomphe, les élections cantonales ne donnent au général de Gaulle une force irrésistible pour exiger la dissolution de l'Assemblée nationale et de nouvelles élections, Henri Queuille les retarda le plus possible. Effectivement, en six mois de plus, l'opinion s'était partiellement détournée du général de Gaulle : un discours nécessairement répétitif et négatif la lassait, en même temps que les violences du service d'ordre RPF qui accompagnait le général de Gaulle dans ses tournées en province (1 mort à Grenoble le 18 septembre 1948) inquiétaient.

Lors des élections cantonales de mars 1949, le RPF n'obtint pas le succès espéré, alors que la Troisième Force, surtout d'ailleurs son aile droite, renforçait nettement ses positions. Mais à l'horizon un grave danger se profilait, les élections législatives de 1951.

Les élections de 1951

Le danger était le suivant. Si les élections se faisaient à la « proportionnelle » comme en 1945 et en 1946, il était vraisemblable, même si le Parti communiste était affaibli par rapport à 1946 et le RPF par rapport à 1947, qu'il n'y aurait plus de majorité à l'Assemblée pour la Troisième Force, mais plus grave encore qu'il n'y aurait plus de majorité possible, puisque aucune entente n'était concevable, ni avec les communistes, ni avec le RPF. Le système serait bloqué, et le régime parlementaire lui-même risquait d'être mis en cause.

Pour éviter cette crise de régime, la solution était de changer la loi électorale et de revenir à un système majoritaire semblable à celui de la IIIe République, mais le MRP s'y opposait, car il restait très favorable au principe du scrutin proportionnel.

Un compromis fut trouvé par Henri Queuille et voté par l'Assemblée nationale le 9 mai 1951.

• *Le système des apparentements*

La nouvelle loi électorale maintenait le scrutin départemental de liste avec représentation à la proportionnelle, mais avec la possibilité d'apparentements entre listes distinctes. Lorsque dans un département, des listes apparentées obtiendraient la majorité absolue des suffrages exprimés, elles recevraient la totalité des sièges qui seraient répartis entre elles. Il s'agissait donc d'une combinaison d'un système proportionnel et d'un système majoritaire dont l'objectif était de fortement diminuer la représentation communiste puisque les listes communistes ne pourraient s'apparenter avec personne, et dans une moindre mesure il en serait de même pour celles du RPF. En réalité le RPF aurait pu trouver assez facilement des alliés, mais le général de Gaulle avait refusé que les listes RPF participent à un système assimilé à une combinaison malhonnête (cette interdiction fut d'ailleurs transgressée dans un certain nombre de départements). Soulignons que pour éviter de mauvaises surprises, les apparentements ne furent pas autorisés dans la Seine et la Seine-et-Oise où il pouvait être craint que (suivant les circonstances), soit le Parti communiste soit le RPF obtienne la majorité absolue !

Les élections avaient été fixées au 17 juin. 90 apparentements avaient été conclus entre diverses listes, la combinaison la plus courante représentée dans 39 circonscriptions épousait les limites de la Troisième Force SFIO, MRP, RGR et modérés. Dans la plupart des autres cas, les apparentements ne comprenaient pas telle ou telle formation de la Troisième Force.

Résultats des élections à l'Assemblée nationale 17 juin 1951 (France métropolitaine)

Inscrits	24 520 523	
Abstentions	4 859 968	soit 19,81 % des inscrits
Parti communiste	4 910 547	soit 25,67 % des suffrages exprimés
SFIO	2 744 842	soit 14,35 % des suffrages exprimés
RGR	1 887 583	soit 9,87 % des suffrages exprimés
MRP	2 369 778	soit 12,39 % des suffrages exprimés
Modérés	2 656 995	soit 13,88 % des suffrages exprimés
RPF	4 125 492	soit 21,56 % des suffrages exprimés
Divers	420 727	

Les systèmes électoraux en France

Au cours de son histoire politique la France a utilisé de nombreux systèmes électoraux.
– Pour les élections de 1876, 1877, 1881, le *scrutin uninominal à deux tours.*
– Pour les élections de 1885, *le scrutin de liste départemental à deux tours.*
– Pour les élections de 1889 à 1914 (inclus), *le scrutin uninominal à deux tours.*
– Pour les élections de 1919 et de 1924, *le scrutin de liste départemental avec répartition des sièges à la proportionnelle*, sauf pour les candidats qui avaient obtenu la majorité absolue et qui étaient déclarés élus.
– Pour les élections de 1928, 1932 et 1936, *le scrutin uninominal à deux tours.*
– Pour les élections de 1945 et de 1946, *le scrutin de liste départemental*, avec *répartition des sièges à la proportionnelle.*
– Pour les élections de 1951 et de 1956, *le scrutin de liste départemental*, avec *répartition des sièges à la proportionnelle* et avec possibilité *d'apparentement* (les listes apparentées qui obtenaient la majorité absolue dans une circonscription recevaient la totalité des sièges de cette circonscription).
– Pour les élections de 1958 à 1981, *le scrutin uninominal à deux tours.*
– Pour les élections de 1986, *le scrutin de liste départemental*, avec *répartition des sièges à la proportionnelle.*
– Depuis les élections de 1988, *le scrutin uninominal à deux tours*.
En outre des modalités de détail très diverses ont été utilisées pour chacun de ces types de scrutin.

• *Les résultats des élections : le maintien de la Troisième Force*

Sauf le RPF qui n'existait pas lors des élections de novembre 1946, presque toutes les formations politiques avaient perdu en voix et en pourcentage. Le Parti communiste, un peu plus de 500 000 voix, ce qui était peu si l'on considère l'hostilité générale dont il était l'objet dans le climat de la guerre froide et son isolement. La SFIO, encore près de 700 000 voix et plus de 3 % : en chiffres cumulés, c'était plus de 1 700 000 voix perdues depuis les élections d'octobre 1945, soit 39 % des voix obtenues alors. Les deux grands partis de gauche – devenus frères ennemis – qui avaient obtenu 49,47 % des suffrages exprimés, lors de l'élection de la première Assemblée constituante, n'en rassemblaient plus que 40,02 % ! Le RGR avait assez peu perdu, guère plus de 1 %, ce qui s'expliquait surtout par le passage au RPF de certains élus UDSR ou radicaux de 1946. Le MRP en revanche apparaissait comme le grand vaincu de la consultation en perdant plus de la moitié de ses suffrages de 1946, échec d'ailleurs prévisible dans la mesure où l'on savait qu'une grande partie de son électorat était d'abord « gaulliste ».

Seules deux formations politiques avaient progressé, d'une part les modérés, environ 1 %, et le RPF… Son résultat n'était pas négligeable, mais

21,56 % des suffrages exprimés, c'était très loin de ce qu'il aurait vraisemblablement obtenu, si des élections avaient eu lieu en 1947, et très loin des espérances du général de Gaulle. Ce résultat ne lui permettait pas de peser de façon décisive sur le régime pour l'obliger à réformer la Constitution. Le gros des voix du RPF venait du MRP, mais il est remarquable que le « gaullisme » ait pris des voix à presque tout le monde, y compris aux communistes.

Néanmoins, la Troisième Force avait finalement bien résisté à l'épreuve. Avec 50,49 % des suffrages exprimés, elle dépassait légèrement la majorité absolue et les résultats en suffrages étaient fortement amplifiés au niveau des sièges par le système des apparentements.

Le Parti communiste avait perdu 47 sièges et le RPF 25 du fait des apparentements.

Les apparentements avaient peu profité au MRP parce qu'il n'avait conservé des voix que dans les régions de forte tradition catholique (Ouest, Alsace, Savoie, Jura...) et il avait perdu presque la moitié de ses sièges. En revanche le Parti socialiste en perdant beaucoup de voix avait très légèrement augmenté le nombre de ses députés (107) et les grands vainqueurs étaient les radicaux avec 31 sièges en plus et les modérés 28.

Résultat : la Troisième Force disposait de 388 sièges sur 627. L'objectif des apparentements avait été réalisé, la Troisième Force pouvait continuer.

La désagrégation de la Troisième Force et le retour de la droite (1951-1954)

Les déchirements de la Troisième Force

La Troisième Force pouvait continuer en théorie, mais son axe de gravité s'était sensiblement déplacé vers la droite, ce qui rendait de plus en plus difficile aux socialistes de participer au gouvernement, même s'ils pouvaient éventuellement le soutenir. C'est donc avec beaucoup de difficultés qu'au mois d'août 1951 un gouvernement *Pleven* se constitua, qui ne comprenait pas de socialistes, ce qui allait être la règle pendant toute la nouvelle législature.

Le fossé qui ainsi se creusait entre les socialistes et leurs alliés de la Troisième Force, et en particulier avec le MRP, fut approfondi par le renouveau de la querelle de la laïcité. C'est à propos de la *loi Barangé* (Charles Barangé était député MRP du Maine-et-Loire) que la coalition apparut dans toute sa fragilité. La loi prévoyait d'allouer 3 000 francs (de cette époque) par enfant et par an à toutes les écoles primaires publiques et privées. Dans la pratique elle apportait davantage d'argent aux écoles publiques dont les élèves étaient plus nombreux que ceux de l'enseignement privé, mais c'était une grave entorse à la laïcité, puisque de l'argent public était ainsi versé à des écoles dont la plupart étaient confessionnelles. Cette loi était donc inacceptable pour les socialistes.

Le projet de loi étant d'origine parlementaire, le gouvernement se déclara neutre, mais il fut voté le 11 septembre 1951 par une majorité comprenant la plus grande partie de la Troisième Force, y compris bon nombre de radicaux, et par les députés du RPF.

L'opposition des socialistes avait été très incisive et à la première occasion, ils renversèrent le gouvernement (7 janvier 1952).

Le gouvernement du jeune député radical *Edgar Faure* qui suivit ne dura pas plus de quarante jours. Il avait obtenu le soutien des socialistes mais s'était aliéné les modérés hostiles à sa politique dépensière.

La nouvelle Assemblée était en fonctions depuis 7 mois ; il y avait eu un mois et demi de crise ministérielle et on avait usé déjà deux gouvernements. Il apparaissait clairement que s'il existait une majorité de Troisième Force sur le plan parlementaire, il n'y en avait plus pour gouverner.

En réalité la Troisième Force avait fonctionné tant que la droite y occupait une place marginale et que la défense du régime était une préoccupation majeure. Ce n'était plus le cas maintenant. Le RPF n'était plus en situation de mettre en péril le régime et – même si la guerre froide était loin d'être terminée (un de ses épisodes les plus graves, la guerre de Corée, qui avait débuté en juin 1950 n'était pas encore achevé) –, le « péril » communiste apparaissait moins pressant à la fois sur le plan intérieur et sur le plan extérieur. Dans ces conditions, comme il n'y avait pas de majorité possible autour du Parti socialiste, la seule solution était d'essayer d'en constituer une autour de la droite.

Le retour de la droite

La difficulté était que la Troisième Force, sans les socialistes, cela faisait au mieux 280 ou 300 voix et qu'il en fallait 314 pour atteindre la majorité absolue et obtenir l'investiture. Il fallait donc recevoir le concours d'un certain nombre de députés RPF. Cela n'était pas impossible : plusieurs d'entre eux n'étaient que des hommes de la droite classique qui avaient pris l'étiquette RPF, et qui, très vite lassés de l'intransigeance apparemment sans issue du général de Gaulle, étaient prêts à rentrer dans le jeu politique, si on leur en donnait l'occasion (à « aller à la soupe », suivant le mot du général de Gaulle).

• *Les gouvernements d'Antoine Pinay et de Joseph Laniel*

Le président de la République, Vincent Auriol, allait « inventer » l'homme de la situation, *Antoine Pinay*. Peu connu, ce petit patron d'une usine de cuirs et peaux de Saint-Chamond dont il était le maire avait pourtant une carrière politique assez fournie : élu député en 1936, désigné par le gouvernement du maréchal Pétain pour faire partie du Conseil National de Vichy, déclaré inéligible à la Libération, puis relevé de cette inéligibilité et élu à nouveau en 1946 dans la Loire, il avait été presque sans discontinuer ministre (souvent des Travaux publics) depuis 1948 et s'était révélé un ministre efficace.

Le 6 mars 1952, Antoine Pinay obtenait l'investiture à la surprise générale, ayant réuni sur son nom les modérés que Roger Duchet, sénateur de la Côte-d'Or, venait de rassembler dans le *Centre national des indépendants* (CNI), le MRP, les radicaux, l'UDSR… et 27 députés du RPF.

Ces derniers furent bientôt exclus du RPF, mais le mouvement était en train de se désagréger faute de perspectives. À la suite des élections municipales de 1953 qui montrèrent sa très nette perte d'influence, le général de Gaulle décida de saborder le RPF (mai 1953) et de rendre leur liberté aux députés qui se rassemblèrent dans le groupe *Union républicaine d'Action sociale* (URAS).

Le gouvernement d'Antoine Pinay devait durer jusqu'en décembre 1952, et après l'intermède d'un gouvernement de cinq mois dirigé par un radical, René Mayer, mais dont la formule politique n'était guère différente, et une très longue crise ministérielle (37 jours, la plus longue depuis les débuts de la IVe République), un nouveau gouvernement dirigé par un homme de droite, *Joseph Laniel,* était formé qui dura près d'un an de juin 1953 à juin 1954.

Le retour de la droite au pouvoir est donc bien ce qui fait l'unité de cette période. De même que sous la précédente législature le retour des radicaux après leur écroulement à la Libération, le retour de la droite après le discrédit dont elle avait été frappée au même moment, montre nettement que sur le plan politique la parenthèse de la guerre était refermée.

La politique suivie par les deux hommes pendant cette période possède des caractères communs.

• *Des « années heureuses » sur le plan économique*

Ce qu'on a appelé *l'expérience Pinay* (pour devenir par la suite un véritable mythe Pinay) est lié surtout à l'action de son gouvernement dans les domaines économique et financier. Cette action, Antoine Pinay chercha à la mener en s'appuyant sur l'opinion publique où il acquit une popularité certaine – ce qui fut rarement le cas des hommes politiques de cette époque –, tout en agaçant les parlementaires.

À partir de 1949 l'inflation en France avait considérablement baissé, mais la guerre de Corée l'avait relancée en raison du « boom » sur les prix des matières premières. Or l'enlisement de la guerre de Corée avait produit un retournement de la conjoncture économique et financière internationale, à peu près concomitante avec l'arrivée d'Antoine Pinay au pouvoir.

Antoine Pinay était convaincu qu'il fallait profiter des circonstances pour renverser aussi la tendance en France et stabiliser les prix. Il s'agissait de persuader les Français que les prix pouvaient baisser et qu'ils devaient avoir confiance dans le franc, qu'il n'était plus nécessaire d'anticiper sur une future baisse de sa valeur. Pour restaurer la confiance, une *amnistie fiscale* fut décrétée en faveur de ceux qui avaient envoyé leurs capitaux à l'étranger, afin de les inciter à les rapatrier et un *grand emprunt* fut lancé à un taux d'intérêt assez faible (5 %), mais indexé sur l'or (ce qui évitait les risques de perte de valeur) et exonéré de droits de succession. L'emprunt Pinay rencontra un grand succès. En même temps le gouvernement pratiquant une politique budgétaire rigoureuse, réduisait les dépenses de l'État et tendait à l'équilibre budgétaire sans lever d'impôts nouveaux.

Cette politique donna aux Français, habitués à un État toujours aux abois financièrement et à une inflation permanente, l'impression, dans l'immédiat, d'un véritable renouveau (en 1953, la hausse des prix fut réduite à 1,5 %), mais à terme plus éloigné, elle comportait un aspect dangereux, car Antoine Pinay avait sacrifié les investissements à la stabilité monétaire.

Toutefois *Edgar Faure,* ministre des Finances dans le gouvernement Laniel (juin 1953-juin 1954) et dans le gouvernement Mendès France (juin 1954-janvier 1955), puis président du Conseil (janvier 1955-janvier 1956), donc responsable de l'économie pendant près de trois années consécutives, put, à partir de la stabilisation réalisée par Antoine Pinay, relancer massivement les investissements. Il fut à l'origine d'une période de croissance très rapide de l'économie. Croissance, plein emploi, stabilité des prix, solde bénéficiaire de la balance des comptes, les années 1954 et 1955 sont les deux années « heureuses » de la IVe République sur le plan économique.

• *La politique sociale à la traîne*

À ces bons résultats économiques et financiers ne répondit pourtant pas un succès semblable sur le plan social.

Certes Antoine Pinay avait fait voter l'échelle mobile du SMIG *(salaire minimum interprofessionnel garanti)*, ancêtre du SMIC (salaire minimum interprofessionnel de croissance), mais les choses se gâtèrent avec le gouvernement Laniel.

Dans le cadre d'une politique financière orthodoxe, une série de décrets avaient été préparés dont l'objectif était de faire des économies sur la fonction publique et sur les entreprises nationalisées perpétuellement en déficit. Ces économies se traduisaient entre autres par le recul de l'âge de la retraite.

Ces projets déclenchèrent au mois d'août 1953 la crise sociale la plus forte qu'ait connue la France depuis 1947 et probablement depuis 1936, et la plus originale. À peu près spontanée, lancée par quelques postiers *Force ouvrière* de Bordeaux, elle fit boule de neige en quelques jours, échappant aux appareils syndicaux, paralysant à peu près complètement les PTT, la SNCF, l'EDF, rassemblant en plein mois d'août près de quatre millions de grévistes (sans guère de participation du secteur privé en raison des vacances), et dura pendant la presque totalité du mois.

Cette crise fut moins due à une mauvaise situation sociale qu'à un certain manque de sensibilité du gouvernement Laniel aux problèmes sociaux et en particulier aux acquis sociaux.

Presque en même temps, en octobre 1953, le gouvernement Laniel dut faire face à un important mouvement d'agitation paysanne dont les *barrages de routes* à l'aide des tracteurs furent un symbole : le retour de la production agricole à la normale avait entraîné une grave chute des prix, alors que l'agriculture française s'était lancée dans une rapide modernisation, la « *révolution silencieuse* ». Les trop nombreuses petites exploitations n'avaient plus les ressources nécessaires pour payer le matériel moderne acheté. D'où de terribles difficultés qui provoquaient la colère des agriculteurs.

Néanmoins cette période fut surtout dominée par les problèmes extérieurs : les préoccupations majeures avaient glissé de l'intérieur vers l'extérieur.

• *L'acuité des problèmes extérieurs : la querelle de la CED*

Dans la période précédente, la politique internationale et les difficultés coloniales avaient été aussi des préoccupations importantes, mais les communistes mis à part, il existait un large consensus national. Il n'en était plus de même maintenant. La communauté nationale fut profondément déchirée par l'affaire de la CED.

Une des idées-forces qui animaient les partis de la Troisième Force était la volonté de travailler à *la construction européenne*, et un premier pas important avait été fait quand, le 18 avril 1951, avait été signé le traité qui créait la *Communauté européenne du charbon et de l'acier* (CECA) entre la France, l'Allemagne fédérale, le Benelux et l'Italie.

Mais en même temps s'était posée la question du réarmement de l'Allemagne occidentale que les États-Unis estimaient indispensable pour faire face à la « menace » soviétique. Comme le réarmement de l'Allemagne risquait de ne pas être très populaire en France quelques années seulement après la fin de la guerre, un certain nombre d'hommes politiques français avaient eu l'idée de créer une *Communauté européenne de défense* (CED) qui combinerait le réarmement de l'Allemagne et l'idée européenne, en créant une armée européenne intégrant l'armée allemande. La CED permettait donc le réarmement allemand, tout en faisant avancer la construction européenne dans un domaine où les États étaient particulièrement soucieux de leur indépendance. C'était en outre pour la France une parade à un réarmement pur et simple de l'Allemagne.

Le plan Pleven qui définissait la CED était publié le 14 octobre 1950, et le traité qui la créait était signé par la France et ses partenaires le 27 mai 1952 (gouvernement Pinay). Ce fut la ratification de ce traité par l'Assemblée nationale qui provoqua la plus grande bataille d'opinion de cette période, en raison des positions antagonistes prises par les différentes forces politiques.

Le MRP, derrière Robert Schuman qui avait consacré sa carrière à la construction de l'Europe, était le partisan le plus décidé de la CED.

En revanche le Parti communiste et le RPF en furent des adversaires acharnés, le premier parce qu'il y voyait une opération antisoviétique, le second parce qu'il le considérait comme une atteinte inadmissible à la souveraineté nationale dans un domaine aussi sensible que la défense nationale. L'opposition à la CED des communistes et des gaullistes fut si forte qu'ennemis jurés quelques mois plus tôt – ils se traitaient respectivement de « fascistes » et de « séparatistes » (terme employé par le général de Gaulle pour désigner les communistes) –, ils organisèrent plusieurs fois des meetings communs contre la CED !

Quant aux autres groupes politiques, ils étaient divisés : radicaux, UDSR, modérés étaient en majorité partisans de la CED, mais la moitié des députés socialistes y étaient farouchement hostiles, alors que le secrétaire général Guy Mollet en était farouchement partisan !

De 1952 à 1954 le débat sur la CED fut en toile de fond de toute l'activité politique.

– Antoine Pinay était partisan de la CED, mais il tardait à faire ratifier le traité car il craignait l'échec, d'où colère du MRP qui poussa Pinay à la démission (23 décembre 1952).

– René Mayer entendait que le gouvernement reste neutre dans le débat, mais comme il voulait tout de même que le débat de ratification ait lieu ; il fut renversé par les adversaires de la CED (21 mai 1953).

– *L'élection présidentielle de 1953* fut cependant la manifestation la plus éclatante de la paralysie des institutions que la CED provoqua.

Le mandat de Vincent Auriol se terminant en janvier 1954, l'élection du nouveau président devait avoir lieu au mois de décembre précédent. Comme le *Congrès* (Assemblée nationale et Conseil de la République) avait une majorité de droite et de centre-droit, le président du Conseil, Joseph Laniel, estima qu'il avait de bonnes chances d'être élu. En fait la situation resta bloquée pendant onze tours de scrutin parce que les adversaires de la CED ne voulaient pas que soit élu un président qui lui était favorable, et que ses partisans ne parvenaient pas à atteindre la majorité absolue.

Ce n'est qu'au treizième tour, le septième jour, que René Coty, vice-président du Conseil de la République, l'emporta. Sénateur de la Seine-Maritime, appartenant à une droite très modérée, homme effacé et respecté, il avait dû son élection à ce qu'il n'avait pas pris officiellement parti dans la querelle de la CED ! On avait là le symbole des faiblesses de fonctionnement des institutions françaises et de la profondeur des divisions de l'opinion.

• *Les questions coloniales, facteur supplémentaire d'aggravation des clivages politiques*

À la guerre d'Indochine qui continuait, étaient venues s'ajouter les difficultés grandissantes en Tunisie et au Maroc.

En *Tunisie* à la vigueur de l'agitation menée par le parti nationaliste du Néo-Destour et par son chef, Habib Bourguiba, d'ailleurs emprisonné en France, répondaient de sanglantes mesures de répression, tel le « ratissage » par l'armée en janvier 1952 de la presqu'île du cap Bon.

Au *Maroc*, le mouvement nationaliste de l'Istiqlâl était soutenu de plus en plus au grand jour par le sultan du Maroc, Mohammed V, et pour tenter de conjurer la montée du mouvement d'indépendance, le 20 août 1953, le résident général, le maréchal Juin, le faisait déposer et exiler à Madagascar. L'affaire qui engageait la France dans une politique de coercition face au mouvement nationaliste marocain était d'autant plus grave qu'elle avait été le résultat d'une initiative locale, sans que le gouvernement français ait été consulté. Le ministre des Affaires étrangères, Georges Bidault, préféra couvrir l'opération pour ne pas perdre la face, mais elle témoignait de la profonde désagrégation de l'autorité gouvernementale. Elle suscita aussi de profondes divergences à l'intérieur du gouvernement. La démission de François Mitterrand, ministre délégué au Conseil de l'Europe, en fut un exemple.

La question coloniale la plus importante restait toutefois encore celle de *l'Indochine*. Depuis qu'en 1949 *la République populaire de Chine* avait été proclamée à la suite de la victoire des communistes sur les nationalistes du Kuo-ming-tang, les combattants du Viêt-minh pouvaient s'appuyer sur la frontière chinoise, disposer d'une base arrière en Chine et en recevoir les équipements et le matériel dont ils avaient besoin. Même si l'indépendance du Viêt-nâm dirigée par l'empereur Bao Dai avait été reconnue en 1948-1949, la situation militaire devenait de plus en plus difficile. Après la défaite de Cao Bang et la perte des postes de Long-sön et de Lao-Kay dans le nord du Tonkin pendant l'été 1950, le général de Lattre de Tassigny parvenait à rétablir la situation. Mais après son départ et sa mort, la bataille de Diên Biên Phu commencée en mars 1954 se terminait par un désastre le 7 mai.

La réaction de l'opinion française fut double : d'un côté une réaction nationaliste. Au cours d'une cérémonie à l'Arc de triomphe, le président du Conseil, Joseph Laniel, et le ministre de la Défense nationale, René Pleven, furent pris à partie par d'anciens combattants d'Indochine. De l'autre, même si les dépenses de la guerre étaient en grande partie couvertes par des crédits américains, la majorité de l'opinion était lasse de cette longue guerre sans issue apparente, et souhaitait que l'on en finisse.

Lors du débat parlementaire provoqué par la défaite de Diên Biên Phu, Pierre Mendès France prononça un vigoureux réquisitoire contre la politique suivie par le gouvernement Laniel, qui était renversé le 12 juin 1954.

Au plan intérieur la majorité de droite-centre droit avait trouvé une certaine cohésion, et malgré la crise de l'été 1953, la France semblait bien lancée dans la voie du progrès économique et social. En revanche les problèmes internationaux comme les problèmes coloniaux divisaient profondément la majorité gouvernementale comme d'ailleurs les Français. Dans ces circonstances difficiles la faiblesse du fonctionnement des institutions devenait particulièrement dangereuse. Comme le déplorait le président de la République sortant, Vincent Auriol : « Je me sens le chef illusoire d'un État qui fout le camp. » Le nouveau président de la République, René Coty, souhaitait lui aussi la réforme des institutions.

Lorsque Joseph Laniel fut renversé, la IVe République était à la croisée des chemins, ou bien elle manifestait un vigoureux effort de renouvellement, ou bien elle risquait de s'enliser. L'incompréhension de l'opinion face à la décolonisation pouvait faire craindre que la deuxième hypothèse ne soit la bonne.

L'expérience Mendès France

Depuis un certain temps l'étoile de Pierre Mendès France montait. Déjà l'année précédente, candidat à la présidence du Conseil lors du long interrègne entre le gouvernement René Mayer et le gouvernement Laniel, il avait averti les parlementaires et les Français, « Gouverner, c'est choisir », « Nous sommes en 1788 », et il avait manqué de peu d'être investi. Ses avertissements étaient de plus en plus écoutés. C'est donc à lui qu'il fut fait appel après la chute de Joseph Laniel.

Le gouvernement de Pierre Mendès France ne dura pas sept mois (19 juin 1954-5 février 1955), mais fut un des moments importants de la IVe République. Il fut le seul gouvernement qui ait suscité un véritable engouement, en particulier de la jeunesse. La popularité du chef du gouvernement était entretenue par un nouvel et brillant hebdomadaire, *L'Express*, fondé par *Jean-Jacques Servan-Schreiber*, et qui le présentait comme le Roosevelt français (PMF comme on avait dit FDR pour Franklin Delano Roosevelt). D'ailleurs imitant les célèbres « causeries au coin du feu » du président Roosevelt, Pierre Mendès France s'adressait à la radio directement aux Français dans des causeries hebdomadaires très écoutées. Le nouveau président du Conseil entendait donc redonner à l'exécutif toute son importance.

La volonté de redonner un véritable rôle au président du Conseil

Cela se traduisit d'abord dans la composition du gouvernement. Mendès France entendait choisir lui-même ses ministres, les changer quand cela lui convenait, ne négocier avec les partis ni son programme ni la composition de son ministère.

• *Une large confiance*

Après son discours d'investiture le 17 juin 1954, il obtint 419 voix (majorité absolue 314). Avaient voté pour lui les communistes, la SFIO, les radicaux, les républicains sociaux (anciens RPF), une partie des modérés. Seul le MRP s'abstint sous l'influence de Georges Bidault hostile à la politique de négociation en Indochine annoncée par le candidat à l'investiture.

Avant le vote, Mendès France avait annoncé qu'il défalquerait les voix communistes, si elles se portaient sur lui, car il considérait qu'il ne pourrait pas négocier dans des conditions satisfaisantes avec le Viêt-minh communiste, si son investiture dépendait des communistes français. Les communistes votèrent tout de même pour lui, c'était la première fois depuis sept ans qu'ils votaient l'investiture d'un président du Conseil, ce qui était l'expression d'un profond changement dans la vie politique et internationale. Pierre Mendès France défalqua leurs voix comme il l'avait annoncé (il lui restait tout de même une majorité suffisante de 320 voix) et le Parti communiste ne lui pardonna jamais.

• *Un gouvernement composite*

Pierre Mendès France lui-même radical, de sensibilité de gauche, mais inclassable réellement sur le plan politique, forma un gouvernement aussi composite que sa majorité et fort étrange : pas de communistes, pas de socialistes parce que, très proches du nouveau président du Conseil, ils n'admettaient pas toutefois de ne pas choisir ceux d'entre eux qui devaient être ministres, deux MRP en rupture avec leur parti, des radicaux comme Edgar Faure aux Finances, des UDSR comme François Mitterrand à l'Intérieur, des gaullistes, comme le général Koenig à la Défense nationale ou Jacques Chaban-Delmas aux Travaux publics, des modérés…

Le règlement de la question indochinoise et le début du règlement de la question tunisienne

Depuis le 26 avril 1954, une conférence internationale s'était ouverte à Genève (France, Grande-Bretagne, États-Unis, URSS, Chine) dont le but était de régler les problèmes asiatiques, guerre de Corée et guerre d'Indochine. Les travaux n'en avançaient guère car le ministre des Affaires étrangères du précédent gouvernement français, Georges Bidault, était fort hostile à cette négociation.

Dans sa déclaration d'investiture, Mendès France s'était engagé à démissionner si, au bout d'un mois après la formation du gouvernement, donc le 20 juillet, les accords n'étaient pas signés. Il voulait jouer sur la « dynamique de la négociation ».

Le « pari » fut gagné, les dirigeants du Viêt-minh acceptant d'entrer dans le jeu, d'autant que (on l'a su par la suite) les conditions qui leur étaient offertes leur parurent inespérées.

• *Les accords de Genève*

Signés dans la nuit du 20 au 21 juillet, ils prévoyaient que le Viêt-nam était coupé en deux parties de part et d'autre du 17e parallèle, le Nord attribué au Viêt-minh, le Sud aux non-communistes. Dans un délai d'un an, des élections devaient avoir lieu dans les deux Viêt-nam et préluder à une éventuelle réunification.

La solution apparut réaliste et fut accueillie avec soulagement par une grande partie de l'opinion, même si le MRP et une fraction des modérés y furent hostiles et accusèrent Mendès France de « brader » les anciens territoires coloniaux.

Le bilan était lourd, six ans et demi de guerre pour aboutir à la « perte » de l'Indochine, 3 000 milliards de francs dépensés, 92 000 morts français…

• *L'indépendance de la Tunisie*

Dans la foulée Mendès France s'attaquait à une autre question coloniale, celle de Tunisie. Le 31 juillet il s'envolait pour Tunis, accompagné de Christian Fouchet, ministre des Affaires tunisiennes et marocaines et gaulliste orthodoxe, et du maréchal Juin, et promettait *la souveraineté interne* à la Tunisie, c'est-à-dire à terme l'indépendance. Les négociations engagées alors aboutirent à des accords franco-tunisiens signés en juin 1955 (ministère Edgar Faure), puis en *mars 1956* le gouvernement Guy Mollet accordait *l'indépendance à la Tunisie*. Le principal leader du Néo-Destour, *Habib Bourguiba*, en devenait le chef du gouvernement, avant d'accéder à la présidence de la République en juillet 1957.

Une politique économique et sociale timide

Dans un premier temps la politique menée ne différa guère de celle du gouvernement Laniel, d'ailleurs le ministre des Finances Edgar Faure était resté le même. Le 10 août 1954 Mendès France obtenait des « pouvoirs spéciaux » pour poursuivre l'expansion économique par l'abaissement des coûts de production, donc par l'amélioration de la productivité, tout en maintenant l'équilibre de la balance des comptes. Adepte des théories *keynésiennes*, Mendès France avait également plus que ses prédécesseurs le souci de l'amélioration du pouvoir d'achat des salariés.

Malgré la rigueur que prônait Mendès France et malgré les innovations en définitive assez faibles par rapport à la période précédente, la droite manifestait une certaine inquiétude devant le dirigisme du président du Conseil dans le domaine économique. À vrai dire Mendès France pensait à une politique économique plus vaste, plus nouvelle, et dans ce but il prenait lui-même en janvier 1955 le ministère de l'Économie, donnant en échange les Affaires étrangères à Edgar Faure, mais il fut renversé avant d'avoir le temps de mettre en œuvre une nouvelle politique.

L'enterrement de la CED

En même temps qu'aux problèmes coloniaux et économiques, Mendès France ne pouvait manquer d'être confronté à la question de la CED. Sa position apparut assez ambiguë : en réalité il était un ferme partisan de l'Alliance atlantique (contrairement à ce que croyait le secrétaire d'État américain Foster Dulles), ce qui ne signifiait pas pour autant une soumission de tous les instants à la volonté américaine ; il était non moins convaincu que le réarmement de l'Allemagne était inéluctable, mais il n'était pas persuadé que la CED en fût le meilleur moyen et il se méfiait de la « supranationalité » en matière militaire.

Ayant échoué dans la recherche d'un compromis (d'autant plus nécessaire que son gouvernement comprenait à la fois des adversaires et des partisans aussi acharnés de la CED), il souhaita que le gouvernement reste à l'écart du débat de ratification.

Dès le début du débat le *30 août 1954*, une « question préalable » précisant qu'il n'y avait pas lieu de discuter de la CED recueillit 319 voix (celles des communistes, des républicains sociaux, de la moitié des socialistes, de la moitié des radicaux…) contre 164. La CED était enterrée, après un débat passionné de plusieurs années, sans que l'Assemblée en ait véritablement délibéré !

• *Le « crime du 30 août »*

Les conséquences devaient être lourdes pour le gouvernement Mendès France. Un certain nombre de ministres « anticédistes » avaient démissionné avant le 30 août, un certain nombre d'autres « procédistes » s'en allèrent après, pendant que les premiers revenaient..., mais surtout le MRP considéra que Mendès France était responsable du « crime du 30 août » et devint un adversaire sans nuances du président du Conseil, en même temps que bien d'autres parlementaires favorables à la CED.

• *Selon Mendès France, une solution de rechange était nécessaire*

Négociés rapidement, *les accords de Londres et de Paris* (octobre 1954) prévoyaient : la reconnaissance de la souveraineté totale de l'Allemagne fédérale, donc la possibilité de *se réarmer* et l'entrée de l'Allemagne dans *l'OTAN* (Organisation du traité de l'Atlantique Nord, créée en 1950), c'est-à-dire l'intégration de ses forces armées dans les forces atlantiques ; enfin l'extension à l'Allemagne de *l'Union de l'Europe occidentale* créée par le traité de Bruxelles de 1948.

Ces traités furent péniblement ratifiés le 30 décembre 1954, malgré l'hostilité du MRP qui ne pardonnait pas l'échec de la CED, des communistes et d'une partie des socialistes qui ne voulaient pas du réarmement allemand quelle qu'en soit la forme (287 voix contre 260).

En quelques mois le gouvernement Mendès France avait réglé des questions considérables – on peut y ajouter la *réforme constitutionnelle* du 7 décembre 1954 qui supprimait le système de la « double investiture » qui avait fait échouer tant de présidents du Conseil « désignés » et qui facilitait la dissolution de l'Assemblée –, mais sa position parlementaire était de plus en plus critique : une opposition tout aussi hétéroclite que sa majorité s'était constituée qui regroupait les communistes (réarmement allemand), le MRP (Indochine et CED), une partie des modérés (Indochine et politique économique) et des radicaux (politique économique). C'est dans ces conditions qu'il allait affronter les débuts de la révolte algérienne.

Les débuts de l'insurrection en Algérie et la fin du gouvernement Mendès France

Le 1er novembre 1954, une série d'attentats avaient lieu en Algérie, les plus importants dans le massif des Aurès. Ils étaient l'œuvre du CRUA (*Comité révolutionnaire d'unité et d'action*), issu d'une scission du MTLD (*Mouvement pour le triomphe des libertés démocratiques* fondé par *Messali Hadj*), et constitué autour de *Mohammed Ben Bella*, un ancien adjudant de l'armée française. Cette flambée fut une surprise, même si le feu couvait sous un calme apparent. Après la dure répression d'une insurrection en Petite Kabylie en mai 1945, l'établissement du *Statut de l'Algérie en 1947* avait pu faire croire à une évolution libérale. Mais l'Assemblée algérienne avait été vidée de son contenu par le truquage des élections du 11 avril 1948, et les nationalistes plus révolutionnaires du MTLD, plus modérés de l'UDMA (*Union démocratique du Manifeste algérien* de *Ferhat Abbas*) avaient été également poursuivis et muselés.

Dans ces conditions les nationalistes les plus convaincus s'étaient persuadés qu'il n'y avait rien à attendre de la France, et bien que le gouvernement Mendès France ait été le plus ouvert aux problèmes de décolonisation depuis longtemps, ils avaient décidé de passer à l'action.

Le président du Conseil annonça « qu'on ne transigeait pas lorsqu'il s'agissait de défendre la paix intérieure de la nation et l'intégrité de la République » et son ministre de l'Intérieur, François Mitterrand, proclama : « L'Algérie, c'est la France. Des Flandres au Congo, il y a la loi, une seule nation, un seul Parlement. » Des renforts importants furent immédiatement envoyés en Algérie. Mais en même temps le gouvernement souhaitait y conduire une politique de réformes. Pour la réaliser Mendès France nomma Jacques Soustelle, à la fois gaulliste convaincu et réputé libéral en ce qui concernait les questions coloniales, gouverneur général de l'Algérie.

Toutefois dans sa très grande majorité l'opinion française ne pouvait concevoir une évolution de l'Algérie vers l'indépendance. Difficilement admise pour l'Indochine, comment l'accepter en Algérie où vivait une très importante communauté européenne ? La grande majorité de l'Assemblée partageait aussi ce sentiment et était très défiante envers toute concession de caractère libéral.

Lorsqu'en février 1954 un débat s'ouvrit sur la politique algérienne du gouvernement, l'atmosphère politique était mauvaise. Depuis la fin de l'année elle s'était encore alourdie avec « *l'affaire des fuites* », sombre machination à propos de documents secrets sur l'Indochine transmis au Parti communiste et dont un membre du gouvernement (François Mitterrand) était accusé d'être responsable. Autre raison de difficultés, les mesures visant à restreindre *le privilège des bouilleurs de cru* dans le but de lutter contre l'alcoolisme et qui soulevaient de vives protestations dans les campagnes. À tous les députés qui depuis le mois de juin dernier pour les raisons les plus diverses manifestaient leur hostilité au chef du gouvernement, vinrent alors s'ajouter ceux qui autour du radical René Mayer, député de Constantine, soupçonnaient Pierre Mendès France de vouloir « brader » l'Algérie.

Le 5 février 1955, le gouvernement était renversé par 319 voix, les communistes, le MRP et les modérés pour l'essentiel, contre 273, surtout les socialistes et les gaullistes. Contrairement à la tradition, Pierre Mendès France voulut une dernière fois s'adresser à l'Assemblée et par-dessus elle au pays. Il en fut empêché par les huées de la majorité des députés parmi lesquels les communistes étaient particulièrement actifs. Le tumulte de cette fin de séance montra combien beaucoup de députés supportaient mal le style (gaullien ?) de Mendès France, mais son échec provoqua un vif désarroi parmi ceux qui avaient cru au possible redressement de la IVe République.

La France malade de l'Algérie

Le ministère Edgar Faure et les élections de 1956

• *La prolifération du cancer algérien*

Elle eut lieu peandant l'année 1955 sans que ses conséquences soient encore trop sensibles sur la vie intérieure de la France. Jacques Soustelle s'employait à mettre en place une politique *d'intégration*, c'est-à-dire d'assimilation de la population musulmane, mais la rébellion s'étendait. Très minoritaire au départ, elle cherchait sous le nom de FLN (Front de libération nationale), à s'implanter dans le gros de la population algérienne, soit par la conviction, soit par la terreur, soit en provoquant la répression violente des forces françaises.

Dès avril 1955, l'état d'urgence (suspension de l'exercice habituel des libertés publiques) fut proclamé, et à la suite de massacres de Français dans la région de Constantine en août 1955, une impitoyable répression se développa. Gravement impressionné par ces événements, Jacques Soustelle, mal accueilli au départ par les Européens d'Algérie – se convertit à l'idée d'une répression sans faiblesse et rapidement devint le héros de *l'Algérie française*, tandis qu'à partir de l'automne, contrairement à ce qui avait eu lieu en Indochine, mais l'Algérie était formée de départements français –, des soldats du contingent étaient envoyés en renfort en Algérie.

Pour le reste, la politique du gouvernement d'Edgar Faure ne fut pas très différente de celle de Mendès France.

• *La poursuite de la politique libérale en Tunisie et son inauguration au Maroc*

Malgré la grave agitation qui se développait opposant nationalistes et Européens, et malgré la division du gouvernement, au mois de novembre 1955 des accords prévoyant « l'indépendance dans l'interdépendance » du Maroc étaient signés et le sultan Mohammed V rentrait triomphalement dans son pays.

• *La montée des oppositions poujadiste et mendésiste*

À l'origine le poujadisme fut un mouvement de défense des commerçants et des artisans contre la fiscalité ; il traduisait le malaise économique de nombreux artisans et commerçants en particulier dans les régions en retard économiquement comme le sud du Massif central, et laissées de côté par les rapides mutations provoquées par la croissance économique. Le nom officiel du mouvement *Union de défense des Commerçants et des Artisans* (UDCA) a été supplanté dans la pratique par celui de son principal animateur, Pierre Poujade, un petit papetier de Saint-Céré dans le Lot, qui se révéla un grand tribun populaire.

Très vite, partant de revendications corporatistes, le poujadisme glissa vers des thèmes traditionnels de l'extrême droite, l'antiparlementarisme – les députés dénoncés comme des incapables et des voleurs –, le nationalisme à l'encontre des « bradeurs » des colonies, voire un antisémitisme (discret) dont une des cibles était Pierre Mendès France…

Le poujadisme se répandit fortement dans de nombreuses régions rurales, sans qu'on se soit toujours rendu compte de l'importance qu'il y prenait.

Dans l'immédiat, Edgar Faure se sentait bien davantage menacé sur sa gauche par le *mendésisme*, dans la perspective des élections législatives prévues pour le mois de juin 1956.

Après sa chute Pierre Mendès France s'était préparé à revenir au pouvoir ; profitant du courant en sa faveur qui se développait dans le pays, il s'empara de la direction du Parti radical auquel de nombreux jeunes adhérèrent. Autour de ce Parti radical rénové, les socialistes, l'UDSR, les républicains-sociaux tendaient à se rassembler. Pour Edgar Faure cette coalition « mendésiste » était d'autant plus inquiétante qu'elle le plaçait en porte-à-faux, puisque lui-même était membre du Parti radical.

• *Le recours à la dissolution*

Le président du Conseil essaya de prendre Mendès France de vitesse en avançant la date des élections. Il proposa une nouvelle loi électorale fondée sur un système uninominal à deux tours dont il savait qu'une majorité de députés ne voulait pas. Renversé à la majorité absolue le 29 novembre 1955, il avait alors la possibilité constitutionnelle de prononcer la dissolution de l'Assemblée, ce qu'il fit. Les élections de la nouvelle Assemblée nationale furent fixées au 2 janvier 1956, en conservant par la force des choses la loi électorale en vigueur, la loi des « apparentements » utilisée en 1951. En réalité, à la suite de l'éclatement de la Troisième Force, il était peu probable que les apparentements puissent avoir une grande influence sur le résultat des élections et dans la pratique c'était un retour pur et simple à la proportionnelle.

Essentiellement quatre forces politiques étaient en présence : à l'extrême gauche, les communistes, à l'extrême droite, les poujadistes, au centre gauche, le *Front républicain* dont le leader incontesté est Pierre Mendès France et qui regroupe la SFIO, les radicaux (dont Edgar Faure a été exclu), une partie des anciens gaullistes appelés maintenant républicains sociaux et dont la tête de file est Jacques Chaban-Delmas, et la gauche de l'UDSR derrière François Mitterrand, au centre droit enfin une coalition derrière Edgar Faure qui correspond à la majorité gouvernementale (MRP, RGR regroupant la droite des radicaux et la droite de l'UDSR avec René Pleven, les modérés, et la droite des anciens gaullistes).

Plus que le problème algérien, le thème de la campagne électorale fut pour ou contre Mendès France, et elle fut agitée par les violences des poujadistes qui s'en prenaient vivement à un certain nombre de députés sortants.

• *Les résultats des élections du 2 janvier 1956*

Sur le moment on eut l'impression d'une forte progression de la gauche et en particulier d'un grand succès mendésiste.

Résultats des élections à l'Assemblée nationale 2 janvier 1956 (France métropolitaine)

Inscrits	26 774 899	
Abstentions	4 602 942	soit 17,2 % des inscrits
Parti communiste	5 514 403	soit 25,36 % des suffrages exprimés
SFIO	3 247 431	soit 14,93 % des suffrages exprimés
Radicaux et UDSR (Front républicain)	2 389 163	soit 10,99 % des suffrages exprimés
Républicains sociaux (ex. RPF) (Front républicain)	256 587	soit 1,18 % des suffrages exprimés
Radicaux RGR et UDSR (hors Front républicain)	838 321	soit 3,85 % des suffrages exprimés
Républicains sociaux (ex. RPF) (hors Front républicain)	585 764	soit 2,69 % des suffrages exprimés
MRP	2 366 321	soit 10,88 % des suffrages exprimés
Modérés	3 259 782	soit 14,99 % des suffrages exprimés
Poujadistes et extrême-droite	2 744 562	soit 12,62 % des suffrages exprimés
Divers	98 600	

Effectifs des groupes à l'Assemblée nationale (y compris les députés d'Outre-Mer)

Groupe communiste	150 sièges
Groupe socialiste	95 sièges
Groupe radical et USDR et du Rassemblement démocratique africain	77 sièges
Groupe des Républicains sociaux (Front républicain et hors Front Républicain)	22 sièges
Groupe RGR et Centre républicain (radicaux et UDSR hors Front républicain)	14 sièges
Groupe MRP (et indépendants d'Outre-mer)	83 sièges
Groupes modérés	95 sièges
Groupe poujadiste	52 sièges
Divers	7 sièges

soit 544 pour la métropole et 51 pour l'Outre-mer.
En raison de la situation les élections n'avaient pu avoir lieu pour les 32 sièges d'Algérie.

En réalité comme la population avait sensiblement augmenté et que le nombre d'abstentions avait diminué, un gain en voix ne signifiait pas obligatoirement une progression, c'est ainsi que le Parti communiste était pratiquement stable, connaissant même une très légère érosion, mais il gagnait une cinquantaine de sièges parce que les apparentements n'avaient pas joué contre lui comme en 1951.

Le Parti socialiste n'avait connu qu'une très légère reprise et perdait des sièges pour la raison inverse du Parti communiste. En revanche les radicaux et l'UDSR « mendésistes » avaient très sensiblement progressé, mais comme ils partaient d'assez bas, cela ne ressemblait tout de même pas à un raz de marée.

Le MRP avait continué de s'affaiblir, les RGR (hors Front républicain) avaient obtenu peu de succès. Quant aux modérés, ils progressaient de façon assez nette, ce qui leur permettait même sans les apparentements de conserver leurs sièges de 1951.

Les deux faits les plus marquants étaient *l'échec des républicains sociaux* (ex-RPF) qu'ils soient de gauche ou de droite – ils n'avaient pu conserver l'électorat gaulliste qui s'était pratiquement évanoui –, et *l'importance du succès imprévu du poujadisme*, qui d'un seul coup devenait une force politique considérable et récupérait – du moins en apparence – une partie notable de l'électorat gaulliste.

Une fois dissipée l'impression exagérée d'une forte poussée à gauche, il fallait surtout constater que la réponse donnée par l'électorat était tout à fait ambiguë et qu'aucune des forces en présence ne disposait d'une majorité :

avec un peu plus de 200 sièges le centre-droit n'avait plus les moyens de gouverner (il était victime de la poussée poujadiste), avec 170 à 180 sièges le Front républicain non plus.

Le ministère Guy Mollet

La difficile question posée au président de la République René Coty par ce résultat ambigu était : qui appeler pour former le gouvernement ?

Malgré tout, l'opinion attendait que ce fût Pierre Mendès France : le président de la République préféra Guy Mollet. Sans que les conditions de cette désignation soient totalement éclaircies, il semble que René Coty ait estimé que le secrétaire général de la SFIO était le plus apte à réunir une majorité. Il pouvait obtenir le soutien des communistes qui cherchaient alors à réintégrer le jeu politique, mieux que Mendès France qu'ils détestaient, et également le soutien du MRP (dont il partageait les convictions « européennes ») et qui était – comme nous l'avons vu – très hostile à Mendès France. Le calcul était juste puisque *le gouvernement Guy Mollet* devait durer du 1er février 1956 au 21 mai 1957, soit près de 16 mois, ce qui a été le record de la IVe République.

• *Un ministère nombreux*

Regroupant 38 ministres ou secrétaires d'État, le gouvernement Guy Mollet fut composé de 18 socialistes et de 14 radicaux, plus quelques personnalités appartenant à d'autres groupes politiques comme François Mitterrand (ministre d'État et des Anciens Combattants). La question la plus épineuse avait été de trouver un poste à Mendès France qui avait souhaité les Affaires étrangères (mais hostilité du MRP) et qui refusa les Finances, car il craignait d'être obligé par les socialistes de faire une politique trop laxiste dans ce domaine. Finalement il fut nommé ministre d'État sans portefeuille, donc sans responsabilités directes.

Si on fait pour le moment abstraction de l'Algérie, l'œuvre du ministère Guy Mollet fut tout à fait importante.

• *Une politique résolument sociale*

– attribution d'une *troisième semaine de congés payés* ;

– création d'un *Fonds national de solidarité* pour assurer une retraite aux vieux travailleurs, alimenté par une *vignette automobile* créée à cette occasion ;

– réforme de la sécurité sociale permettant que 80 % des dépenses des usagers soient effectivement remboursés.

• *Une politique résolument européenne*

– le projet *Euratom* (organisation de la coopération européenne dans le domaine de l'énergie atomique) voté par le Parlement en juin 1956 ;

– surtout le projet de *Communauté économique européenne* (CEE) établi en janvier 1957, et qui aboutit sous l'impulsion de *Maurice Faure*, secrétaire d'État aux Affaires étrangères, à la signature du *traité de Rome* (25 mars 1957) acte de naissance du *Marché commun.*

Un pas décisif venait d'être accompli dans la voie de la construction européenne.

• *Une politique coloniale libérale*

En mars 1956 la Tunisie et le Maroc obtenaient leur indépendance et le processus de décolonisation était engagé en Afrique noire par le ministre de la France d'Outre-mer, *Gaston Defferre*. D'après une *loi-cadre* votée en juin 1956, chaque territoire africain devait élire une *Assemblée locale* qui désignerait un *conseil de gouvernement* présidé par le gouverneur, mais dont le vice-président serait un Africain.

Les attributions concédées à ces gouvernements locaux devaient leur donner l'habitude d'une assez large autonomie et préparaient – que la loi l'ait en fait voulu ou non – l'indépendance de demain.

L'aggravation du problème algérien sous le gouvernement Guy Mollet

• *La capitulation devant l'émeute*

En arrivant au pouvoir, Guy Mollet n'ayant pas de programme précis concernant l'Algérie, sa politique s'inspira de deux postulats (qui se révélèrent faux) :

– que le FLN était prêt à négocier autre chose que l'indépendance pure et simple ;

– que les Européens d'Algérie étaient prêts à accepter de profondes réformes.

Pour réaliser cette politique, Guy Mollet commença par remplacer Jacques Soustelle maintenant complètement acquis aux thèses de « l'Algérie française » et lui substitua avec le titre de ministre-résident en Algérie le *général Catroux*, également gaulliste et réputé libéral en matière coloniale (il avait négocié pendant la guerre l'indépendance des mandats français du Liban et de la Syrie). Ce choix avait en fait deux inconvénients : le général Catroux fut immédiatement considéré par les Européens d'Algérie – qui d'ailleurs avaient toujours été assez peu « gaullistes » – comme un « bradeur », et il était fort âgé (80 ans).

Deuxième décision, Guy Mollet décida d'aller lui-même immédiatement en Algérie – donc sans préparation sérieuse – pour se rendre compte de la situation. Mais tandis que Jacques Soustelle quittait l'Algérie le 2 février 1956 au milieu d'acclamations frénétiques, le 6 février Guy Mollet était accueilli par de grandes manifestations d'hostilité. Sous les jets de pierres, tomates, œufs pourris,… le voyage d'information allait tourner au cauchemar. Bouleversé Guy Mollet décidait de remplacer le général Catroux par un socialiste, *Robert Lacoste* (qui très vite évolua vers les thèses de l'Algérie française).

Fait capital : pour la première fois, un gouvernement de la IVe République capitulait devant l'émeute et acceptait que les Français d'Algérie dictent leur loi.

À son retour en France Guy Mollet définit sa politique algérienne sous forme d'un triptyque : 1. Cessez-le-feu, 2. Élections libres, 3. Négociations.

Pour mener cette politique – qui exigeait d'abord que la lutte soit menée fermement contre la rébellion –, Guy Mollet avait besoin d'avoir les mains libres. Le 12 mars 1956 il obtenait de l'Assemblée nationale des « pouvoirs spéciaux » (vote acquis à peu près à l'unanimité, communistes compris).

La politique de Guy Mollet était en fait inapplicable parce qu'il n'était pas question pour le FLN d'accepter un « cessez-le-feu » avant des négociations qui devaient porter uniquement sur le problème de l'indépendance. D'ailleurs des contacts secrets qui eurent lieu entre représentants français et représentants du FLN au Caire, à Rome, à Belgrade, n'eurent aucun résultat car le gouvernement ne voulait ni ne pouvait accepter l'indépendance de l'Algérie.

• *Le déclenchement de la guerre à outrance*

Il fut la conséquence de cette politique. Pour en avoir les moyens, le gouvernement fut conduit à envoyer massivement le contingent en Algérie, à rappeler certaines catégories de réservistes (en particulier les officiers), à maintenir sous les drapeaux les soldats jusqu'à 30 mois (au lieu de 18). En Algérie même le pouvoir passa de plus en plus entre les mains de l'armée. À Alger où le FLN avait déclenché une campagne terroriste et où des bombes éclatant dans les lieux publics firent de nombreuses victimes, le maintien de l'ordre était confié en janvier 1957 à la division de parachutistes commandée par le général Massu. Cette « *bataille d'Alger* » se termina par le démantèlement du FLN et le retour au calme à Alger. Mais les méthodes employées avaient été extrêmement brutales – en particulier la torture – et on ne s'était guère soucié de la légalité.

Quelques semaines auparavant un événement avait d'ailleurs montré la dégradation de l'autorité gouvernementale en Algérie : le 22 octobre 1956, sans en référer au gouvernement qui fut mis devant le fait accompli, un avion marocain transportant Ben Bella et ceux que l'on croyait être les principaux chefs du FLN, en tout cas ses chefs « historiques », fut détourné et contraint de se poser à Alger.

Les conséquences de l'évolution de la guerre d'Algérie

• *Le fiasco de l'affaire de Suez*

L'idée prévalait chez les Européens d'Algérie et fut bientôt partagée par le ministre de l'Algérie, Robert Lacoste, que le véritable inspirateur de la rébellion algérienne était le colonel Nasser, chef du gouvernement égyptien. D'où le sentiment que pour vaincre le FLN, il fallait d'abord frapper l'Égypte.

L'occasion en fut fournie par la nationalisation du canal de Suez (qui appartenait à des intérêts français et anglais) le 20 juillet 1956. Une opération combinée contre l'Égypte fut préparée en collaboration avec l'Angleterre (gouvernement Anthony Eden) et Israël qui avait à se plaindre d'incursions de commandos sur son territoire à partir de l'Égypte.

Le 29 octobre 1956, l'armée israélienne attaquait dans le désert du Sinaï et bousculait l'armée égyptienne, tandis que le 5 novembre les parachutistes français et britanniques s'emparaient de Suez et progressaient rapidement le long du canal. La victoire militaire était assurée, mais devant les réactions très hostiles des États-Unis qui craignaient la perte de toute influence occidentale dans le monde arabe et de l'URSS qui avait intérêt à détourner l'attention de la Hongrie où l'armée soviétique était en train d'écraser la révolution hongroise – N. Khrouchtchev menaçait d'utiliser ses fusées contre la France et l'Angleterre –, elle se transforma en fiasco diplomatique. Tandis que Français et Anglais devaient abandonner sans gloire la partie, la France, très isolée, était condamnée devant l'ONU à la fois pour son agression contre l'Égypte et pour sa politique en Algérie.

• *La désagrégation de la majorité gouvernementale*

Dès mai 1956 Pierre Mendès France avait quitté le gouvernement, tandis que d'autres ministres, François Mitterrand, Albert Gazier, ministre des Affaires sociales, Gaston Defferre manifestaient leur opposition à la politique suivie par Robert Lacoste en Algérie. Puis à son tour Alain Savary, secrétaire d'État aux Affaires tunisiennes et marocaines démissionnait à la suite de la capture de Ben Bella (octobre 1956).

L'hebdomadaire *L'Express* menait une campagne très violente contre la politique de Guy Mollet.

De son côté le Parti communiste (qui n'avait pourtant guère de sympathie pour le FLN) cessait de soutenir le gouvernement à partir d'octobre 1956.

En revanche pendant que la position du gouvernement s'effritait à gauche, elle se renforçait à droite. L'opinion publique était d'ailleurs plutôt favorable à la fermeté dont il faisait preuve. La France subissait suivant le mot de Mendès France un « spasme nationaliste » qui se traduisait par la constitution d'un fort courant d'extrême droite : un avocat, *Jean-Louis Tixier-Vignancour*, s'employait à capter le courant poujadiste en faveur de l'Algérie française ; une *Union pour le Salut et le Renouveau de l'Algérie française* (USRAF) se rassemblait autour de Jacques Soustelle et de Georges Bidault.

Attaqué à gauche, soutenu à droite, devant faire face de surcroît aux surenchères de l'extrême droite, Guy Mollet se trouvait dans une situation à la fois paradoxale et de plus en plus inconfortable. En outre, la situation financière obérée par le gouffre financier que représentait la guerre d'Algérie devint bientôt fort mauvaise. Pour pouvoir à la fois financer d'importances dépenses sociales et les dépenses de la guerre, Paul Ramadier, ministre des Finances, dut proposer de nouveaux impôts que la droite et la gauche rejetèrent pour des raisons d'ailleurs contradictoires.

En mai 1957, Guy Mollet était renversé par 250 voix contre 213, victime de son incapacité à trouver une solution à la question algérienne.

L'agonie de la IVe République (mai 1957-mai 1958)

En moins d'un an deux gouvernements se succédèrent séparés par une crise de plus d'un mois : d'abord un gouvernement dirigé par un radical, Maurice Bourgès-Maunoury, puis un second dirigé par un autre radical, Félix Gaillard, mais les radicaux étaient alors divisés en un si grand nombre de groupes que l'étiquette n'avait plus guère de signification.

La déliquescence du pouvoir

La réalité était qu'il n'y avait plus de majorité pour soutenir un gouvernement stable : la gauche socialiste était déconsidérée par l'échec de Guy Mollet, la gauche communiste par le soutien qu'elle avait apporté à l'Union soviétique lors de la répression de l'insurrection hongroise. Le centre et la droite ne pouvaient pas non plus former une majorité durable, divisés entre ceux qui souhaitaient trouver une solution à la question algérienne, et ceux qui estimaient que la seule réponse était la répression de la rébellion et la victoire de l'Algérie française. Ainsi Bourgès-Maunoury fut renversé parce qu'il avait proposé une loi-cadre prévoyant des élections en Algérie au collège unique, loi-cadre que son successeur ne put faire voter qu'en l'assortissant d'une condition, qu'elle serait seulement appliquée trois mois après le retour au calme, c'est-à-dire dans un avenir tout à fait indéterminé.

L'autorité de ces gouvernements était de plus en plus faible, en particulier en Algérie, où l'armée se conduisait en détentrice du pouvoir, à la fois militaire et civil. L'Algérie était devenue une véritable « province militaire ». Dans cette armée, le pouvoir avait d'ailleurs en grande partie glissé entre les mains de colonels et de capitaines qui avaient ramené d'Indochine deux idées-forces, la volonté de ne pas connaître une nouvelle défaite, la conviction de pouvoir appliquer les théories de Mao Zedong sur la « guerre révolutionnaire » et de ravir ainsi au FLN le contrôle de la population par un mélange de terreur, d'action sociale et d'action psychologique.

La situation financière était de plus en plus critique et au début de 1958 Jean Monnet avait été envoyé d'urgence aux États-Unis pour y quémander des crédits. « Les caisses étaient vides » !

La division de l'opinion publique

L'opinion ressentait profondément l'impuissance des gouvernements, mais elle était elle-même gravement divisée. Une fraction de l'opinion estimait juste la cause du FLN et de l'indépendance de l'Algérie. Certains allaient même jusqu'à aider les militants FLN en France en transportant des valises d'armes et d'argent. Une autre fraction était troublée par la façon dont la guerre était conduite, par l'emploi de la torture, l'exécution de prisonniers sans jugement. Que la guerre ait été menée du côté FLN de façon souvent très cruelle n'allégeait pas les scrupules de conscience de cette fraction de l'opinion, peu convaincue par les nécessités de l'efficacité.

D'un autre côté un courant « activiste » se développait à la fois en France et en Algérie qui, outre la défense de l'Algérie française, estimait qu'un coup d'État était nécessaire pour instituer un pouvoir fort. Dans certains de ces groupes, on glissait d'un nationalisme exacerbé à des théories bien proches du fascisme.

De sorte que la déliquescence du pouvoir n'était que la traduction de la déliquescence de l'opinion. La situation était mûre pour une crise majeure. Un grouillement de complots divers s'ourdissait.

Toutefois – comme souvent en histoire –, un fait marginal donna le signal de l'éclatement de la crise.

La crise du 13 mai 1958

Au mois de février 1958 des avions français avaient bombardé un village tunisien, *Sakhiet-Sidi-Youssef*, dans le but de frapper un des camps que le FLN possédait à la frontière tunisienne. Mais sur les 69 morts provoqués par le raid, 21 étaient des enfants et l'émotion fut considérable. Le président tunisien Habib Bourguiba faisait appel à l'ONU et le gouvernement français était obligé d'accepter une mission de « bons offices » anglo-américaine dont l'objectif était de trouver un terrain de conciliation entre la France et la Tunisie à la suite de cet événement.

Le débat sur cette affaire à l'Assemblée nationale fut fatal au gouvernement Félix Gaillard, renversé le 15 avril 1958 sous l'accusation de faiblesse devant les pressions américaines.

Après près d'un mois où aucun gouvernement n'était arrivé à se constituer, le *13 mai 1958*, le député MRP alsacien Pierre Pflimlin était candidat à l'investiture avec d'ailleurs peu de chances de succès, mais sa réputation d'être partisan d'une solution « libérale » en Algérie provoquait la colère à Alger, d'autant que le FLN venait d'annoncer l'exécution de trois soldats français prisonniers.

Pendant que le débat d'investiture se déroulait à Paris, de grandes manifestations avaient lieu à Alger qui se terminaient par la prise d'assaut du siège du Gouvernement général où était proclamé un *Comité de Salut public* à la tête duquel était placé plus ou moins volontairement le général Massu.

Par contrecoup et par un réflexe de défense républicaine, l'insurrection des Européens d'Algérie permettait l'investiture de Pierre Pflimlin, mais le nouveau gouvernement était dépourvu d'autorité, l'armée n'était pas sûre, la police non plus – de violentes manifestations de la police parisienne contre le gouvernement avaient eu lieu quelques semaines plus tôt –, la guerre civile semblait menacer, le 24 mai un petit nombre de parachutistes venus d'Alger « s'emparaient » de la Corse. Le bruit courait d'une opération en préparation dont l'objectif aurait été Paris.

C'est dans ces conditions que le général de Gaulle intervint dans la crise : retiré depuis plusieurs années à Colombey-les-Deux-Églises, convaincu, semble-t-il, de sa retraite définitive de la vie politique, il faisait savoir par un communiqué de presse le 15 mai qu'il était « prêt à assumer les pouvoirs de la République ». Pendant quinze jours des tractations très complexes eurent lieu entre le général de Gaulle, le président de la République René Coty, les présidents des deux Assemblées – André Le Troquer pour l'Assemblée nationale et Gaston Monnerville pour le Sénat –, le gouvernement, des personnalités politiques diverses depuis les socialistes jusqu'aux « activistes »…

Reflexions sur la mort de la IVe République

• *Le général de Gaulle est-il revenu au pouvoir par un coup d'État*, comme l'opposition ne cessera de lui reprocher par la suite ?

Dans les faits, incontestablement non. Son accession au pouvoir a été parfaitement légale et conforme aux impératifs constitutionnels.
En revanche le général de Gaulle a utilisé la menace « activiste » et la pression de l'insurrection algéroise qu'il s'est refusé à désavouer. Ce fut toutefois un jeu très subtil ! La crainte des « activistes » a favorisé le ralliement à sa personne de nombreux parlementaires et la démarche légale qu'il a suivie lui a permis d'empêcher les « activistes » d'arriver eux-mêmes au pouvoir. En quelque sorte d'un seul coup, il avait réussi à abattre la IVe République et à annihiler les tentatives « fascisantes » qui se préparaient.

• La deuxième question est tout simplement : *de quoi est morte la IVe République ?*

De nombreux systèmes d'explication ont été formulés (voir en particulier René Rémond *Le Retour de De Gaulle*, Éditions Complexe, 1983), depuis celui fondé sur le hasard jusqu'à celui prétendant en trouver l'explication dans la nécessité de sauver le régime capitaliste... ! On peut retenir que des difficultés que la IVe République avaient rencontrées, les difficultés politiques liées à la guerre froide et à l'existence d'un puissant Parti communiste avaient été vaincues, que les difficultés économiques avaient été surmontées (mis à part le déficit financier dû aux circonstances, la situation économique était encore bonne en 1958, croissance, plein emploi...), que la faiblesse des institutions était – elle – de plus en plus durement ressentie, mais que sous la République précédente elle n'avait pas empêché de faire face à des crises majeures, y compris la Première Guerre mondiale ! Restent les problèmes coloniaux, Jacques Fauvet a écrit naguère : « La IVe République n'aura su éviter, ni arrêter, ni gagner la guerre d'Indochine. Elle en souffrira comme d'un cancer rongeant ses finances, sa politique étrangère, les cadres de son armée. Elle en périra » (*La IVe République*, Livre de poche, 1959).
En élargissant le propos, on peut remarquer que la IVe République ligotée *par sa conception du refus de l'abandon* a mené sept ans de guerre d'Indochine, pour immédiatement s'engager dans la guerre d'Algérie. C'était trop. La IVe République est bien morte principalement de la guerre d'Algérie.
Il faut également remarquer en revanche que l'issue de la crise qui a emporté la IVe République aurait pu être différente. Il n'y en avait pas qu'une possible. Dans ce qui est advenu, la contingence et la personne du général de Gaulle ont été déterminantes.

• *Les principales étapes de la marche du général de Gaulle vers le pouvoir*

– le 19 mai, une conférence de presse où il affirmait qu'il n'avait pas l'intention à 67 ans de commencer une carrière de dictateur ;

– le 27 mai, une déclaration : « J'ai entamé le processus régulier nécessaire à l'établissement d'un gouvernement républicain » ;

– le 28 mai, la démission du gouvernement Pflimlin, alors qu'un grand défilé se déroulait de la place de la Nation à la place de la République à Paris pour la défense de la République ;

– le 29 mai, un message du président Coty au Parlement annonçant son intention d'appeler le général de Gaulle, « le plus illustre des Français » ;

– le 1er juin, l'investiture du général de Gaulle comme président du Conseil par 329 voix contre 290 (communistes, la moitié des socialistes, une minorité des radicaux et de l'UDSR, Pierre Mendès France, François Mitterrand…).

Le 2 juin, le gouvernement présidé par le général de Gaulle recevait les pleins pouvoirs pour six mois et la mission de réformer la Constitution.

Officiellement la IVe République continua jusqu'à l'adoption d'une nouvelle Constitution au mois de septembre suivant. Dans la pratique, le 2 juin 1958, elle avait cessé d'exister.

Chapitre IV

La fondation de la Ve République (1958-1962)

Comme nous l'avons vu dans le chapitre précédent, le 2 juin 1958, de Gaulle disposait des pleins pouvoirs pour réformer la Constitution. Toutefois d'un point de vue juridique, il n'était encore que le dernier président du Conseil de la IVe République. D'entrée deux objectifs majeurs s'imposaient à lui, mettre en place de nouvelles institutions, trouver une solution à la guerre d'Algérie, à quoi s'ajoutait la nécessité de redresser une situation financière tout à fait critique.

Comme toujours l'ensemble des problèmes ont été affrontés en même temps ; il est nécessaire cependant pour la clarté de l'exposé de les étudier séparément.

La mise en place des nouvelles institutions

Le nouveau gouvernement

Pour rassurer les fractions de l'opinion qui auraient pu être inquiètes de son retour au pouvoir, de Gaulle constitua un gouvernement de large union nationale (mis à part les communistes).

Par sa composition très hétéroclite, ce gouvernement rappelait dans une certaine mesure celui constitué en 1944 par de Gaulle.

Sur 23 ministres, 15 étaient des parlementaires, députés et sénateurs, et 7 des hauts fonctionnaires. Les socialistes, les radicaux, le MRP, les indépendants avaient chacun trois ministres, tandis qu'officiellement il n'y avait également que trois ministres gaullistes auxquels il faut toutefois ajouter l'écrivain André Malraux. Les ministres hauts fonctionnaires étaient en principe sans étiquette politique, mais par exemple André Boulloche était connu pour ses sympathies socialistes.

Ce gouvernement suscita immédiatement regrets et inquiétudes dans les milieux « activistes » et « Algérie française » ; on s'étonnait qu'une telle place soit faite aux parlementaires de la IVe République : ce fut le premier signe à peine sensible du fossé qui progressivement se creusa entre de Gaulle et ceux qui estimaient avoir joué un rôle capital dans son retour au pouvoir.

En réalité pour de Gaulle, les ministres politiques étaient surtout là pour la façade et il prenait les grandes décisions avec le concours de conseillers et d'experts. La préparation de la nouvelle Constitution en fut une première démonstration.

Le gouvernement du Général de Gaulle
(1er et 7 juillet 1958-8 janvier 1959)

Charles de Gaulle, président du Conseil et Défense nationale.
Guy Mollet (SFIO), ministre d'État.
Pierre Pflimlin (MRP), ministre d'État.
Félix Houphouët-Boigny (UDSR), ministre d'État.
Louis Jacquinot (indépendant), ministre d'État.
Michel Debré (républicain social, ex-RPF), garde des Sceaux, ministre de la Justice.
Maurice Couve de Murville, Affaires étrangères.
Émile Pelletier, Intérieur.
Pierre Guillaumat, Armées.
Antoine Pinay (indépendant), Finances.
Jean-Marie Berthoin (radical), Éducation nationale.
Paul Bacon (MRP), Travail.
Bernard Cornut-Gentile, France d'Outre-Mer.
Max Lejeune (SFIO), Sahara.
André Malraux, ministre délégué à la présidence du Conseil.
Édouard Ramonet (radical), Industrie et Commerce.
Edmond Michelet (républicain social, ex.-RPF), Anciens Combattants et Victimes de la guerre.
Robert Buron (MRP), Travaux publics, Transport et Tourisme.
Roger Houdet (indépendant), Agriculture.
Pierre Sudreau, Construction.
Eugène Thomas (SFIO), PTT.
Bernard Chenot, Santé publique.
Jacques Soustelle (républicain social, ex.-RPF), information.
André Boulloche, ministre délégué à la présidence du Conseil.

L'établissement de la Constitution

L'établissement du texte constitutionnel fut extrêmement rapide : il fut adopté par le Conseil des ministres le 3 septembre, soit trois mois après le vote des pleins pouvoirs. Au lieu d'être confiée à une Assemblée nombreuse où les courants divers conduisent à de laborieux compromis, des organismes comprenant peu de membres ont été chargés de rédiger la nouvelle Constitution.

Dans un premier temps, un *comité d'experts* composé principalement de conseillers d'État prépara un avant-projet qui devait être prêt pour le milieu du mois de juillet.

Parallèlement autour du général de Gaulle et du garde des Sceaux, Michel Debré, les quatre ministres d'État formaient un *deuxième comité* qui étudia au fur et à mesure les dispositions prévues par le comité d'experts. Ce comité eut un rôle particulièrement important : outre de Gaulle dont les idées servirent de base aux discussions et de Michel Debré, véritable maître d'œuvre de la Constitution, Pierre Pflimlin et Guy Mollet y participèrent très activement.

Les dispositions établies étaient ensuite soumises au fur et à mesure au Conseil des ministres dont le rôle fut à peu près formel, mais elles devaient être également soumises à un *Comité consultatif constitutionnel* composé de 39 membres dont les deux tiers avaient été désignés par l'Assemblée nationale et le Sénat et l'autre tiers par le gouvernement. Présidé par Paul Reynaud, avant-dernier président du Conseil de la IIIe République, ce comité entendit de Gaulle et longuement Michel Debré.

Le texte fut encore discuté – de façon très serrée – par le *Conseil d'État*, avant d'être adopté par le *Conseil des ministres.*

Démarche très gaullienne, il avait été également prévu que la Constitution serait alors soumise à un référendum dont la date fut fixée au 28 septembre 1958.

• *La campagne pour le référendum*

Elle fut lancée par de Gaulle lui-même, qui avait choisi symboliquement la date du 4 septembre (anniversaire de la proclamation de la IIIe République).

Si tout naturellement les gaullistes appelaient à voter oui et les communistes non, le choix pouvait être plus difficile pour d'autres forces politiques. À part une frange d'extrême droite autour de Pierre Poujade, la droite modérée (indépendants) se prononça pour le oui à peu près unanimement, ainsi que le MRP. La grande majorité des radicaux également. Toutefois une autre fraction des radicaux autour de Pierre Mendès France, ainsi que l'aile gauche de l'UDSR avec François Mitterrand préconisèrent le non. Les socialistes se divisèrent également. Si la majorité dirigée par le secrétaire général du parti Guy Mollet, auquel s'était rallié Gaston

Defferre, opta pour le oui, une minorité s'y refusa, fit scission, et fonda le Parti socialiste autonome (PSA) (Édouard Depreux, Daniel Mayer, Robert Verdier, Alain Savary...), d'où devait sortir en 1960 le PSU (Parti socialiste unifié).

Dans ces conditions la victoire du oui apparaissait à peu près certaine, on ignorait toutefois quelle serait son ampleur.

• *Le triomphe du oui : un plébiscite en faveur du Général ?*

Référendum du 28 septembre 1958
(Résultat pour la France métropolitaine)

Inscrits	26 603 464	
Abstentions	4 006 614	soit 15,6 %
Blancs et nuls	303 559	soit 1,1 %
Oui	17 668 790	soit 79,25 % des suffrages exprimés
Non	4 624 511	soit 20,75 % des suffrages exprimés

La faiblesse du pourcentage des abstentions était la preuve de l'intérêt porté par l'opinion à ce référendum et le vote massif en faveur du oui, tous les départements sans exceptions avaient voté majoritairement oui et certains, comme ceux de Lorraine ou d'Alsace, à près de 90 %, faisaient que la nouvelle Constitution – contrairement à ce qui s'était passé en 1946 – était adoptée sans contestation possible.

Il était vrai aussi que ce vote avait été tout autant un plébiscite en faveur du général de Gaulle, et qu'il n'allait donc pas sans ambiguïtés puisqu'il avait par exemple rassemblé à la fois les partisans les plus acharnés de l'Algérie française et une grande partie de ceux qui souhaitaient une solution « libérale » en Algérie.

Autre aspect non négligeable de ce scrutin, pour la première fois depuis la Libération, le Parti communiste enregistrait un recul important. En défalquant les votes non de l'extrême droite (assez peu) et de la gauche non communiste, il perdait au moins 30 % de son électorat habituel.

La nouvelle Constitution

Le schéma constitutionnel que de Gaulle avait défini dans son discours de Bayeux en 1946 conduisait à un système présidentiel, mais tout en conservant les principes fondamentaux d'un régime parlementaire. Il insistait sur la séparation des pouvoirs et sur la nécessité d'un exécutif qui gouverne véritablement. La Constitution fut donc en partie présidentielle, en partie parlementaire.

LES GOUVERNEMENTS DE LA Ve RÉPUBLIQUE

		Gouvernements	Présidents de la République
1958	*1er juin*	Charles de GAULLE	
1959	*8 janvier*	Michel DEBRÉ	*Charles de Gaulle*
1962	*14 avril*	Georges POMPIDOU	*Charles de Gaulle*
1968	*11 juillet*	Maurice COUVE DE MURVILLE	*Charles de Gaulle*
1969	*20 juin*	Jacques CHABAN-DELMAS	*Georges Pompidou*
1972	*5 juillet*	Pierre MESSMER	*Georges Pompidou*
1974	*27 mai*	Jacques CHIRAC	*V. Giscard d'Estaing*
1976	*26 juin*	Raymond BARRE	*V. Giscard d'Estaing*
1981	*21 mai*	Pierre MAUROY	*François Mitterrand*
1984	*17 juillet*	Laurent FABIUS	*François Mitterrand*
1986	*20 mars*	Jacques CHIRAC	*François Mitterrand*
1988	*10 mai*	Michel ROCARD	*François Mitterrand*
1991	*15 mai*	Édith CRESSON	*François Mitterrand*
1992	*2 avril*	Pierre BÉRÉGOVOY	*François Mitterrand*
1993	*29 mars*	Édouard BALLADUR	*François Mitterrand*
1995	*17 mai*	Alain JUPPÉ	*Jacques Chirac*
1997	*2 juin*	Lionel JOSPIN	*Jacques Chirac*
2002	*6 mai*	Jean-Pierre RAFFARIN	*Jacques Chirac*

Toutefois dans la Constitution de 1946, le Parlement avait été placé au début et le président de la République, seulement au titre V. Symboliquement dans la Constitution de 1958, l'ordre était inversé, le président de la République était en tête et le Parlement relégué au titre IV, indiquant clairement quel acteur avait le premier rôle.

• *Affirmer la puissance de la présidence de la République*

À première vue, les pouvoirs du Président n'étaient pas fondamentalement différents de ceux d'un président de la IVe République : « Le président de la République veille au respect de la Constitution. Il assure, par son arbitrage, le fonctionnement régulier des pouvoirs publis ainsi que la continuité de l'État.

Il est le garant de l'indépendance nationale, de l'intégrité du territoire, du respect des accords de la Communauté et des traités », mais son mode d'élection et les moyens qui étaient mis à sa disposition modifiaient assez considérablement le caractère un peu vague de ses attributions.

Le président de la République n'était plus élu par le Parlement, mais par un collège électoral comprenant outre les parlementaires, les conseillers généraux et les représentants des conseils municipaux, au total 80 000 personnes, ce qui en faisait « l'élu des élus » et lui conférait une légitimité différente de celle des parlementaires.

Ses moyens d'action n'étaient pas négligeables puisque c'était lui qui *nommait* le Premier ministre, et les autres ministres sur la proposition du Premier, qu'il pouvait *dissoudre l'Assemblée nationale*, sans autre limitation que celle de *consulter* le Premier ministre et les présidents de l'Assemblée nationale et du Sénat (ce qui signifiait qu'il n'était aucunement tenu de suivre leur avis), *recourir au référendum*, à vrai dire seulement sur proposition du gouvernement ou de deux assemblées et seulement pour des projets concernant l'organisation des pouvoirs publics (dans la pratique de Gaulle ne tint guère compte de ces limitations), et enfin faire jouer *l'article 16* qui lui accordait des pouvoirs exceptionnels lorsque les institutions de la République, l'indépendance de la nation ou l'intégrité du territoire étaient gravement menacées.

• *Renforcer l'autorité du gouvernement*

Le gouvernement apparaissait immédiatement après le président de la République : la Constitution lui conférait de grands pouvoirs, puisque par *l'article 20* il devait « déterminer et conduire la politique de la Nation ». Deux innovations n'étaient pas sans conséquences : la fonction de président du Conseil cédait la place à celle de Premier ministre, ce qui pouvait signifier que le véritable chef du gouvernement serait le président de la République, et *l'incompatibilité entre fonctions parlementaires et fonctions ministérielles* faisait qu'un parlementaire nommé ministre devait laisser son siège à un suppléant élu en même temps que lui, ce qui avait pour but de distendre les liens entre le gouvernement et le Parlement puisque les ministres ne siégeraient plus à l'Assemblée nationale ou au Sénat.

• *La limitation de l'hégémonie parlementaire*

Quant au Parlement, qui apparaissait seulement ensuite dans le texte constitutionnel, il restait composé de deux assemblées, l'Assemblée nationale élue au suffrage direct et le Sénat élu au suffrage indirect. Le régime parlementaire était maintenu puisque le gouvernement pouvait poser la *question de confiance* et surtout que l'Assemblée nationale avait la possibilité de renverser le gouvernement par une *motion de censure*. Toutefois les rédacteurs de la Constitution – et sur ce point les anciens présidents du Conseil de la IVe République avaient joué un grand rôle – avaient formulé des dispositions destinées à limiter ou à faire disparaître une des faiblesses permanentes des IIIe et IVe Républiques, l'instabilité gouvernementale.

L'Assemblée nationale cessait d'être *permanente*, la durée de ses sessions était sévèrement réglementée, l'ordre du jour en était dans la pratique fixé par le gouvernement, le droit d'interpellation était supprimé, le domaine législatif était soigneusement limité et les matières enlevées à la loi devenaient du domaine réglementaire, donc de la responsabilité du gouvernement, les propositions de lois d'origine parlementaire ou les amendements étaient irrecevables s'ils aboutissaient à diminuer les ressources publiques ou à aggraver les charges publiques.

En outre pour qu'une motion de censure soit votée, il fallait qu'elle ait recueilli les voix de la majorité absolue des membres de l'Assemblée, les abstentions étant considérées comme des votes défavorables à la motion de censure. Enfin le gouvernement pouvait, en fonction de *l'article 49 alinéa 3*, faire adopter un texte sans qu'il soit besoin de voter : sauf dépôt d'une motion de censure, il était considéré comme approuvé.

De son côté le *Sénat* recouvrait officiellement son nom, mais ses pouvoirs restaient très limités : en cas de conflit entre les deux assemblées, le dernier mot revenait toujours à l'Assemblée nationale.

Des lois organiques (complémentaires à la Constitution proprement dite) fixèrent à *cinq ans* la durée du mandat de l'Assemblée nationale et à neuf ans avec renouvellement par tiers celui du Sénat. Elles déterminèrent également leur mode d'élection : les sénateurs étaient élus par un collège restreint formé dans chaque département par les députés, les conseillers généraux et les représentants des conseils municipaux, semblable à celui qui élisait le président de la République.

Quant à l'Assemblée nationale, en raison de l'absence d'assemblée susceptible dans l'immédiat d'établir son mode d'élection, il fut établi par une ordonnance du gouvernement. Parmi les différents types de scrutin possibles, et contrairement à son choix de 1945, de Gaulle adopta le *scrutin uninominal à deux tours*, c'est-à-dire un système électoral très proche du *scrutin d'arrondissement* de la IIIe République. Toutefois les arrondissements ayant des populations d'importance très variable, il fallut redécouper le territoire en 465 circonscriptions (de Gaulle ne souhaitait pas une assemblée trop nombreuse) qui devaient avoir une population à peu près semblable, sauf dans quelques petits départements où il fut considéré que, quelle que soit la population, la représentation ne devait pas être inférieure à deux députés.

Il était espéré que ce mode de scrutin permettrait à la fois d'élire des majorités stables et de soustraire les députés à l'influence excessive des partis.

Une dernière innovation de la Constitution fut la création d'un *Conseil constitutionnel*, à l'imitation de la Cour suprême des États-Unis. Formé de neuf membres désignés pour neuf ans respectivement par le président de la République et les deux présidents des assemblées, renouvelable par tiers, sa mission était à la fois de veiller à la régularité des élections et à la constitutionnalité des lois.

L'élection de l'Assemblée nationale

Une fois la Constitution approuvée par le référendum, il fallut encore trois mois pour en mettre en place les principaux organes, l'Assemblée nationale d'abord, le président de la République ensuite.

Les élections législatives furent fixées aux 23 et 30 novembre 1958.

• *Le succès gaulliste*

De Gaulle, qui voulait se tenir au-dessus des partis, avait interdit qu'on utilise son nom dans la campagne électorale, « même sous forme d'adjectif ». Les principaux courants « gaullistes » se rassemblèrent cependant dans une formation nouvelle, l'*Union pour la Nouvelle République* (UNR), créée dès le 1er octobre 1958 autour de Jacques Soustelle, Jacques Chaban-Delmas, Michel Debré, Roger Frey, Edmond Michelet. De leur côté, dès avant le référendum, des hommes de gauche, socialistes du PSA (Parti socialiste autonome), radicaux mendésistes, UDSR comme François Mitterrand, chrétiens de gauche de la *Jeune République*, syndicalistes de la CFTC (Confédération française des travailleurs chrétiens),... s'étaient rassemblés dans l'*Union des Forces démocratiques* (UFD).

Pour le reste, la campagne se déroula entre les forces politiques traditionnelles, sans grande passion de l'opinion publique qui semblait estimer qu'avec le succès du référendum le principal était fait.

Les élections à l'Assemblée nationale
Résultats du 1er tour-23 novembre 1958
(France métropolitaine)

Inscrits	27 236 491	
Abstentions	6 241 694	soit 22,9 % des inscrits
Parti communiste	3 907 763	soit 19,2 % des suffrages exprimés
Union des forces démocratiques	261 738	soit 1,2 % des suffrages exprimés
SFIO	3 193 786	soit 15,7 % des suffrages exprimés
Radicaux	1 503 787	soit 7,3 % des suffrages exprimés
MRP	2 273 281	soit 11,1 % des suffrages exprimés
UNR	4 165 453	soit 20,4 % des suffrages exprimés
Modérés	4 502 449	soit 22,1 % des suffrages exprimés
Extrême droite	553 651	soit 2,6 % des suffrages exprimés

Ces résultats suggèrent plusieurs observations :

– comme l'atonie de la campagne pouvait le laisser prévoir, le taux d'abstentions avait considérablement augmenté depuis le référendum, passant de 15,6 % à 22,9 %, inaugurant, ce qui fut souvent la règle sous la Ve République, une participation beaucoup plus forte pour les référendums ou les élections présidentielles que pour les élections législatives ;

– les résultats du référendum étaient confirmés : les formations qui peu ou prou s'étaient référées aux nouvelles institutions et à de Gaulle, depuis les socialistes jusqu'aux modérés, avaient rassemblé près de 80 % des suffrages ;

– l'affaiblissement du Parti communiste s'était également confirmé : alors que son pourcentage n'avait jamais été inférieur à 25 % sous la IVe République, le voici à moins de 20 %, et l'électorat perdu s'était vraisemblablement en grande partie reporté sur les candidats gaullistes, donnant à l'électorat du général de Gaulle cette composante populaire qui allait être la sienne pendant toute la décennie suivante ;

– la SFIO et le MRP se maintenaient à peu près, le radicalisme perdait une grande part de son électorat, et il est également tout à fait vraisemblable qu'une partie de ceux qui, en 1957, avaient pensé trouver dans le mendésisme le renouveau qu'ils espéraient, s'étaient reportés eux aussi sur les candidats gaullistes, d'autant que l'UFD n'avait rencontré aucun succès ;

– l'extrême droite enfin n'avait obtenu que de très mauvais résultats : le poujadisme en particulier était balayé ;

– enfin, fait majeur de ce scrutin, la poussée gaulliste était très forte, d'autant plus qu'elle ne s'était pas faite au détriment de la droite modérée qui au contraire avait nettement renforcé ses positions.

• *Le second tour*

Lors du second tour, il est en général de règle que le système majoritaire amplifie considérablement les résultats du premier tour. Ce fut là particulièrement vrai d'autant qu'à gauche l'opposition était si forte entre socialistes et communistes qu'ils maintinrent mutuellement leurs candidats, alors que gaullistes et modérés de droite se désistèrent souvent les uns pour les autres.

Composition de l'Assemblée nationale (élue les 23 et 30 novembre 1958)

Nombre de sièges :	territoire métropolitain	150
	DOM et TOM	16
	Algérie et Sahara	67
		552
Parti communiste		10
SFIO et apparentés		44
Radicaux		33
MRP		56
UNR et apparentés		212
Modérés		118
Groupes poujadiste		52
Algérie[1]		48
Non inscrits		31

1. Les soixante-sept députés à élire en Algérie devaient obligatoirement se répartir entre 46 Musulmans et 27 Européens. Tous les élus étaient favorables à l'« Algérie française » et la majorité d'entre eux s'étaient inscrits au groupe *Unité de la République*.

Ces résultats permettaient à leur tour trois observations : l'Union pour la Nouvelle République (UNR), les modérés et les élus d'Algérie formaient une énorme masse de 378 députés, près de 70 % de l'Assemblée nationale, assurant une majorité considérable à de Gaulle même si ce bloc n'était pas sans failles. La gauche, en revanche, qui avait toujours représenté en suffrages la majorité sous la IVe République, était écrasée : communistes, socialistes, radicaux rassemblaient autour de 80 députés, soit 15 % de l'Assemblée. Enfin le renouvellement des hommes était considérable : seuls 131 députés avaient fait partie de la législature précédente. Un grand nombre des personnalités marquantes de la IVe République avaient été battues : à droite, Joseph Laniel ; au MRP, Pierre-Henri Teitgen ; chez les radicaux, Édouard Daladier, Edgar Faure, Pierre Mendès France ; à l'UDSR François Mitterrand ; parmi les socialistes Gaston Defferre, Robert Lacoste, Jules Moch, Christian Pineau, André Le Troquer ; le communiste Jacques Duclos ainsi que la plupart des députés communistes sortants.

L'élection du président de la République

Dernière étape de la mise en place des institutions, l'élection du président de la République fut fixée au 21 décembre 1958.

Le 2 décembre de Gaulle annonçait sa candidature.

Il n'eut que deux adversaires, un dirigeant communiste de second rang, Georges Marranne, et au nom de l'*Union des forces démocratiques* (UFD), un universitaire, le doyen Albert Châtelet, à peu près inconnu et qui ne pouvait être qu'un candidat de principe.

Des 80 000 grands électeurs prévus par la Constitution, *de Gaulle obtint les voix de plus de 62 000*, soit 78,5 % des suffrages exprimés, Georges Marranne, 13,1 %, et Albert Châtelet, 8,4 %. Résultat remarquable en ce sens que les grands électeurs étaient des conseillers généraux ou des représentants de conseils municipaux élus bien avant 1958. Il y avait donc là une confirmation des votes précédents, confirmation d'autant plus attendue d'ailleurs que le Parti socialiste avait encore appelé à voter pour de Gaulle.

En se faisant ainsi élire, de Gaulle avait souligné la prépondérance politique du président de la République. Il montra encore où il plaçait le centre du pouvoir quand après avoir officiellement pris ses fonctions le 9 janvier 1959, il établissait clairement que la désignation du « premier des ministres » dépendait de lui seul, ainsi que la nomination des autres ministres.

Le 10 janvier, de Gaulle chargeait le garde des Sceaux, *Michel Debré*, de former le gouvernement, qui différait principalement du précédent par l'abstention des socialistes en désaccord avec la politique économique et financière suivie. Il comprenait sur 27 membres, seulement 17 parlementaires, UNR (8), indépendants (5), MRP (4)… Les deux principales personnalités en étaient Antoine Pinay (Finances et Affaires économiques) et Jacques Soustelle (ministre délégué auprès du Premier ministre, fonction qui cachait en réalité la volonté du général de Gaulle de ne pas donner une place trop importante à un homme qui l'inquiétait).

La désignation de Michel Debré d'une fidélité à toute épreuve envers de Gaulle, mais partisan passionné de l'Algérie française, ne levait pas les incertitudes sur ce que serait la politique algérienne du général de Gaulle.

Le règlement de la question algérienne et la fin de la décolonisation

La Ve République était largement née d'un quiproquo. Pour les tenants de l'Algérie française, pour les Européens d'Algérie, dont le rôle avait été majeur dans la chute de la IVe République et dans le retour du général de Gaulle au pouvoir (même si cela n'avait pas été leur but initial, les Européens d'Algérie étant traditionnellement plutôt antigaullistes), l'action du nouveau président de la République devait permettre le maintien de l'Algérie française.

Pour de Gaulle, la question d'Algérie était assez paradoxalement marginale. L'essentiel était de restaurer la France, l'État, sa position internationale, et pour cela il était nécessaire que d'une façon ou d'une autre soit réglée la question algérienne.

Personne, en fait, ne savait quelle était la politique algérienne du général de Gaulle. Dans la réalité elle fut d'ailleurs essentiellement pragmatique et elle évolua progressivement de l'idée d'un maintien sous une forme nouvelle de l'Algérie dans l'ensemble français à l'acceptation de son indépendance pure et simple. Ceci explique qu'il fallut près de quatre années pour y parvenir – la guerre d'Algérie a duré aussi longtemps sous la Ve que sous la IVe République. Au cours de ces années la question algérienne ne cessa de provoquer dans la vie politique française soubresauts et convulsions, conséquences de l'affrontement entre d'un côté de Gaulle et de l'autre les partisans de l'Algérie française et une fraction de l'Armée convaincus d'avoir été trompés.

Le premier voyage en Algérie dès le lendemain du vote des pleins pouvoirs fut le point de départ du processus de rupture entre de Gaulle et les partisans de l'Algérie française. Le 3 juin 1958 de Gaulle était reçu triomphalement à Alger, et sur la place du Forum il lançait son célèbre « Je vous ai compris » – que ses auditeurs interprétaient – à tort – comme une approbation de leurs positions. Quelques jours plus tard à Mostaganem, la seule fois au cours de très nombreux discours, il criait également « Vive l'Algérie française ». Les Européens d'Algérie étaient alors convaincus que de Gaulle voulait faire la politique qu'ils souhaitaient.

La tentative de maintien d'une Algérie nouvelle dans le cadre français

Elle se traduisit de quatre façons :

– *... par la volonté de restaurer le pouvoir civil en Algérie et de reprendre l'armée en mains :* Le 9 octobre 1958, les officiers reçurent l'ordre de quitter les *comités de salut public* constitués après le 13 mai ; le 19 décembre, le général Salan qui cumulait les pouvoirs civils et militaires en Algérie depuis les événements du 13 mai était rappelé en France, et remplacé par un délégué général pour les affaires civiles, un haut fonctionnaire, Paul Delouvrier, et comme commandant en chef, par le général Challe ;

– ... *par l'essai d'en terminer sur le plan militaire.* En poursuivant activement les opérations, tout en offrant aux combattants du FLN « la paix des braves » (23 octobre), ce qu'ils interprétèrent comme une demande de reddition, même s'il était rendu hommage à leur courage ;

– ... *par l'annonce d'une politique de transformations économiques, de progrès social et de promotion de la population musulmane* (plan de Constantine, 3 octobre 1958) ;

– ... *par une importante réforme politique :* l'établissement du collège unique pour les élections annoncé le 4 juin 1958, et qui paraissait la suite logique des manifestations de fraternisation entre Européens et Algériens (quelle en était la sincérité et la profondeur ?) qui avaient suivi le 13 mai.

Cette politique échoua parce que le FLN n'entendait pas renoncer à ses objectifs : il le manifestait dès le 19 septembre en créant le GPRA (*Gouvernement provisoire de la République algérienne*), présidé par un nationaliste modéré, Ferhat Abbas, et en ne répondant même pas à l'offre de « paix des braves ». Sur le plan proprement militaire, sa situation était de plus en plus précaire, mais il pouvait cependant intensifier le terrorisme en Algérie et, surtout, pendant l'été 1958, l'engager sur le territoire métropolitain en s'appuyant sur les nombreux ouvriers algériens.

Cette première politique échoua également en raison de la volonté des ultras de l'Algérie française : alors que le général de Gaulle souhaitait que les élections puissent permettre à toutes les tendances de s'exprimer, dans la pratique seuls des partisans de l'Algérie française (avec quelques légères nuances de différence) purent être élus.

La politique d'autodétermination

Après une « tournée des popotes » (début août 1959) où le général de Gaulle essaya de convaincre les officiers de la nécessité d'une nouvelle politique, dans une allocution du 16 septembre 1959 il annonçait la politique d'autodétermination : les Algériens devraient se déterminer entre trois solutions, la *sécession*, la *francisation* ou *l'association*, une fois la pacification arrivée à son terme (ce qui était envisageable compte tenu des succès remportés sur le terrain par le *plan Challe*), ou après la conclusion d'un cessez-le-feu.

Ce discours marqua un tournant capital : pour la première fois un gouvernement français admettait la possibilité d'une *Algérie algérienne.*

Cette deuxième politique se heurta au GPRA qui, après des hésitations, accepta le principe de l'autodétermination, mais rejeta les offres de cessez-le-feu.

Chronologie de la guerre d'Algérie sous la Ve République

- **4 juin 1958** : de Gaulle en Algérie. « Je vous ai compris. »
- **19 septembre** : formation du GPRA (Gouvernement provisoire de la République algérienne).
- **23 octobre** : de Gaulle offre « la paix des braves ».
- **16 septembre 1959** : discours du général de Gaulle sur « l'autodétermination ».
- **24 janvier-1er février 1960** : la semaine des « barricades » à Alger.
- **3-5 mars** : « Tournée des popotes » en Algérie. De Gaulle parle d'« Algérie algérienne ».
- **25-29 juin** : les pourparlers de Melun.
- **8 janvier 1961** : référendum sur la politique algérienne du général de Gaulle.
- **février** : commencement de la constitution de l'OAS.
- **22-25 avril** : putsch des généraux.
- **20 mai-13 juin** : premières négociations d'Évian.
- **janvier-mars 1962** : multiplication des attentats de l'OAS en Algérie et en France.
- **7-18 mars** : deuxièmes négociations et signature des accords d'Évian.
- **8 avril** : référendum sur les accords d'Évian.
- **3 juillet** : proclamation de l'indépendance algérienne.

L'opposition des milieux activistes et des ultras de l'Algérie française

Elle fut également très vive. De violentes critiques apparurent au sein de l'UNR (dont en octobre 11 députés démissionnaient) et des indépendants, tandis que toute une action conspiratrice se développait. Les ultras songeaient à un nouveau 13 mai. À la suite de la destitution du général Massu (22 janvier 1960) qui dans une interview avait critiqué la politique algérienne du général de Gaulle, un mouvement insurrectionnel débutait à Alger : ce fut *la semaine des barricades* (24 janvier-1er février 1960) sous la direction du député d'Alger Paul Lagaillarde et de l'un des chefs des activistes algérois, le cafetier Joseph Ortiz.

Après une semaine de crise où l'armée montra son peu d'empressement à réprimer l'insurrection, devant la détermination du général de Gaulle à ne pas modifier sa politique, les activistes capitulèrent. L'armée n'avait pas basculé de leur côté comme ils l'espéraient, mais la situation avait été incertaine pendant plusieurs jours. Deux ministres, *Jacques Soustelle* et *Bernard Cornut-Gentile*, qui dans la crise avaient marqué leur opposition à la politique algérienne du général de Gaulle, étaient exclus du gouvernement en février, et de nombreux responsables activistes compromis dans l'affaire des barricades étaient arrêtés, les organisations activistes dissoutes. Des officiers et des généraux qui avaient semblé pactiser avec l'insurrection étaient rappelés en métropole. Toutefois, dans une nouvelle « tournée des popotes » (3-7 mars 1960), le général de Gaulle, tout en maintenant sa position sur l'autodétermination et sur une Algérie algérienne, sembla légèrement en retrait sur des formules antérieures. Une tentative de négociation à *Melun* (25 au 29 juin 1960) avec des émissaires du FLN ne donna aucun résultat.

Pendant l'été et l'automne 1960, la situation donna l'impression de peu évoluer, de piétiner autour de deux positions antagonistes, celle du gouvernement (pas de négociations avant le cessez-le-feu), celle du FLN (pas de cessez-le-feu avant les garanties sur l'autodétermination). Mais parallèlement certains secteurs de l'opinion française s'impatientaient.

• *L'engagement des étudiants et des intellectuels*

La jeunesse étudiante longtemps hésitante basculait nettement du côté de l'opposition à la guerre d'Algérie. L'UNEF (*Union nationale des étudiants de France*) avait changé de majorité en 1956, mais ce fut seulement en avril 1960 que pour la première fois, elle réclama des négociations avec le FLN.

Le 6 septembre 1960, des intellectuels (écrivains, professeurs, artistes..., autour de Jean-Paul Sartre, Simone de Beauvoir, Laurent Schwartz...), publiaient le *Manifeste des 121*, qui réclamait le « droit à l'insoumission dans la guerre d'Algérie ».

L'arrestation en février 1960 de membres des réseaux d'aide au FLN avait révélé leur existence à l'opinion. En réalité c'était depuis 1957 qu'un ancien collaborateur de Jean-Paul Sartre, Francis Jeanson, avait commencé à organiser ces réseaux qui s'étaient progressivement structurés, transportant des valises d'armes ou d'argent.

• *La relance de la politique d'autodétermination*

Elle allait se faire en trois temps,

– une conférence de presse du général de Gaulle, le 4 novembre 1960, où il parlait de *République algérienne*. Cette nouvelle phase se matérialisa par la désignation d'un *ministre d'État chargé des affaires algériennes*, Louis Joxe, homme de confiance du général de Gaulle ;

– par une nouvelle visite du général de Gaulle en Algérie (9 au 13 décembre), où d'ailleurs la violence des manifestations européennes contre le président de la République et des affrontements entre manifestants musulmans partisans du FLN et manifestants européens, montra qu'il n'y avait plus de solution dans un accord entre les communautés ;

– le *référendum du 8 janvier 1961* sur l'autodétermination en Algérie.

Le nombre d'abstentionnistes était en sensible augmentation par rapport au référendum de 1958 (26,5 % avec les votes blancs et nuls contre 16,1 % en 1958), preuve de l'hésitation d'une fraction de l'opinion. En revanche si on défalquait du non les votes communistes, partisans de l'indépendance de l'Algérie, mais hostiles par principe à de Gaulle, l'immense majorité des suffrages exprimés approuvait le principe de la politique d'autodétermination. Ce succès ne pouvait manquer de raidir la position des Européens d'Algérie, ainsi que celle d'une fraction de l'armée.

Le samedi 22 avril 1961, le *putsch des généraux* éclatait à Alger. Les quatre généraux, Challe, Salan, anciens commandants en chef en Algérie, Jouhaud, Zeller, soutenus par quelques régiments de parachutistes, se rendirent maîtres d'Alger. Mais le coup de force avorta devant la détermination du général de Gaulle qui fit jouer l'article 16 de la Constitution lui donnant les pleins pouvoirs, l'hostilité de la métropole et les réticences du contingent.

Résultats du référendum du 8 janvier 1961
(Résultat pour la France métropolitaine)

Inscrits	27 184 408		
Abstentions	6 393 162	soit 23,5	% des inscrits
Blancs et nuls	594 699	soit 2,1	% des inscrits
OUI	15 200 073	soit 75,2	% des suffrages exprimés
NON	4 996 474	soit 24,7	% des suffrages exprimés

La marche vers l'indépendance de l'Algérie

• *Les étapes de la signature des accords d'Évian*

Dès avant le putsch des généraux, pendant le premier trimestre 1961, des contacts secrets avaient eu lieu entre émissaires français (parmi lesquels Georges Pompidou) et émissaires du FLN. Le 8 mai, de Gaulle annonçait la reprise des négociations avec le FLN. Elles se déroulèrent à *Évian* du 20 mai au 13 juin et elles échouèrent principalement sur deux points, le sort du Sahara où l'on avait découvert du pétrole et que les Algériens réclamaient et celui des garanties à accorder à la communauté européenne d'Algérie.

Les négociations reprirent secrètement au village des Rousses dans le Jura du 10 au 19 février 1962 (la France était représentée par trois ministres : Louis Joxe, Robert Buron et Jean de Broglie). Elles aboutirent à une deuxième conférence (7-18 mars) et à la *signature des accords d'Évian* (18 mars 1962) accordant *l'indépendance à l'Algérie* (y compris le Sahara).

• *Une guerre civile larvée*

Mais cette évolution vers l'indépendance de l'Algérie s'était faite dans une atmosphère souvent proche de la guerre civile.

Le putsch d'Alger (Message du chef de l'État à la nation, le 23 avril 1961)

Un pouvoir insurrectionnel s'est établi en Algérie par un *pronunciamiento* militaire. Les coupables de l'usurpation ont exploité la passion des cadres de certaines unités spécialisées, l'adhésion enflammée d'une partie de la population de souche européenne qu'égarent les craintes et les mythes, l'impuissance des responsables submergés par la conjuration militaire.

Ce pouvoir a une apparence : un quarteron de généraux en retraite. Il a une réalité : un groupe d'officiers, partisans, ambitieux et fanatiques. Ce groupe et ce quarteron possèdent un savoir-faire expéditif et limité. Mais ils ne voient et ne comprennent la Nation et le monde que déformés à travers leur frénésie. Leur entreprise conduit tout droit à un désastre national.

Car l'immense effort de redressement de la France, entamé depuis le fond de l'abîme, le 18 juin 1940 ; mené ensuite jusqu'à ce qu'en dépit de tout la victoire fût remportée, l'indépendance assurée, la République restaurée ; repris depuis trois ans, afin de refaire l'État, de maintenir l'unité nationale, de reconstituer notre puissance, de rétablir notre rang au-dehors, de poursuivre notre œuvre outre-mer à travers une nécessaire décolonisation, tout cela risque d'être rendu vain, à la veille même de la réussite, par l'aventure odieuse et stupide des insurgés en Algérie. Voici l'État bafoué, la Nation défiée, notre puissance ébranlée, notre prestige international abaissé, notre place et notre rôle en Afrique compromis. Et par qui ? Hélas ! hélas ! hélas ! par des hommes dont c'était le devoir, l'honneur, la raison d'être de servir et d'obéir.

Au nom de la France, j'ordonne que tous les moyens, je dis tous les moyens, soient employés pour barrer partout la route à ces hommes-là, en attendant de les réduire. J'interdis à tout Français et, d'abord, à tout soldat, d'exécuter aucun de leurs ordres. L'argument suivant lequel il pourrait être localement nécessaire d'accepter leur commandement, sous prétexte d'obligations opérationnelles ou administratives, ne saurait tromper personne. Les seuls chefs, civils et militaires, qui aient le droit d'assumer les responsabilités sont ceux qui ont été régulièrement nommés pour cela, et que précisément les insurgés empêchent de le faire. L'avenir des usurpateurs ne doit être que celui que leur destine la rigueur des lois.

Devant le malheur qui plane sur la patrie et la menace qui pèse sur la République, ayant pris l'avis officiel du Conseil constitutionnel, du Premier ministre, du président du Sénat, du président de l'Assemblée nationale, j'ai décidé de mettre en cause l'article 16 de notre Constitution. À partir d'aujourd'hui, je prendrai, au besoin directement, les mesures qui me paraîtront exigées par les circonstances. Par là même je m'affirme, pour aujourd'hui et pour demain, en la légitimité française et républicaine que la nation m'a conféré, que je maintiendrai, quoi qu'il arrive, jusqu'au terme de mon mandat ou jusqu'à ce que me manquent soit les forces, soit la vie, et dont je prendrai les moyens d'assurer qu'elle demeure après moi.

Françaises, Français ! Voyez où risque d'aller la France par rapport à ce qu'elle était en train de redevenir.

Françaises, Français ! Aidez-moi !

L'organisation Armée secrète (OAS) qui avait commencé à se constituer avant le putsch des généraux d'avril 1961 se développa considérablement après son échec. Constituée d'activistes, d'officiers rebelles passés à la clandestinité, sous l'autorité suprême du général Salan, elle entendait s'opposer à « l'abandon » de l'Algérie. Sur le territoire métropolitain, elle multiplia les attentats au plastic, quelquefois meurtriers, visant à répandre la terreur dans le but de renverser le régime. De Gaulle fut la cible de nombreux attentats (tel celui de Pont-sur-Seine le 9 septembre 1961), car l'OAS pensait que sa disparition interromprait le processus qui conduisait à l'indépendance de l'Algérie. Aux manifestations de l'OAS répondirent les manifestations d'Algériens partisans du FLN durement réprimées (17 octobre 1961) et celles des partisans de l'indépendance de l'Algérie dont certaines se terminèrent tragiquement (métro Charonne, 8 février 1962).

Un certain nombre de personnalités politiques apportèrent leur soutien à l'OAS. Peu à l'UNR où beaucoup sincèrement partisans de l'Algérie française comme le Premier ministre Michel Debré lui-même, étaient déchirés, mais firent passer d'abord leur fidélité à de Gaulle – Jacques Soustelle avait été exclu de l'UNR en avril 1960 –, davantage chez les modérés. 80 parlementaires votèrent un projet de loi appelé « l'amendement Valentin » (du nom de son auteur, député de la Charente) directement inspiré par l'OAS (9 novembre 1961).

Craignant d'être arrêtés, Jacques Soustelle et Georges Bidault, l'ancien président du Conseil national de la Résistance (CNR) qui avait rejoint les positions « ultra », passèrent dans la clandestinité. Le général Salan créa d'ailleurs un nouveau « Conseil national de la Résistance » à la tête duquel il plaça Georges Bidault (mars 1962). Pour une partie importante de la droite, de Gaulle était devenu l'adversaire, pire, l'ennemi.

Mais c'est surtout en Algérie que l'OAS développa son action : son objectif était de prendre le contrôle de la population européenne, ce qu'il réalisa progressivement. Il multiplia les attentats, les actes de terreur, les assassinats dont furent victimes des Européens libéraux et des musulmans. Ce fut une véritable « folie meurtrière » qui se développa au début de 1962 et qui creusa chaque jour davantage le fossé de haine entre les deux communautés.

• *La situation dramatique en Algérie*

Les accords d'Évian avaient prévu qu'entre la proclamation du cessez-le-feu le 19 mars et le référendum sur l'autodétermination en Algérie le 1er juillet, l'Algérie resterait sous la souveraineté française représentée par un haut-commissaire (qui fut Christian Fouchet), assisté d'un *exécutif provisoire* composé de neuf musulmans et de trois Européens. L'OAS profita de cette période d'interrègne pour essayer de soulever les Européens d'Algérie et son combat prit pour cible les forces de l'ordre françaises. Les deux événements les plus dramatiques furent l'insurrection du quartier de *Bab el-Oued* (23 mars) et la fusillade de la rue d'Isly (26 mars).

Devant l'échec de cette initiative, l'OAS (bientôt privée de son chef, le général Salan fut arrêté le 20 avril) redoubla d'attentats, de meurtres, voulant interdire aux Européens de quitter l'Algérie, puis devant l'impossibilité d'empêcher leur fuite vers la métropole, elle entendit pratiquer la politique de la « terre brûlée », par exemple la bibliothèque de l'université d'Alger fut incendiée, et finalement elle abandonna le combat en Algérie à la fin du mois de juin.

• *L'approbation des accords d'Évian*

Pendant que l'anarchie et le chaos déclenchés par l'OAS rendaient inapplicable une partie des dispositions des accords d'Évian, les Français les approuvaient massivement par référendum.

Le vote oui avait trois significations : l'approbation des accords, l'hostilité à l'OAS et le soutien au général de Gaulle. Nonobstant ce troisième aspect, les partis de gauche avaient appelé à voter oui (y compris le Parti communiste), sauf le PSU qui avait recommandé le vote blanc, ce qui explique dans une certaine mesure le nombre important des votes blancs et nuls. Seule l'extrême droite proche des « activistes » avait préconisé de voter non et les résultats du référendum démontrèrent son peu d'importance numérique, d'autant qu'elle avait été rejointe par une fraction de la droite : le Centre national des indépendants n'avait pas en fait donné de consignes de vote, ce qui signifiait une hostilité aux accords d'Évian et à la personne du général de Gaulle qu'il n'osait pas poursuivre jusqu'à sa fin logique.

Résultats du référendum du 8 avril 1962

Inscrits	26 991 743		
Abstentions	6 589 837	soit 24,4	%
Blancs et nuls	1 098 238	soit 4	%
OUI	17 508 607	soit 90	% des suffrages exprimés
NON	1 795 061	soit 9,3	% des suffrages exprimés

• *La reconnaissance de l'indépendance de l'Algérie*

Elle eut lieu le 3 juillet 1962 après le référendum d'autodétermination en Algérie le 1er juillet 1962 (99,72 % de oui en faveur de l'indépendance !).

Ainsi se terminait le conflit majeur supporté par la France de l'après-guerre qui devait laisser derrière lui, après avoir profondément troublé la conscience nationale, des déchirements profonds et durables, entretenus par le retour en quelques semaines, et dans des conditions souvent dramatiques, d'un million d'Européens d'Algérie accompagnés de 150 000 harkis et de leurs familles, tandis que tant d'autres de ces supplétifs de l'armée française étaient massacrés par leurs compatriotes.

La décolonisation de l'Afrique noire

Avant même que la décolonisation de l'Algérie ne soit arrivée à son terme, celle de l'Afrique s'était achevée de façon infiniment moins dramatique. L'absence d'une population européenne nombreuse avait rendu la question plus simple à régler.

La loi-cadre Defferre de 1956 avait préparé l'évolution de l'Afrique noire vers une certaine autonomie et de Gaulle était bien décidé à poursuivre dans cette voie. En 1958, on avait abouti à la création de *la Communauté*, prévue par le titre XII de la Constitution. *Les territoires d'Outre-mer (TOM)* pouvaient conserver leurs statuts antérieurs, mais s'ils le souhaitaient, par décision de leurs assemblées territoriales, ils pouvaient devenir *États membres de la Communauté* ; ils jouissaient de l'autonomie et s'administraient eux-mêmes, mais toute une série de questions restaient du *domaine communautaire* ; en particulier la politique étrangère, la Défense, la monnaie, la politique économique et financière, l'Enseignement, la Justice.

Le président de la République française était *président de la Communauté*, assisté d'un *Conseil exécutif de la Communauté* (Premier ministre, chefs des gouvernements de chacun des États membres, et ministres chargés des affaires communes de la Communauté), et d'un *Sénat de la Communauté* (délégués du Parlement français et des Assemblées législatives des États membres).

Il avait été décidé que le référendum du 28 septembre 1958 devait être décompté, territoire par territoire, pour les territoires d'Outre-mer, la réponse oui signifiant le souhait d'appartenir à la Communauté, la réponse non l'indépendance immédiate, mais avec rupture des liens avec la France. Au mois d'août 1958 de Gaulle entreprit une grande tournée en Afrique noire pour présenter la nouvelle Constitution. Il fut partout accueilli avec enthousiasme, sauf en Guinée et à Dakar. Seule toutefois la *Guinée*, à l'appel de Sekou Touré, vota massivement non (95 %) et devint immédiatement indépendante. Tous les autres territoires d'Outre-mer votèrent oui.

Les plus petits de ces territoires conservèrent le statut de *territoire d'Outre-mer* : Côte française des Somalis, Comores, Nouvelle-Calédonie, Polynésie, îles Wallis et Futuna, Saint-Pierre et Miquelon.

Les territoires africains et Madagascar choisirent le statut d'*États membres de la Communauté* : Madagascar, Mauritanie, Sénégal, Mali (Soudan), Côte-d'Ivoire, Dahomey, Haute-Volta, Niger, Centrafrique, Congo-Brazzaville, Gabon, Tchad.

Mais dans la pratique la volonté d'indépendance était trop forte chez les Africains pour que la Communauté puisse véritablement fonctionner. Les hauts-commissaires représentant le président de la République en particulier donnaient l'impression d'avoir conservé la réalité du pouvoir, ce qui ne pouvait être supporté longtemps. Ainsi, deux ans plus tard, la *loi constitutionnelle* votée le *4 juin 1960* modifia l'article 86 de la Constitution et permit ainsi aux États membres de la Communauté de devenir indépendants sans rupture avec la France : entre le mois de juin et le mois de novembre 1960, *tous les États africains et Madagascar devinrent indépendants.*

Les 15 États nouveaux (en y ajoutant les anciens territoires sous tutelle, *le Cameroun et le Togo* qui accédèrent également à l'indépendance en 1960), étaient désormais souverains et furent admis à l'ONU. La plupart d'entre eux signèrent des accords de coopération avec la France et les institutions de la Communauté tombèrent en désuétude avant même d'avoir existé véritablement.

En 1961, de Gaulle constatait que la Communauté n'existait plus. Mais l'évolution de l'Afrique vers l'indépendance renforçait ainsi, sur le plan international, la position de la France affaiblie par les problèmes de l'Algérie.

La crise de 1962 et l'élection du président de la République au suffrage universel

L'Élysée, centre du pouvoir

Entre les deux lectures possibles de la Constitution, un président de la République « arbitre » et un président de la République, véritable chef du gouvernement, la guerre d'Algérie avait tranché. Les événements avaient considérablement renforcé les pouvoirs du chef de l'État. Même en dehors de la période d'application de l'article 16 que le général de Gaulle prolongea d'avril au 30 septembre 1961, c'est-à-dire bien après que le putsch des généraux ait été vaincu, le centre du pouvoir fut à l'Élysée. Dans la pratique un véritable « domaine réservé » s'était constitué comprenant tous les grands problèmes que le général de Gaulle entendait traiter lui-même (Algérie, défense, politique étrangère...). Pour cela il avait rassemblé autour de lui un important cabinet composé d'experts, de conseillers..., qui supervisait l'action des ministres en poste. Ceux-ci apparaissaient comme des exécutants, de même que le Premier ministre, Michel Debré, même s'il déployait une activité considérable et s'il lui arrivait de tenter d'infléchir les décisions du président de la République. Il apparut très rapidement que dans la pensée du général de Gaulle, le Premier ministre était l'homme du Président. Son interprétation de la Constitution interdisait toute *dyarchie* à la tête de l'État.

D'ailleurs la plupart des grandes décisions étaient annoncées par le président de la République au cours des allocutions radio-télévisées et des *conférences de presse* qu'il tenait régulièrement. Les référendums avaient pour objectif de vérifier le lien direct entre le peuple et le Président. Les voyages, fort nombreux, dans les départements appartenaient aussi à cette liturgie qui ne cessait de le placer en évidence.

En revanche les ministres qui estimaient qu'il n'était pas assez tenu compte d'eux ou qui contestaient la politique du général de Gaulle étaient brutalement renvoyés : ce fut le cas en janvier 1960 d'Antoine Pinay remplacé par un haut fonctionnaire, le gouverneur de la Banque de France, Wilfrid Baumgartner. Ce fut le cas le mois suivant (février 1960) pour Jacques Soustelle et Bernard Cornut-Gentile en désaccord sur la politique algérienne.

D'ailleurs le Premier ministre en usait de même et changeait souvent les ministres. En trois ans et demi de gouvernement Debré, on vit successivement 3 ministres de l'Agriculture, 3 à l'Intérieur, 3 à l'Information, 3 aux Finances et 4 à l'Éducation nationale. La tendance était de remplacer les parlementaires par des hauts fonctionnaires.

L'opposition parlementaire

• *Le dédain de l'Assemblée nationale*

Malgré la très forte majorité dont le gouvernement semblait disposer, de Gaulle considérait l'Assemblée nationale comme le refuge des partis politiques. Or il estimait qu'ils avaient été une des causes du mauvais fonctionnement de la IVe République et qu'il fallait en réduire la place, même si leur existence était indispensable. D'ailleurs au fur et à mesure de l'évolution de la question algérienne, des oppositions de plus en plus vives se manifestèrent à l'Assemblée, même si la très grande majorité des parlementaires considéraient qu'il était nécessaire d'attendre le règlement de la question algérienne pour manifester leur mauvaise humeur envers les méthodes de gouvernement du général de Gaulle. Celui-ci était de son côté convaincu que, suivant son expression, il faudrait en « découdre » avec les parlementaires.

En attendant, il interprétait la Constitution à sa fantaisie et quand en mars 1960 une majorité de députés réclama la convocation du Parlement à propos des problèmes agricoles, de Gaulle refusa sous un prétexte quelconque, ce qui était parfaitement contraire à la Constitution.

• *Le Sénat, chambre d'opposition au gaullisme*

Quant au *Sénat* élu en octobre 1959, en raison d'un corps électoral qui donnait la première place aux élus locaux parmi lesquels les gaullistes étaient peu nombreux, sa composition était très proche de celle du Conseil de la République de la IVe République. La majorité du Sénat était très différente de celle de l'Assemblée, l'influence du gaullisme y était faible et la gauche bien davantage représentée. D'ailleurs toute une série de grands noms de la IVe République, battus lors des élections à l'Assemblée nationale, y avaient trouvé refuge, François Mitterrand, Gaston Defferre, Edgar Faure, Jacques Duclos... Tout naturellement le Sénat conserva à sa tête son président, le radical Gaston Monnerville, alors que l'Assemblée nationale avait choisi comme président un gaulliste, Jacques Chaban-Delmas. Même s'il ne s'exprima pas immédiatement, le conflit était latent entre la majorité du Sénat et le pouvoir.

Lorsque la guerre d'Algérie se termina, avec une Assemblée nationale où les virtualités d'opposition apparaissaient de plus en plus nettement et un Sénat bien peu gaulliste, les conditions étaient mûres pour qu'à la première occasion une crise éclate.

Le changement de gouvernement

Convaincu qu'il fallait prendre les devants, le Premier ministre souhaitait procéder à des élections anticipées, dans le prolongement du référendum sur les accords d'Évian. De Gaulle estima, lui, que des élections faites dans ces conditions donneraient des résultats équivoques et qu'il était préférable de montrer qu'une page était tournée en changeant de gouvernement : *le 14 avril 1962, Michel Debré remettait sa démission*, et le jour même de Gaulle désignait comme nouveau Premier ministre, *Georges Pompidou*, qui n'était pas parlementaire et à peu près inconnu du grand public. Il soulignait ainsi que le gouvernement n'était aucunement dans la dépendance du Parlement.

La mauvaise humeur de l'Assemblée fut donc fort visible quand Georges Pompidou se présenta le 26 avril devant elle ; il n'obtint que 259 voix contre 128 et 119 abstentions. Seuls l'UNR, un quart des indépendants et la moitié du MRP avaient voté pour le nouveau gouvernement.

La croissance des oppositions

Lors d'une conférence de presse le *15 mai 1962* consacrée à la *construction européenne*, de Gaulle réaffirma son choix en faveur d'une *Europe des États*, et il se moqua cruellement des partisans de l'intégration européenne en se demandant ce qu'auraient été Goethe, Chateaubriand ou Dante s'exprimant « en quelque esperanto ou volapük intégré ». Résultat : les cinq ministres MPR, qui n'avaient pas été avertis de cette sortie, démissionnaient derrière leur chef de file Pierre Pflimlin. L'opposition des socialistes et des radicaux favorables à l'Europe trouva un nouvel aliment. Le 13 juin, 293 députés – presque tous les membres de l'Assemblée en dehors de l'UNR et des communistes – signaient un « manifeste européen ». En fait, en dehors des députés gaullistes, l'opposition rassemblait la totalité de l'Assemblée, y compris beaucoup de ceux qui, en 1958, s'étaient fait élire en se réclamant du général de Gaulle.

De Gaulle n'épargna pas non plus « les officiers perdus » de l'OAS. Alors que l'exode des Européens d'Algérie s'amplifiait (à la fin du mois d'août, ils étaient 700 000 à avoir franchi la mer – on avait prévu qu'ils seraient 350 000 en quatre ou cinq ans !), il fut extrêmement difficile de lui arracher la commutation de la condamnation à la peine de mort du numéro deux de l'OAS, le *général Jouhaud.* Il manifesta une vive colère lorsque le Haut-Tribunal militaire trouva des circonstances atténuantes au *général Salan*, ne le condamnant qu'à la détention à perpétuité (23 mai). Quatre jours plus tard, le Haut-Tribunal militaire était supprimé et remplacé par une *Cour militaire de Justice.*

La rigueur du général de Gaulle n'était pas, là aussi, de nature à lui concilier des parlementaires qui s'estimaient véritablement provoqués.

L'élection du président de la République au suffrage universel

• *La nécessité de renforcer l'institution présidentielle*

Pour éviter le retour à l'avant-scène des partis, il fallait que le président de la République dispose d'une assise populaire plus importante en étant élu au suffrage universel. Ce n'était pas nécessaire pour lui-même – compte tenu de sa *légitimité historique* –, mais ce serait indispensable à son successeur pour que la Constitution puisse continuer à fonctionner comme il l'avait établie.

De Gaulle y pensait depuis longtemps ; néanmoins une élection au suffrage universel n'avait été envisageable ni en 1946 puisque, compte tenu de l'existence de l'Union française, les Français métropolitains auraient été en minorité dans le corps électoral, ni en 1958, puisque le président de la République était en même temps président de la Communauté. Au surplus, en raison des souvenirs attachés à l'élection d'un président au suffrage universel (Louis-Napoléon Bonaparte en 1848 !), les circonstances ne s'y prêtaient guère, alors que tout un secteur de l'opinion accusait déjà de Gaulle de tendre à la dictature. La disparition de la Communauté, l'évolution de l'Algérie vers l'indépendance, la nécessité de conforter le pouvoir de son successeur, le retour en force des partis, conduisirent de Gaulle, à partir de 1961, à vouloir cette réforme.

L'attentat fomenté par l'OAS contre lui le 22 août 1962 au Petit-Clamart, accéléra sa décision : le problème de la succession pouvait se poser beaucoup plus rapidement que prévu.

Une semaine plus tard, à l'issue du Conseil des ministres, le projet de modification de la Constitution était annoncé, et le 20 septembre, de Gaulle précisait dans une allocution que cette modification de la Constitution se ferait par référendum.

• *Une procédure anticonstitutionnelle ?*

La crise qui couvait entre de Gaulle et les forces politiques allait brutalement éclater pour deux raisons : une raison de fond, beaucoup de parlementaires estimaient que l'équilibre constitutionnel serait rompu par cette élection au suffrage universel en donnant une autorité excessive au chef de l'État et que c'était donc une évolution vers le *pouvoir personnel*, et une raison de forme : le choix de la *procédure référendaire.*

Le titre XIV de la Constitution énonçait les conditions d'une éventuelle révision, soit le vote du projet en termes identiques pour les deux assemblées, suivi d'un référendum, soit le vote du projet à la majorité des trois cinquièmes par le Parlement réuni en *Congrès* (c'est-à-dire Assemblée nationale plus Sénat). Or le président de la République préféra utiliser l'article 11 prévoyant qu'il pouvait soumettre au référendum « tout projet de loi portant sur l'organisation des pouvoirs publics ».

Pourquoi ce choix ? Parce que par la procédure normale de révision, et compte tenu en particulier de la composition du Sénat, le président de la République n'avait guère de chances de faire passer son projet.

Mais l'utilisation de l'article 11 était-elle légale ? La plupart des juristes affirmaient que non. C'était sans aucun doute « une conception très extensive de la Constitution de 1958 » (Jean Touchard, *Le Gaullisme*, 1978).

• *La bataille politique*

C'est donc très largement sur le terrain de la violation de la Constitution que la bataille politique s'engagea. Gaston Monnerville, président du Sénat, dénonça une « violation délibérée », « outrageante » de la Constitution, et accusa le Premier ministre de « forfaiture », l'accusation la plus grave que l'on puisse lancer contre un responsable politique. Le 5 octobre, à l'Assemblée nationale, à l'initiative de Paul Reynaud, pourtant très proche du général de Gaulle, une *motion de censure* du gouvernement fut votée par 280 voix (la majorité absolue était de 241 depuis qu'il n'y avait plus lieu que siègent les députés d'Algérie).

Le gouvernement Pompidou était renversé : la grande bataille entre les forces politiques (en dehors de l'UNR) et de Gaulle, bataille différée depuis 1958, était engagée.

De Gaulle riposta par la dissolution de l'Assemblée nationale, et par le choix du 28 octobre pour le référendum sur l'élection du président de la République au suffrage universel, et des 18 et 25 novembre pour les élections législatives.

• *La riposte du général de Gaulle : le référendum du 28 octobre 1962*

Tandis que seule l'UNR faisait campagne pour le oui, toutes les forces politiques appelaient à voter non : le Parti communiste d'un côté, et de l'autre les socialistes, les radicaux, le MRP, les indépendants, regroupés dans un *« cartel des non »* pour « la défense des principes républicains, contre le pouvoir personnel ».

De Gaulle avait au cours de la campagne averti qu'il se retirerait si la réponse était négative, mais également si une majorité de oui était « faible, médiocre, aléatoire ».

Le vote était positif – et après réflexion –, de Gaulle ne le considéra pas comme « médiocre ».

Néanmoins, le vote oui n'avait pas obtenu la majorité absolue des inscrits (46,4 %), et pour la première fois depuis 1958 un certain nombre de départements avaient voté majoritairement non (14, dont 13 situés dans le Midi, plus le département de l'Allier).

Résultats du référendum du 28 octobre 1962

Inscrits	27 582 113		
Abstentions	6 280 297	soit 22,7	%
Blancs et nuls	559 758	soit 2	%
OUI	12 809 363	soit 61,7	% des suffrages exprimés
NON	7 932 695	soit 38,2	% des suffrages exprimés

Les élections des 18 et 25 novembre 1962 et la défaite de l'opposition

Vaincu lors du référendum, le « cartel des non » pouvait espérer prendre sa revanche lors des élections législatives, mais – contrairement à ce qu'il avait fait en 1958 – de Gaulle participa directement à la bataille électorale, en en faisant une suite logique du référendum, et il lui donna très précisément le *caractère d'un règlement de compte avec les partis politiques.*

André Malraux avait créé une *Association pour la Ve République* qui, dans chaque circonscription, donna l'investiture à un candidat fidèle à de Gaulle, la plupart du temps un gaulliste (UNR ou UDT, *Union démocratique du Travail* rassemblant des gaullistes de gauche), mais aussi quelquefois un indépendant ou un MRP.

Du côté du « cartel des non » on réalisa l'unité de candidature dans plusieurs circonscriptions depuis les socialistes jusqu'aux indépendants, mais cette cohésion fut mise à mal par la décision de Guy Mollet d'accepter au second tour des désistements entre socialistes et communistes, estimant qu'il valait mieux davantage de députés communistes qu'une majorité pour la Ve République.

Résultats du 1er tour des élections de 1962 (18 novembre)

Inscrits	27 535 019		
Abstentions	8 603 266	soit 31,2	% des inscrits
Blancs et nuls	601 747	soit 2,1	% des inscrits
Parti communiste	3 992 431	soit 21,7	% des suffrages exprimés
Extrême gauche (PSU)	449 743	soit 2,4	% des suffrages exprimés
SFIO	2 319 662	soit 12,6	% des suffrages exprimés
Radicalisme	1 384 498	soit 7,5	% des suffrages exprimés
MRP	1 635 452	soit 8,9	% des suffrages exprimés
UNR-UDT	5 847 403	soit 31,9	% des suffrages exprimés
Républicains indépendants[1]	798 092	soit 4,4	% des suffrages exprimés
Modérés	1 742 523	soit 9,6	% des suffrages exprimés
Extrême droite	159 682	soit 0,9	% des suffrages exprimés

1. Les républicains indépendants étaient des modérés restés fidèles à de Gaulle et qui s'étaient rassemblés autour du jeune Valéry Giscard d'Estaing – il a alors 36 ans – ministre des Finances depuis janvier 1962.

Outre un fort taux d'abstentions, une fraction des électeurs jugeant qu'elle avait fait une fois de plus l'essentiel en appuyant le général de Gaulle lors du référendum, le principal caractère du scrutin était le véritable raz de marée tout à fait imprévu qui s'était manifesté en faveur de l'UNR. Avec près de 32 % des suffrages exprimés, elle battait un record dans l'histoire parlementaire de la France, aucune formation n'ayant jamais dépassé la barre des 30 % (le Parti communiste avait atteint 28 % en novembre 1946).

Le Parti communiste avait connu une sensible reprise, au moins en pourcentage, guère en voix, parce que, comme c'était le cas à cette époque, l'électorat communiste était moins porté à l'abstention que les autres électorats. Les partis du cartel des non, eux, subissaient une terrible défaite, principalement les modérés qui perdaient le tiers de leurs suffrages. Les électeurs de droite avaient abandonné ceux qui avaient joué l'Algérie française contre de

Gaulle, l'extrême droite, elle aussi, était écrasée, les députés UNR qui avaient quitté les rangs gaullistes pendant la crise algérienne, comme Pascal Arrighi, tous les leaders « activistes » comme Jean-Marie Le Pen étaient battus. Des personnalités de premier plan comme Paul Reynaud et Pierre Mendès France avaient été également éliminés dès le premier tour.

Le second tour ne pouvait – en raison du système majoritaire – qu'amplifier la tendance du premier tour.

Résultats du 2e tour des élections de 1962 (25 novembre)

Communistes	41
Socialistes	66
Radicaux Centre Gauche (Rassemblement démocratique)	42
MRP	38
UNR-UDT	233
Républicains indépendants	20
Modérés	32
Non inscrits	10
	482[1]

1. L'Assemblée nationale comprend, en 1962, 465 députés métropolitains et 17 députés des territoires et départements d'Outre-mer.

Grâce aux désistements de type « Front populaire », les communistes et les socialistes renforçaient sensiblement leur représentation parlementaire, les radicaux se maintenaient à un niveau modeste, le MRP et surtout les modérés étaient réduits à peu de chose, la victoire revenait de façon décisive à l'UNR qui frôlait la majorité absolue (233 sièges pour 242), et qui la dépassait avec le concours de ses alliés républicains indépendants. Seule ombre au tableau, l'ancien Premier ministre, Michel Debré, avait été battu dans l'Indre-et-Loire.

Le directeur du journal *Le Monde*, Hubert Beuve-Méry (Sirius) commentait : « Cette guerre qu'à tous risques, il a imposée, le général-président vient de la gagner. »

La réforme de 1962 donnait tout son sens à la Constitution de 1958. Plus qu'en 1958 peut-être, c'est en 1962 que la Ve République a été fondée.

Chapitre V

La République gaullienne (1962-1969)

En 1962, le général de Gaulle était véritablement maître du jeu. La décolonisation terminée, une majorité sans failles à l'Assemblée nationale, un deuxième gouvernement Pompidou reconstitué aussitôt après les élections et bien convaincu de n'être là que pour exécuter la politique voulue par le président de la République, de Gaulle pouvait réaliser son objectif essentiel, *rendre à la France son rang*. Il n'avait d'ailleurs pas attendu 1962 et la fin des difficultés algériennes pour entreprendre le redressement économique qui était pour lui la condition indispensable d'une grande politique extérieure.

Croissance économique et indépendance nationale

À la recherche de la puissance économique

Les problèmes économiques étaient devenus pour de Gaulle une préoccupation beaucoup plus importante lorsqu'il est revenu au pouvoir en 1958 qu'il n'avait pu sembler dans les périodes antérieures. À plusieurs reprises, il l'a affirmé avec force, par exemple le 31 décembre 1964 : « Le progrès est la condition de notre indépendance » ou encore le 13 décembre 1965 : « Il faut que le peuple français soit prospère. Il le faut parce que, s'il n'est pas prospère, la France (...) ne pourrait pas jouer son rôle dans le monde d'aujourd'hui », ajoutant encore : « Aujourd'hui, ou plus exactement depuis que je suis revenu, depuis sept ans, c'est l'économie qui me paraît l'emporter sur tout le reste, parce qu'elle est la condition de tout, et en particulier du progrès social. »

• *Le legs de la IVe République*

De Gaulle a souvent insisté sur l'état économique et financier dans lequel se trouvait la France par la faute de la IVe République, lorsqu'il est revenu au pouvoir. En réalité, s'il est vrai que du fait de la guerre d'Algérie, la situation financière était très mauvaise, les « caisses étaient vides », comme l'a dit le général de Gaulle, la croissance économique avait déjà commencé sous la IVe République. Depuis 1953-1954, la France avait connu un rythme de croissance soutenu (5 % en moyenne pendant la décennie des années cinquante). Un certain nombre de mesures de remise en ordre avaient été également prises par les deux derniers ministres des Finances de la IVe République, Félix Gaillard et Pierre Pflimlin.

Il n'empêche qu'avec un déficit budgétaire considérable, une balance des paiements également déficitaire, des réserves de devises en voie d'épuisement, la situation était très mauvaise, et de Gaulle entendait pour commencer restaurer l'équilibre budgétaire et stabiliser la valeur du franc.

• *Une politique à trois volets*

Une commission d'experts dirigée par Jacques Rueff prépara un plan d'ensemble qui, à la fin de 1958, fut imposé au ministre des Finances, Antoine Pinay, réticent face à certaines mesures. Cette politique comprit trois volets. La *stabilisation du franc* par une forte dévaluation (17,55 %) et la création d'une nouvelle monnaie, le *nouveau franc* (1 franc nouveau correspondait à 100 francs anciens) à partir du 1er janvier 1960. Ce changement de monnaie n'avait pas d'effet économique ou financier direct, mais symboliquement il devait marquer la fin de l'affaiblissement du franc, et lui rendre le prestige des monnaies fortes.

Deuxième volet, la *recherche de l'équilibre budgétaire* par la diminution des dépenses (salaires des fonctionnaires, retraite des anciens combattants, subventions,...) et l'accroissement des recettes par l'augmentation des impôts.

Troisième volet, la *lutte contre l'inflation* par la suppression de toutes les indexations salariales (sauf pour le SMIG) et agricoles.

En outre, l'économie française était ouverte à la concurrence : conformément aux engagements pris dans le cadre du traité de Rome sur l'Europe, la libération des échanges dans le cadre du Marché commun était quasi totale (90 %) et la convertibilité de la monnaie était rétablie.

• *Une opposition latente du Parti socialiste*

Ce plan de rigueur qui touchait d'une façon ou d'une autre à peu près toutes les catégories sociales souleva de très fortes oppositions : assez curieusement une des mesures les plus critiquées fut la suppression de la retraite des anciens combattants qui était largement de caractère symbolique. Guy Mollet et les ministres socialistes voulurent immédiatement quitter un gouvernement dont la politique était, à leurs yeux, anti-sociale. Ils acceptèrent de différer leur décision dans la mesure où à la fin de 1958 le gouvernement n'avait plus que quelques jours à vivre puisque de Gaulle allait devenir président de la République. Ce fut le premier pas du Parti socialiste vers l'opposition.

• *L'envol économique de la France*

Sur ces bases, et malgré la continuation de la guerre d'Algérie, le rétablissement financier et économique fut assez spectaculaire jusqu'en 1962 : retour à l'équilibre budgétaire, inflation contrôlée se traduisant par une faible hausse du coût de la vie et des salaires, bonne tenue du franc, rentrée importante de devises. Dès 1959 la balance commerciale était positive (+ 413 millions de dollars), alors qu'elle était négative l'année précédente (– 427,3 millions de dollars), la balance des paiements l'était encore davantage (+ 746 millions de dollars en 1959 contre – 275,6 millions de dollars en 1958).

Un « plan intérimaire » fut adopté (25 mai 1960) pour la période 1960-1961 qui fixa le rythme d'expansion de l'économie française à 5,5 % par an.

Pendant près d'une dizaine d'années la France allait connaître la croissance la plus spectaculaire, la plus marquée et la plus longue de son histoire économique. Le taux d'investissement de l'économie française tendait à rejoindre, voire à dépasser en 1967 celui de l'Allemagne, donc de tous les pays de l'Europe occidentale.

Cette croissance française bénéficia de plusieurs facteurs favorables : le passage au pétrole, dont le prix était très faible, comme produit énergétique principal, le boom économique des pays du Marché commun et la reprise économique mondiale.

Ce contexte favorable ne doit pourtant pas diminuer l'importance de la performance française, dans la mesure où la France se plaçait dans le peloton de tête de la croissance. La politique gouvernementale n'y fut pas non plus pour rien. De Gaulle ne cessait d'insister sur l'importance du Plan (IVe Plan, 1961-1964), « ardente obligation » (8 mai 1961), « la grande ambition nationale » (29 décembre 1961). La France doit « épouser son temps », devait-il déclarer dans une conférence de presse (14 juin 1960).

Après 1962, effet paradoxal de la guerre d'Algérie, la croissance économique profita également de l'afflux des rapatriés d'Algérie. Après avoir souvent perdu une grande partie ou la totalité de leurs biens, ils s'insérèrent avec un grand dynamisme dans la société métropolitaine.

• *Les retombées sociales de la croissance*

En moyenne (nous verrons ci-dessous les distorsions sociales et leurs conséquences politiques), de 1949 à 1954, le revenu réel en francs constants, par tête, avant impôt, avait augmenté de 24 %, de 1954 à 1959 de 18 % et il allait doubler entre 1960 et 1978, suivant un rythme annuel de 4,5 % jusqu'en 1973, puis de 3,6 %. Le revenu disponible moyen d'un ménage passa de 43 000 francs en 1960 à 83 000 francs en 1978 (évalué en francs 1978).

Dans ses discours, de Gaulle ne cessait d'ailleurs de revenir sur ces succès économiques et leurs retombées sociales. « Un bébé qui vient au monde ce soir pourra, à partir de sa majorité, vivre deux fois mieux que ses parents vivent aujourd'hui », disait-il dans son allocution de fin d'année le 31 décembre 1964.

La définition d'une politique « d'indépendance nationale »

Fort du redressement économique de Gaulle pouvait construire ce qui lui tenait le plus à cœur, une politique étrangère fondée sur *l'indépendance nationale*. Le reproche fondamental qu'il faisait à la IVe République, c'était d'avoir compromis cette indépendance par l'*intégration* de la France dans le bloc américain et dans l'Europe…

Il entendait contester *la double hégémonie* russe et américaine, mais dans la mesure où la France se trouvait dans le camp américain, par la force des choses c'était l'hégémonie américaine que la politique française visait tout particulièrement. Les composantes de cette politique qui dans la réalité, ont formé un tout, peuvent être réparties entre plusieurs thèmes :

– une politique d'indépendance dans le domaine de la défense nationale ;
– le refus d'une politique européenne qui mettrait en cause la souveraineté de la France ;
– une politique mondiale d'équilibre entre les grandes puissances ;
– un soutien aux aspirations nationales dans le monde.

La défense nationale

• *Donner à la France les moyens de sa défense*

Les recherches militaires en matière nucléaire avaient commencé depuis 1950, et c'est sous le gouvernement Félix Gaillard en 1958 qu'avait été prise la décision de fabriquer une bombe atomique française, mais de Gaulle dès son arrivée au pouvoir fit augmenter les crédits nécessaires et accélérer les opérations. *Le 13 avril 1960*, la *première bombe* – une petite bombe, « la bombinette », disaient les adversaires de la politique atomique – explosait à Reggane, dans le Sahara. À partir de là pouvait être définie ce que serait la politique militaire française, une *politique de dissuasion* fondée sur une *force de frappe atomique.*

On comprend alors que la France ait refusé de s'associer au traité signé à Moscou le 5 août 1963 entre les États-Unis, l'Union soviétique et la Grande-Bretagne sur l'arrêt des expériences atomiques.

Parallèlement, de Gaulle refusa toute tentative d'intégrer la force atomique française dans une force multilatérale, quelle que soit la façon dont cela lui ait été présenté : au président américain John Kennedy et au Premier ministre britannique, Harold Macmillan qui lui proposèrent lors des entretiens de Nassau (îles Bahamas) (décembre 1962), la création immédiate d'une force nucléaire multilatérale, de Gaulle fit rapidement connaître son refus (14 janvier 1963).

• *Retirer les forces françaises de l'OTAN*

Ce retrait demeurait, toutefois, sa préoccupation principale. Si la guerre froide avait pu justifier cette participation – ce que de Gaulle ne croyait pas – les progrès de la détente lui enlevaient sa raison d'être même si la France n'entendait pas pour autant quitter l'Alliance atlantique. Le désengagement se fit très progressivement : notification le 7 mars 1959 au Conseil permanent de l'OTAN que les forces navales françaises en Méditerranée étaient retirées du commandement atlantique ; puis, en juin 1963, même décision pour les forces navales de la Manche et de l'Atlantique ; enfin, le 7 mars 1966, retrait de l'ensemble des forces militaires françaises de l'OTAN, et, en même temps, démantèlement des bases de l'OTAN installées sur le territoire français.

La France avait donc alors pleinement recouvré sa souveraineté militaire.

La politique européenne

• *Le refus d'une Europe supranationale*

S'il n'était pas hostile à l'idée européenne, de Gaulle n'admettait pas non plus celle d'une Europe intégrée, supra-nationale : « Il nous paraît essentiel que l'Europe soit l'Europe et que la France soit la France » (19 avril 1963).

Il avait d'ailleurs tenté de faire accepter par les partenaires européens ce qui a été appelé le *plan Fouchet* (début 1962), une *Union d'États*, avec un Conseil réunissant les chefs de gouvernement, une Assemblée européenne et une Commission politique européenne. Ce plan fut rejeté notamment par la Belgique et les Pays-Bas parce qu'il ne contenait aucune progression vers la supranationalité.

De Gaulle et l'Europe

Les principes ont été énoncés en 1960, dans les conférences de presse du 31 mai et du 5 septembre :

« Sans doute faut-il que les nations qui s'associent ne cessent pas d'être elles-mêmes et que la voie suivie soit celle d'une coopération organisée des États en attendant d'en venir, peut-être, à une imposante confédération. Mais la France, pour ce qui la concerne, a reconnu la nécessité de cette Europe d'Occident [...] qui apparaît aujourd'hui comme la condition indispensable de l'équilibre du monde. (31 mai).

« Quelles sont les réalités de l'Europe ? Quels sont les piliers sur lesquels on peut la bâtir ? [...] Se figurer qu'on peut bâtir quelque chose d'efficace pour l'action, et que ce soit approuvé par les peuples en dehors ou au-dessus des États, c'est une chimère... Il est vrai qu'on a pu instituer certains organismes plus ou moins extra ou supranationaux. Ces organismes ont leur valeur technique, mais n'ont pas et ne peuvent avoir d'autorité et d'efficacité politique.

« [...] Assurer la coopération régulière des États de l'Europe occidentale, c'est ce que la France considère comme étant souhaitable, possible, pratique dans le domaine politique, économique, culturel, et dans celui de la défense.

« Cela comporte quoi ? Cela comporte un concert organisé régulier, des gouvernements responsables, et puis le travail d'organismes spécialisés dans chacun des domaines communs et subordonnés aux gouvernements.

« Cela comporte la délibération périodique d'une assemblée qui soit formée par les délégués des Parlements nationaux et, à mon sens, cela doit comporter, le plus tôt possible, un solennel référendum européen de manière à donner à ce départ de l'Europe le caractère d'adhésion, d'intervention populaire qui lui est indispensable. » (5 septembre.)

Tiré de G. Dupeux, *La France de 1945 à 1969*, U2, Armand Colin, 1983.

• *« De l'Atlantique à l'Oural »*

En outre, pour de Gaulle, l'Europe ne devait pas se limiter à sa partie occidentale, une Europe artificielle, conséquence de la guerre, mais correspondre à l'Europe géographique, l'Europe de l'Atlantique à l'Oural, formule qu'il avait employée pour la première fois en 1950 et qu'il utilisa souvent par la suite. Certes, il ne pouvait ignorer le caractère utopique de cette proposition, mais qui pouvait préjuger de l'avenir ?

Pour l'immédiat, il était en fait partisan d'une sorte de condominium franco-allemand sur l'Europe. Il établit des relations étroites avec le chancelier allemand Adenauer, fit un voyage retentissant en Allemagne fédérale, et signa à Paris (22 janvier 1963) un *traité de coopération franco-allemand*, prévoyant des rencontres régulières à différents niveaux (chefs d'État, ministres des Affaires étrangères) entre Français et Allemands. Toutefois le chancelier Erhard lorsqu'il succéda à Adenauer (octobre 1963), manifesta peu d'enthousiasme pour cette politique, préférant très nettement des liens étroits avec les États-Unis. Avec peu de résultats, le traité franco-allemand avait surtout une valeur symbolique comme manifestation de l'amitié et de la réconciliation définitive de la France et de l'Allemagne.

Le rapprochement avec l'Allemagne alla de pair avec une manifestation de méfiance envers l'Angleterre. De Gaulle « admirait » l'Angleterre, mais estimait que dans les circonstances du moment, elle serait en Europe « le cheval de Troie » des États-Unis. Aussi lorsque les gouvernements britanniques longtemps hostiles au Marché commun souhaitèrent y entrer, par deux fois, de Gaulle au grand mécontentement des autres Européens opposa une brutale fin de non-recevoir, d'abord en janvier 1963, au conservateur Harold Macmillan, puis, en mai 1967, au travailliste Harold Wilson.

De Gaulle croyait profondément à ce que lui avait dit naguère Winston Churchill : « Sachez (...) que chaque fois qu'il nous faudra choisir entre l'Europe et le grand large, nous serons toujours pour le grand large. »

• *La crise de 1965*

Si, sur le plan politique, les progrès de l'Europe étaient bloqués, en revanche, de Gaulle se montra un ferme partisan de la construction européenne. Il joua un grand rôle dans l'extension du Marché commun à l'agriculture et dans l'adoption, plus rapide que prévue, d'une *politique agricole commune (accords de Bruxelles* de décembre 1963 fixant le principe d'établissement des prix européens pour les produits agricoles). Toutefois dans ce domaine comme dans les autres, de Gaulle veillait de très près à ce qu'il n'y eût pas de dérapage supranational. D'où la grave crise de 1965 à propos du financement de la politique agricole commune. La Commission de la Communauté économique européenne avait présenté un *Fonds européen d'orientation et de garantie*, alimenté par les États, mais géré en fait de façon supranationale. La France réagit par la *politique de la « chaise vide »*. Cette « crise de Bruxelles » s'acheva en janvier 1966 quand les partenaires de la France renoncèrent dans les faits à ce que les décisions concernant ce financement puissent être prises autrement qu'à l'unanimité.

La politique d'équilibre entre les grandes puissances

Le trait essentiel de la politique française dans ce domaine était la prise de distance par rapport aux États-Unis.

• *Le rapprochement avec l'Union soviétique*

Il devait tout d'abord contrebalancer l'influence américaine. En octobre 1959, Nikita Khrouchtchev était invité à venir en France où il séjourna du 23 mars au 3 avril 1960. « Vous voici donc ! Je puis vous assurer que nous sommes très contents » (général de Gaulle, Orly, 23 mars), et en juin 1966, ce fut au tour du Président français de se rendre en Union soviétique.

De Gaulle souhaitait aussi renforcer les contacts avec les autres pays socialistes, mais avec en plus l'idée de pousser à la désintégration du bloc soviétique. Ce fut en partie le sens des voyages en Pologne en septembre 1967, et en Roumanie en mai 1968.

La même politique conduisit la France, en janvier 1964, à reconnaître la Chine populaire au grand dam des États-Unis qui virent dans cette initiative un geste anti-américain.

• *La dégradation des rapports avec les États-Unis*

Elle fut progressive. Les relations avec le président Eisenhower avaient été cordiales : le voyage aux États-Unis du général de Gaulle en avril 1960 se déroula dans une excellente ambiance. Les rapports avec le président Kennedy (janvier 1961-novembre 1963) furent également assez bons : de Gaulle soutint fermement les États-Unis dans la crise de Cuba en octobre 1962. C'est sous la présidence de Lyndon Johnson, successeur de John Kennedy, que les relations franco-américaines se dégradèrent. Non seulement la France reconnaissait la Chine mais elle critiquait de plus en plus vivement la politique américaine en Asie du Sud-Est. Le 1er septembre 1966, dans la capitale du Cambodge, de Gaulle condamna fortement l'intervention américaine au Viêtnam et demanda qu'on laisse les Asiatiques régler leurs conflits entre eux. Ce *discours de Pnom Penh* suscita une véritable exaspération aux États-Unis.

Un nouveau pas dans l'escalade anti-américaine fut franchi avec la lutte engagée par la France contre la suprématie du dollar.

Le système monétaire international était dans la pratique fondé sur la primauté du dollar. Tant que le dollar avait été fort et stable, et l'économie américaine dominante (les États-Unis assuraient la moitié de la production mondiale en 1945 !), le système était sans inconvénients. Mais dans les années soixante l'importance économique relative des États-Unis avait diminué et le déficit de sa balance des paiements ne cessait d'augmenter, déficit facilement couvert par l'augmentation des émissions de dollars. Les États-Unis « exportaient » ainsi leur inflation. De Gaulle parla même de « fausse monnaie », et voulut remettre en cause la suprématie du dollar. Il s'agissait d'entamer le monopole de la monnaie américaine *en revenant à l'or*. De Gaulle suivait là les conseils de son principal inspirateur dans ce domaine, Jacques Rueff. Non content de célébrer « l'immuabilité, l'impartialité, l'universalité qui sont les privilèges de l'or » (27 novembre 1967), il proposait que la France vende ses dollars pour acheter de l'or. Pour l'opinion américaine, cette mesure, même si la France ne put guère entraîner ses partenaires européens dans ce combat, fit figure d'une véritable agression contre le dollar.

Le soutien aux aspirations nationales dans le monde

De Gaulle entendait également redonner sa place à la France dans le monde et ébranler l'emprise américaine, ce qui souvent revenait au même.

Redonner sa place à la France, c'était d'abord apporter son aide à ceux qui en avaient besoin. Ainsi de Gaulle déclarait-il en janvier 1965, de retour d'une tournée en Amérique du Sud : « La coopération est désormais une grande ambition de la France. » Pendant cette période en effet, de tous les pays du monde ce fut la France qui consacra la plus grande part de son revenu national à la coopération. D'abord en Afrique, en Afrique du Nord et en Afrique noire, où cette politique fut menée très activement mais aussi en Amérique latine où elle fut préparée par un voyage au Mexique (mars 1964) et par une très longue tournée en Amérique du Sud du 20 septembre au 16 octobre 1964. Là, il ne s'agissait pas seulement d'aider des pays en difficulté, mais de conforter les volontés d'indépendance par rapport aux États-Unis.

Le même état d'esprit domine le voyage du président de la République au Canada (23-26 juillet 1967) au cours duquel il parla aux Québécois de « la prépondérance d'influences qui leur sont étrangères ». Et pour marquer sa solidarité avec le mouvement indépendantiste du Québec, de Gaulle s'écriait du balcon de l'hôtel de ville de Montréal : « Vive le Québec libre ! » Le mécontentement des autorités canadiennes le conduisit à mettre immédiatement un terme à son voyage.

On peut rattacher à cette politique l'attitude du général de Gaulle envers Israël. Depuis sa création, en 1948, le jeune État entretenait avec la France des relations d'amitié. Il avait la faveur de l'opinion publique et de Gaulle manifestait une grande estime pour David Ben Gourion, Premier ministre d'Israël jusqu'en 1963. Pourtant, quand éclate, en juin 1967, la guerre des Six Jours, il prend une position nettement hostile à Israël. La France déclare un embargo sur toute livraison d'armes au Proche-Orient, mesure qui vise avant tout Israël, et vote la condamnation de l'État hébreu à l'ONU. Quelques mois plus tard, le Président français qualifie Israël de « peuple d'élite, sûr de lui-même et dominateur » (27 novembre 1967). Propos louangeurs, expliquera-t-il plus tard, mais qui ne sont compris comme tels ni par l'opinion publique en France, ni en Israël. Ce qui peut apparaître comme un brusque revirement politique tient probablement tout à la fois au refus israélien de suivre les conseils du Général de ne pas ouvrir les hostilités, à la volonté de faire pièce aux États-Unis, de plus en plus liés à Israël, à celle aussi de sauvegarder ou d'accroître l'influence française dans le monde arabe.

Il est peu contestable que de Gaulle a réalisé la grande politique extérieure qui était son but ultime. Utilisant son immense prestige, il avait su conforter « l'indépendance » française, replacer la France parmi les nations qui comptaient, participer à l'ébranlement du système bipolaire en combattant sans relâche le découpage du monde tel qu'il l'attribuait (à tort) à la conférence de Yalta, en fustigeant avec une particulière vigueur une institution comme l'ONU, « le machin ».

Dans la pratique, cette politique avait plus irrité les États-Unis et subsidiairement l'Union soviétique – de Gaulle ne cacha jamais ses sentiments envers ce qu'il appelait le système « totalitaire » soviétique – qu'elle n'avait eu d'effets réels sur les affaires du monde. Cette irritation était même devenue si forte aux États-Unis que dans les milieux officiels on laissait courir presque ouvertement des bruits suivant lesquels, sinon de Gaulle, du moins des personnes de son entourage, étaient des espions soviétiques ! Elle était également loin d'avoir fait l'unanimité en France même. On lui reprochait :

– de relancer le nationalisme français et de nourrir le nationalisme des autres, sous prétexte de défendre l'indépendance française ;
– d'affaiblir surtout le bloc atlantique par sa croisade contre la double hégémonie ;
– d'être inconséquente en refusant l'entrée de la Grande-Bretagne dans une Europe qu'on souhaitait par ailleurs agrandir jusqu'à l'Oural et vouloir se rapprocher de l'URSS, tout en développant un vigoureux anticommunisme à l'intérieur…

Comme l'a écrit Raymond Aron : « Si l'on convient de définir l'indépendance par les désaccords avec les alliés, la France de la Ve République jouit à n'en pas douter d'une indépendance à laquelle n'aspirait pas la République d'hier » (*Le Figaro*, 2 octobre 1963).

Ce n'était évidemment pas l'avis du général de Gaulle : le 20 mars 1964, il déclarait à la Guadeloupe : « La situation internationale de notre pays est plus brillante, plus assurée qu'elle ne fut jamais. Nous sommes une grande Nation. »

L'élection présidentielle de 1965

Maître du jeu à la suite de sa double victoire de 1962, le général de Gaulle devait pourtant, dès 1965, faire face à une échéance électorale : *l'élection présidentielle, la première au suffrage universel.* Personne ne savait d'ailleurs – et probablement pas de Gaulle lui-même – s'il y serait candidat. Pour une partie de l'opinion, le dénouement de l'affaire algérienne rendait moins indispensable sa présence à la tête de la France.

Mis à part les communistes, résolument hostiles – et sensiblement affaiblis depuis 1958 –, la gauche s'était dans un premier temps assez largement ralliée à de Gaulle, notamment à sa politique algérienne. C'était sur sa droite que de Gaulle avait trouvé ses adversaires les plus déterminés allant jusqu'à tenter à plusieurs reprises de l'assassiner. Cette droite « activiste » ou proche des activistes avait été écrasée aux élections de 1962 : désormais le gaullisme occupait à peu près tout le terrain électoral de droite. C'était donc surtout au centre et à gauche que l'opposition au gaullisme pouvait reprendre force.

La montée des mécontentements

L'opposition allait trouver des forces nouvelles en manifestant ses désaccords dans deux domaines, la *politique étrangère*, la *politique économique et sociale*. À quoi s'ajoutaient les critiques déjà anciennes sur la *pratique politique* du général de Gaulle.

• *La critique de la politique étrangère*

La politique étrangère gaulliste, on l'a vu, rompait progressivement avec plusieurs tendances traditionnelles : la solidarité sans failles avec les États-Unis, l'antisoviétisme militant, la politique d'extension de la Communauté européenne. Cela n'allait pas sans des heurts très vifs. Ainsi la rupture des « Européens » avec de Gaulle, illustrée par la démission des ministres MRP du gouvernement Pompidou. Or cette sensibilité européenne, on la retrouvait chez une partie des socialistes, des radicaux et des modérés. Réserves partagées aussi par la plupart des analystes reconnus de politique étrangère (Raymond Aron, Alfred Grosser,...).

Reste l'opinion : un sondage de mai 1964 montrait que 47 % des Français étaient satisfaits de la politique étrangère, contre 24 % de mécontents et 29 % sans opinion.

• *L'agitation des agriculteurs*

En revanche, l'hostilité était beaucoup plus forte envers la politique économique et sociale qui recueillait 47 % de mécontents dans le même sondage.

Les « fruits » de la croissance – qui ne sont en général pas immédiatement sensibles – ne se répercutaient pas de façon égale sur l'ensemble des groupes socioprofessionnels et cette disparité était particulièrement sensible pour ceux qui en profitaient moins, qui n'en profitaient pas, voire qui en étaient les victimes. Des enquêtes montrent d'ailleurs que, entre 1956 et 1965, les inégalités de niveau de vie sont restées les mêmes.

Ce fut du côté du monde paysan que surgirent les premières grandes difficultés.

Depuis le début des années cinquante l'agriculture française avait connu une véritable révolution technique avec la multiplication des tracteurs et des machines agricoles, l'augmentation considérable de l'emploi des engrais, des insecticides, et des aliments concentrés pour le bétail…, d'où une progression très rapide de la production agricole. Mais ces dépenses d'équipement ou de fonctionnement trop lourdes pour les petites exploitations, entraînaient une réduction rapide de la population agricole, insuffisante toutefois pour assurer des revenus convenables à l'ensemble des agriculteurs restants. Cette situation avait déjà donné lieu à d'importantes manifestations paysannes sous la IVe République.

Quant aux solutions, elles étaient l'objet de violentes controverses entre les dirigeants de la FNSEA (*Fédération nationale des syndicats d'exploitants agricoles*), pour qui l'essentiel était le *maintien des prix agricoles* et ceux du CNJA (*Centre national des jeunes agriculteurs*) souvent issus des milieux chrétiens proches du MRP, qui penchaient en faveur d'importantes *réformes de structure.*

Les débuts de la Ve République connurent à leur tour d'importantes manifestations agricoles en particulier de 1960 à 1962, barrages de routes, pressions sur les députés pour obtenir la convocation de l'Assemblée nationale en session extraordinaire, ce que refusa de Gaulle (mars 1960), déversement de produits invendus dans les rues des villes, prise d'assaut de la sous-préfecture de Morlaix en juin 1961.

De Gaulle hésitait entre une politique traditionnelle et une politique de transformation en profondeur du monde agricole. Même quand il fut acquis à la nécessité de la modernisation, il disait son émotion de voir « s'estomper cette société campagnarde, installée depuis toujours dans ses constantes occupations et encadrée par ses traditions » (*Mémoires d'Espoir*, p. 164).

Ainsi, dans un premier temps, le ministère de l'Agriculture avait été confié à des représentants de la tradition conservatrice, Roger Houdet (juin 1958-mai 1959) et Henri Rochereau (mai 1959-août 1961), puis à Edgar Pisani (août 1961-janvier 1966), un préfet radical rallié au gaullisme et qui voulut réaliser d'importantes transformations structurelles de l'agriculture.

En fait, depuis 1960, le Premier ministre, Michel Debré, décidé à apporter son soutien aux rénovateurs, avait fait voter la *loi d'orientation agricole du 5 août 1960*, complétée par la *loi Pisani* d'août 1962. L'objectif était d'amener, à terme, les revenus des exploitants et des salariés agricoles à rejoindre ceux des autres catégories sociales. Pour cela il fallait transformer les structures des exploitations et celles de la commercialisation des produits. Une série d'organismes furent créés à cet effet : le FORMA (*Fonds d'orientation et de régularisation des prix agricoles*), les SAFER (*Sociétés d'aménagement foncier et d'établissement rural*), le FASASA (*Fonds d'action sociale pour l'amélioration des structures agricoles*) qui en versant une indemnité viagère de départ aux vieux agriculteurs (IVD) permettait à de jeunes agriculteurs de trouver les terres nécessaires.

• *Une importante agitation dans les services publics et la fonction publique*

La contestation s'explique par l'augmentation plus lente des salaires par rapport au secteur privé. De même, certaines activités, *l'extraction du charbon* en premier lieu, étaient particulièrement menacées par les changements économiques. En 1959 de Gaulle déclarait que « jamais il ne faudrait renoncer à notre charbon », mais dès le début des années soixante ce secteur dut amorcer la baisse de sa production et de ses effectifs et freiner les augmentations de salaires. D'où un conflit social violent, le plus grave de cette période.

Dès 1962, une grève avait éclaté à Decazeville, un bassin particulièrement menacé, mais c'est le 1er mars 1963, que la grève générale des houillères commençait. En fait les trois syndicats, CGT, FO, CFTC, n'étaient d'accord ni sur les modalités du mouvement ni sur ses objectifs immédiats (le niveau des salaires) ou lointains (l'avenir des houillères). Dès le 3 mars le gouvernement décidait la réquisition des mineurs, mesure dont le seul effet fut d'ajouter une revendication de plus, celle de la liberté syndicale. Cette grève quasi générale, qui devait durer jusqu'au 5 avril, suscita une vive sympathie dans une opinion restée sensible à la rudesse du métier de mineur, et provoqua une chute sans précédent de la popularité du général de Gaulle. Le nombre de satisfaits jusque-là situé entre 50 et 60 %, souvent même au-dessus, tomba, au moment de la grève des mineurs jusqu'à 43 %, les mécontents étant presque aussi nombreux. Ce fut aussi pendant cette période que le nombre de journées de grève fut le plus considérable, 5 994 000 journées perdues contre 1 901 000 en 1962 ou 2 497 000 en 1964.

La fonction publique, les services publics et les autres entreprises nationalisées, ne connurent pas de mouvement aussi spectaculaire. En revanche, il y eut de nombreux petits mouvements en général d'une journée qui perturbaient l'enseignement, la fonction publique, l'EDF ou les transports.

Pour répondre à cette situation une loi fut votée le 31 juillet 1963 rendant obligatoire un préavis de cinq jours avant toute grève dans le secteur public, et une commission présidée par un conseiller d'État, *la commission Toutée*, fut chargée d'étudier les modalités de discussion des salaires dans les entreprises publiques, mais le pouvoir ne manifesta guère pendant cette période une volonté de changer la société en profondeur : son idée ancienne de l'*association Capital-Travail* ne fut pratiquement jamais évoquée par de Gaulle.

Les milieux gaullistes avaient laissé entendre que 1963 serait « l'année sociale », mais la grève des mineurs exceptée, elle fut en fait dominée par la lutte contre l'inflation.

• *Le dérapage inflationniste et les conséquences du Plan de stabilisation*

La hausse des coûts salariaux de l'ordre de 10 % en 1961 alors que le Premier ministre, Michel Debré, estimait qu'elle n'aurait pas dû dépasser 4 %, l'augmentation des charges publiques et des prix des produits agricoles provoquée par la mise en œuvre des lois d'orientation, enfin et surtout la pression exercée sur les prix par la demande des rapatriés d'Algérie en biens d'équipement et en biens de consommation, entraînèrent une « surchauffe » de l'économie française. Depuis 1961, la hausse des prix de détail avait repris : de + 3,9 % en 1960, elle atteignait 5,8 en 1963.

Malgré la réticence du Premier ministre Georges Pompidou et l'hésitation de Valéry Giscard d'Estaing, ministre des Finances depuis janvier 1962, de Gaulle imposa un *plan de stabilisation*, présenté le 12 septembre 1963. Il prévoyait une réduction du déficit budgétaire, un freinage des investissements et de la production et un blocage des prix à la production.

Les résultats recherchés furent obtenus : ralentissement brusque de l'inflation (2,3 % en 1964, 2,5 % en 1965) ramenée à un taux inférieur à celui des pays voisins, décélération de la hausse des salaires, budgets en équilibre à partir de 1965, mais le prix en avait été un sérieux *ralentissement de l'expansion*, qui faisait réapparaître un phénomène à peu près disparu, le chômage. Dès 1965, il touchait plus de 100 000 personnes.

Les mécontentements dus à la situation économique et sociale donnaient à l'opposition des arguments et l'occasion de s'affirmer.

L'opposition et la préparation de l'élection présidentielle

Pour l'opposition l'action des partis habituels ne semblait plus adaptée aux circonstances, d'où deux démarches parallèles, d'une part diverses tentatives de dépasser les clivages traditionnels, d'autre part la création de toute une série de clubs.

• *Des laboratoires d'idées : les clubs*

Ils rassemblaient des intellectuels, des hauts fonctionnaires, des hommes politiques en rupture de parti, des syndicalistes, mais qui entendaient aussi, le cas échéant, s'engager dans l'action politique.

Certains clubs étaient déjà anciens, tel le *Club des Jacobins* fondé par Charles Hernu en 1950 et qui avait été un des creusets du mendésisme. Mais la plupart étaient nés depuis 1958, tel le *Club Jean Moulin*, le *cercle Tocqueville* à Lyon, le club *Démocratie nouvelle* à Marseille, la *Ligue pour le Combat républicain* fondée par François Mitterrand en 1959 après que l'UDSR se soit littéralement dissoute et que le PSA (*Parti socialiste autonome*) ait refusé son adhésion, le club *Citoyens 60* fondé par les chrétiens de *Vie nouvelle*. Dans ces clubs l'opposition renouvelait non seulement ses thèmes politiques, mais aussi ses cadres dirigeants dont beaucoup d'ailleurs se retrouvèrent plus tard dans le Parti socialiste. Tout naturellement ces clubs cherchèrent à confronter leurs idées et dans certains cas fusionnèrent. Ainsi en 1964 le Club des Jacobins de Charles Hernu fusionna avec la Ligue pour le Combat républicain de François Mitterrand, et après avoir absorbé une série de petits clubs, constitua la *Convention des Institutions républicaines* (CIR), où bien des années plus tard François Mitterrand recruta une bonne partie de ses collaborateurs.

Dans ces clubs une place souvent importante était tenue par des chrétiens de gauche, groupe *Vie nouvelle*, journal *Témoignage chrétien*, syndicalistes de la CFTC, et c'est par la médiation de ces groupes de pensée que se produisit un changement considérable dans la répartition des forces politiques en France avec le passage progressif vers le socialisme d'une partie significative de l'électorat catholique.

• *De nombreuses tentatives de dépasser les clivages politiques traditionnels*

Le MRP, à la suite de son congrès de La Baule en mai 1963, se déclara prêt à se saborder pour contribuer à la création d'une formation nouvelle. Il participa à un « comité d'études et de liaison des démocrates » aux côtés de radicaux et d'indépendants, en vue de constituer un grand rassemblement centriste. Mais le centre intéressait aussi les socialistes, et c'est de leur côté que vint la tentative la plus importante, celle de *Monsieur X, alias* Gaston Defferre.

• *La candidature de Monsieur X : l'échec d'une tentative de rénovation*

En septembre 1963, l'hebdomadaire *L'Express*, principal organe du mendésisme sous la IVe République, lançait une campagne pour déterminer quel serait le meilleur candidat de la gauche pour les élections présidentielles de 1965. Présenté sous le nom énigmatique de Monsieur X…, il apparut bientôt que le portrait était celui du député-maire SFIO de Marseille, Gaston Defferre. Âgé alors de 53 ans, plusieurs fois ministre sous la IVe République, auteur de la loi-cadre qui avait préparé la décolonisation de l'Afrique noire, souvent adversaire de Guy Mollet au sein du Parti socialiste, sa candidature avait été suscitée par les journalistes de *L'Express*, mais aussi par les dirigeants d'un certain nombre de clubs, tels le club Jean Moulin.

Le projet de Gaston Defferre était de rassembler la gauche et le centre derrière lui, sans le Parti communiste avec qui il n'envisageait pas de négocier, mais dont il escomptait le soutien. Toutefois la gauche et le centre devraient être préalablement rassemblés dans une structure nouvelle, une *Fédération démocrate socialiste*, la « grande fédération » qui irait des socialistes aux démocrates-chrétiens.

Pendant près de deux années, Gaston Defferre fit campagne à travers la France, mais il ne parvint pas à réaliser ce dépassement des clivages politiques traditionnels que les clubs et lui souhaitaient. Si la SFIO finalement le soutint, malgré les réticences de Guy Mollet qui était hostile à l'acceptation de fait de la prééminence présidentielle que comportait la démarche de Gaston Defferre, si les radicaux (Maurice Faure) étaient assez favorables, l'obstacle vint du MRP. D'accord sur le principe, le MRP qui ne voulait pas se couper des indépendants, rejetait le terme de socialiste dans le titre de la nouvelle fédération, ainsi d'ailleurs que la référence à la laïcité qu'exigeait la SFIO. Après diverses réunions, l'échec du projet fut définitif dans la nuit du 17 au 18 juin 1965 et entraîna le retrait de la candidature de Gaston Defferre (25 juin).

En définitive les efforts pour créer des structures politiques nouvelles n'avaient guère donné de résultats.

La campagne électorale

Moins de six mois avant l'élection présidentielle prévue pour le mois de décembre 1965 (5 et 19 décembre), il n'y avait plus de candidats en lice mis à part à l'extrême droite, *Jean-Louis Tixier-Vignancour*, ancien député des Basses-Pyrénées de 1956 à 1958, proche des poujadistes et ancien avocat de l'OAS, et au centre-droit *Pierre Marcilhacy*, un sénateur de la Charente peu connu et peu représentatif.

• *Le candidat unique de la gauche*

Le 9 septembre 1965, *François Mitterrand* annonçait sa candidature. Décision individuelle qui fut le point de départ d'une seconde carrière pour un homme qui revenait de loin. Après avoir été douze fois ministre de façon à peu près continue de 1947 à 1957, il avait été battu aux élections législatives de 1958, et surtout déconsidéré par *l'affaire de l'Observatoire* (le 16 octobre 1959 il avait dit avoir été victime d'un attentat dont il apparut bientôt qu'il en avait préalablement connu l'existence !). Même s'il avait pu faire sa rentrée en étant élu au Sénat le 26 avril 1959, puis revenir à l'Assemblée nationale lors des élections de 1962, François Mitterrand, plus ou moins tenu en suspicion par ses amis politiques, avait connu une difficile « traversée du désert ». Il n'en avait pas moins manifesté une opposition sans failles au gaullisme, dont il dénonçait la pratique politique comme celle du « coup d'État permanent » (c'est le titre de l'ouvrage qu'il publia en 1964).

C'est son relatif isolement qui allait favoriser sa candidature. Très rapidement la plupart des formations de gauche apportèrent leur concours à un homme qui ne paraissait pas un concurrent dangereux. Ce fut en particulier le cas de la SFIO où Guy Mollet préférait nettement la candidature de François Mitterrand à celle de Gaston Defferre. Il reçut également le soutien de très nombreux clubs, des radicaux, celui plus indécis du PSU et surtout celui du Parti communiste. Ce dernier appréciait une candidature qui se plaçait franchement à gauche et qui ne lançait pas d'exclusive à son égard.

• *Le candidat centriste et « européen »*

En revanche la position prise par François Mitterrand et le soutien du Parti communiste excluaient celui du MRP et du Centre national des indépendants (CNI). Après qu'Antoine Pinay eut refusé de se porter candidat, ce fut donc le président du MRP, *Jean Lecanuet*, qui le 19 octobre, annonçait sa candidature qui se voulait centriste et « européenne » et il obtenait le soutien d'une fraction des radicaux.

• *« De Gaulle ou le chaos »*

De Gaulle, quant à lui, après avoir fait durer l'attente autant qu'il le pouvait, faisait annoncer sa candidature le 4 novembre. Il se contentait de souligner dans un bref communiqué que son échec serait le signe de l'écroulement de son œuvre et d'un retour aux pires désastres, ce qui fut traduit par la formule : « Moi ou le chaos ».

Enfin l'obligation d'être parrainé par 100 parlementaires, conseillers généraux ou maires de 10 départements n'avait pas empêché une candidature de fantaisie, celle de *Marcel Barbu*.

À vrai dire trois candidats seulement comptaient, de Gaulle, François Mitterrand et Jean Lecanuet, et personne ne doutait que de Gaulle ne soit élu dès le premier tour (en octobre, c'était, selon un sondage, la conviction de 69 % des Français).

La campagne bien que brève modifia profondément ce pronostic.

• *L'entrée de la télévision dans la vie politique*

Cet élément devait jouer un rôle important. Alors que de Gaulle – sûr de sa victoire – négligeait d'utiliser tous les temps d'émission auxquels il avait droit, François Mitterrand et Jean Lecanuet pouvaient jouer de leur jeunesse, 49 et 45 ans, surtout par rapport aux 75 ans du général, et de la nouveauté de leur discours politique pour des téléspectateurs sevrés d'opposition, dans la mesure où « le pouvoir » se réservait jalousement la télévision en temps ordinaire. En outre, même si la télévision ne concernait pas encore l'ensemble des Français – il y avait 6 500 000 récepteurs en 1965, l'effet indirect de la révélation de l'existence d'une opposition, dans un pays où depuis 1962 elle était à peu près réduite au silence, ne pouvait avoir que des effets imprévus. Parti de 22 % des intentions de vote, François Mitterrand s'élevait à 27 %, mais le phénomène le plus inattendu fut la poussée de Jean Lecanuet, pratiquement inconnu hors des milieux politiques avant que sa candidature ne soit déposée, passant de 5 à 20 %.

La victoire difficile du général de Gaulle

Résultats du 1er tour de l'élection présidentielle (5 décembre 1965) (France métropolitaine et DOM-TOM)

Inscrits	28 913 422	
Abstentions	4 410 465	soit 15,25 % des inscrits
Blancs et nuls	248 403	soit 0,86 % des inscrits
Exprimés	24 454 554	soit 83,89 % des inscrits
De Gaulle	10 828 523	soit 44,65 % des suffrages exprimés
Mitterrand	7 694 403	soit 31,72 % des suffrages exprimés
Lecanuet	3 777 119	soit 15,57 % des suffrages exprimés
Tixier-Vignancour	1 260 208	soit 5,20 % des suffrages exprimés
Marcilhacy	415 018	soit 1,71 % des suffrages exprimés
Barbu	279 683	soit 1,15 % des suffrages exprimés

La participation au scrutin avait été massive : 14,99 % d'abstentions pour la France métropolitaine était le chiffre le plus bas jamais enregistré (15,06 pour le record précédent, lors du référendum de 1958), ce qui démentait l'apolitisme dont beaucoup d'observateurs taxaient à ce moment les Français.

La mise en ballottage du général de Gaulle fut une immense surprise en France comme à l'étranger.

Le « responsable » du ballottage était sans aucun doute Jean Lecanuet dont une grande partie des électeurs avaient été enlevés à de Gaulle. Quant à François Mitterrand, s'il faisait un score jugé également inespéré, il était encore assez loin d'avoir rassemblé la totalité de l'électorat de gauche estimé à 40 % en 1962.

En revanche les autres candidats, comme il était prévisible, n'avaient guère compté, et une fois de plus l'extrême droite avait montré sa faiblesse.

Sur le plan de la répartition géographique de l'électorat, une tendance déjà observée se confirmait, la moitié sud de la France penchait du côté de l'opposition, en particulier de gauche, la moitié nord vers le gaullisme, avec deux bastions très forts à l'est et à l'ouest.

LA POPULARITÉ DU GÉNÉRAL DE GAULLE DE 1959 À 1969

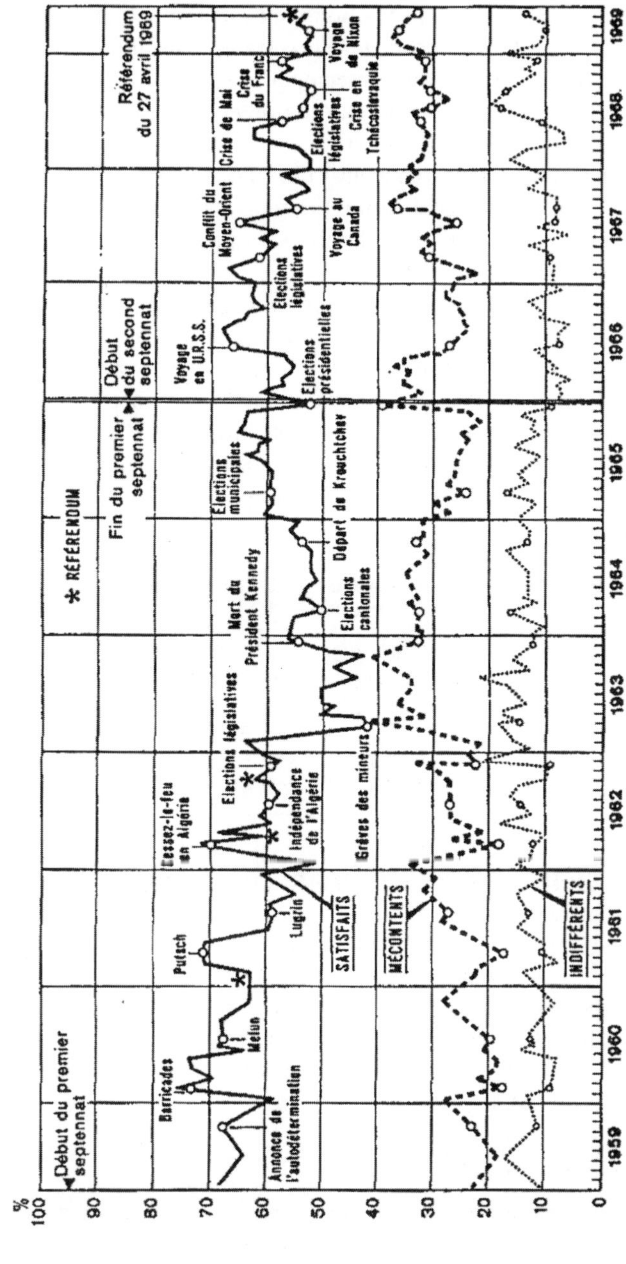

(Source : *Sondages*
Tiré de G. Dupeux, *La France de 1945 à 1969*, coll. U², Armand Colin, 1983.)

Comme l'avait prévu la loi de 1962, seuls les deux candidats les mieux placés au premier tour pouvaient rester en lice pour le second. Il faut d'ailleurs souligner que c'est une des dispositions qui ont le plus fait pour pousser la Ve République dans la voie de la *bipolarisation*, majorité et opposition.

Même si certains avaient pu s'interroger sur ce qu'il ferait, de Gaulle se maintenait et contrairement à son attitude précédente, il menait une campagne active, en particulier à la télévision.

Des candidats du premier tour Jean-Louis Tixier-Vignancour, par haine du général de Gaulle, se désistait pour François Mitterrand ainsi que Marcel Barbu ; Jean Lecanuet et Pierre Marcilhacy appelaient leurs électeurs *à ne pas voter* pour de Gaulle.

Comme il était prévu, de Gaulle l'emportait au second tour, grâce au report d'environ 60 % des voix de Jean Lecanuet, mais François Mitterrand avait fait un score considérable traduisant ainsi l'incontestable reflux du gaullisme. Beaucoup d'électeurs privés de leurs candidats du premier tour n'avaient pas hésité à se reporter sur le candidat de l'opposition.

L'opposition pouvait espérer dans ces conditions l'emporter lors des élections législatives prévues pour 1967. *Le Monde* l'annonçait dans son article de tête intitulé « Le troisième tour » (21 décembre 1965).

Les résultats du 2e tour de l'élection présidentielle (19 décembre 1965)

Inscrits	28 902 704	
Abstentions	4 530 057	soit 15,68 % des inscrits
Blancs et nuls	668 213	soit 2,31 % des inscrits
Exprimés	23 703 434	soit 82,01 % des inscrits
De Gaulle	13 083 699	soit 55,20 % des suffrages exprimés
Mitterrand	10 619 735	soit 44,80 % des suffrages exprimés

Les élections législatives de 1967

Quatorze mois seulement séparaient l'élection présidentielle de décembre 1965 des élections législatives de mars 1967. De Gaulle considérait que l'élection présidentielle ne pouvait être remise en cause par des élections législatives, mais la majorité au pouvoir ne pouvait se désintéresser de la nécessité de conserver une majorité parlementaire. Cette période ne fut donc qu'une longue campagne électorale.

La volonté d'ouverture

Comme il était de tradition, le gouvernement avait remis sa démission à la suite de l'élection présidentielle et un nouveau gouvernement fut constitué.

Le *troisième gouvernement Pompidou* ne fut pas considérablement modifié par rapport au précédent, mais il traduisit cependant un certain élargissement et une volonté de répondre aux mécontentements que les résultats de l'élection présidentielle avaient mis en valeur. Valéry Giscard d'Estaing rendu responsable des mauvais effets du *plan de stabilisation* de 1963, le ministère des Finances fut confié à Michel Debré, revenu au Parlement à la suite de son élection comme député de la Réunion en 1963 et qu'un retentissant débat radiophonique avec Pierre Mendès France avait mis en valeur pendant la campagne, celui de l'Agriculture à Edgar Faure, chargé de désarmer le mécontentement paysan qui avait fourni, semblait-il, le meilleur de son électorat à Jean Lecanuet, et un grand ministère des Affaires sociales fut créé pour Jean-Marcel Jeanneney, venu comme Edgar Faure des milieux radicaux, pour répondre aux mécontentements sociaux consécutifs au plan de stabilisation.

Les conséquences politiques de ce remaniement ne furent pas négligeables : Valéry Giscard d'Estaing, ulcéré de son éviction du ministère des Finances et qui avait refusé tout autre ministère, créa la *Fédération des républicains indépendants* (mars 1966) et commença à prendre ses distances avec le gaullisme, distances qu'il matérialisait quelques mois plus tard avec sa célèbre formule : « Oui, mais… » adressée à la majorité (10 janvier 1967).

Le Premier ministre Georges Pompidou n'entendait pas d'ailleurs laisser se développer cette fronde et constituait un *Comité d'action pour la Ve République* qui imposait, malgré les réticences de Giscard d'Estaing, l'unité de candidature dans la majorité pour les prochaines élections.

L'ouverture du gouvernement ne signifiait pas un quelconque abandon de la prééminence présidentielle : elle fut au contraire renforcée puisque le nouveau gouvernement, contrairement aux usages respectés jusque-là, n'éprouva pas le besoin de se présenter devant l'Assemblée nationale. Georges Pompidou se contenta d'une déclaration non suivie de vote au début de la session normale de l'Assemblée nationale en avril 1966, donc plus de trois mois après.

Les stratégies de l'opposition

Du côté des oppositions, la préparation de la campagne électorale consista à tirer les conséquences du scrutin de 1965.

• *Les tentatives de rassemblement*

À gauche, dès sa candidature à l'élection présidentielle François Mitterrand avait souhaité que les organisations qui le soutenaient se rassemblent dans une *Fédération de la gauche démocratique et socialiste* (FGDS) qui, contrairement à la « grande fédération » de Gaston Defferre, regroupait uniquement des formations de gauche, SFIO, radicaux, clubs, dont principalement la

Convention des institutions républicaines. La FGDS se donna un programme et institua un *contre-gouvernement* (à l'imitation du *Shadow Cabinet* britannique), formule qui rencontra peu de succès, mais sa principale activité fut d'investir un candidat unique par circonscription. Pour le second tour, la FGDS concluait un accord de désistement avec le Parti communiste en faveur du candidat le mieux placé (20 décembre 1966), complété par un autre accord avec le PSU. La stratégie de François Mitterrand était claire : il entendait « ancrer » la FGDS à gauche, empêcher les radicaux de regarder vers le centre et ne pas présenter d'exclusive envers le Parti communiste. Comme pour l'élection présidentielle, il rejetait l'hypothèse centriste au profit de l'hypothèse de gauche.

Au centre, sur la lancée de l'élection présidentielle, Jean Lecanuet entendait constituer également une nouvelle formation politique, qui regrouperait le MRP, les indépendants d'opposition, et un certain nombre de personnalités du centre-gauche, anciens UDSR comme Eugène Claudius-Petit ou radicaux comme Jacques Duhamel, c'est-à-dire ceux qui avaient soutenu sa candidature. Le *Centre démocrate* était créé le 2 février 1966, tandis que l'ancien MRP disparaissait. À l'inverse de la FGDS qui se voulait nettement à gauche, le Centre démocrate penchait vers la droite, une conséquence de l'échec de la grande formation centriste rêvée par Gaston Defferre.

Sans être proprement politique, un autre élément participa du climat de la campagne électorale, le *pacte d'unité d'action* conclu le 10 janvier 1966 entre la CGT et la CFDT, qui renforçait, en s'appuyant sur le mécontentement social, l'offensive menée par les partis de gauche contre un pouvoir gaulliste qui semblait affaibli.

• *Les thèmes de la campagne électorale*

Lutte contre le pouvoir « personnel » et l'injustice sociale d'un côté, défense des institutions de la Ve République, de la stabilité politique, de la prospérité économique, de la politique d'indépendance nationale, de l'autre, furent les thèmes d'une campagne marquée par de grands débats contradictoires entre Georges Pompidou et Pierre Mendès France à Grenoble, entre le Premier ministre et François Mitterrand à Nevers, et l'intervention du général de Gaulle, le samedi précédent les élections, pour appeler les électeurs à ne pas voter pour des oppositions « juxtaposées pour détruire ».

D'une victoire assurée au semi-échec

Comme pour l'élection présidentielle la participation avait été très élevée : le plus haut score pour des élections législatives depuis les débuts de la IVe République. Quant aux résultats, ils montraient deux vainqueurs, et deux déçus.

Résultats du 1er tour des élections de 1967 (5 mars 1967)
(France métropolitaine)

Inscrits	28 242 549	
Abstentions	5 331 710	soit 18,88 % des inscrits
Exprimés	22 389 474	soit 79,4 % des inscrits
Parti communiste	5 039 032	soit 22,51 % des suffrages exprimés
PSU	473 846	soit 2,12 % des suffrages exprimés
Divers extrême gauche	21 220	soit 0,09 % des suffrages exprimés
FGDS	4 231 173	soit 18,9 % des suffrages exprimés
Radicaux (non FGDS)	294 525	soit 1,32 % des suffrages exprimés
Centre démocrate	3 153 367	soit 14,09 % des suffrages exprimés
Modérés	435 455	soit 1,94 % des suffrages exprimés
Comité d'action pour la Ve République	8 608 959	soit 38,45 % des suffrages exprimés
Extrême droite	124 862	soit 0,56 % des suffrages exprimés
Divers	5 035	soit 0,02 % des suffrages exprimés

• *Les vainqueurs et les déçus*

Si la majorité gaulliste établissait un nouveau record en approchant des 40 % des voix et si le Parti communiste poursuivait sa remontée entreprise depuis 1958, en revanche, la FGDS – contrairement à ses espoirs – n'arrivait pas en tête de la gauche ; quant au Centre démocrate, il ne retrouvait pas les voix qui, à l'élection présidentielle, s'étaient portées sur Jean Lecanuet.

À vrai dire dans l'ensemble les forces politiques avaient manifesté une assez grande stabilité, et la conviction générale était que, du fait du système du scrutin majoritaire qui donne une forte prime à la formation arrivée en tête au premier tour, les gaullistes s'acheminaient sans grandes difficultés vers un nouveau succès. C'était oublier une seconde règle du scrutin majoritaire, que les désistements du second tour peuvent avoir un rôle décisif, surtout quand, comme c'était le cas du fait de la candidature unique du premier tour, les candidats investis par le Comité d'action pour Ve République ne pouvaient guère compter sur des renforts.

• *La victoire d'extrême justesse*

Sur un total de 487 députés, la majorité absolue était de 244. On le voit, les gaullistes et leurs alliés conservaient la majorité absolue de si extrême justesse qu'on avait pu croire un moment qu'ils l'avaient perdue. *L'Humanité* du 13 mars titrait : « Les gaullistes auraient perdu la majorité ».

Comment une victoire assurée s'était-elle transformée en semi-échec ?

Les raisons sont de trois ordres : devant la victoire annoncée une fois de plus du gaullisme, une partie de l'électorat s'était démobilisée et les votants avaient

Résultats du 2e tour des élections de 1967 (12 mars 1967)
(France métropolitaine, plus DOM-TOM)

Communistes	73
FGDS et apparentés	121
Centre démocrate (Groupe progrès et démocratie moderne)	41
Union des démocrates pour la Ve République	200
Républicains indépendants	44
Divers	8

été souvent moins nombreux qu'au premier tour ; deuxième raison, une fraction beaucoup plus importante que prévue d'électeurs centristes n'avait pas craint de porter ses suffrages sur les candidats de gauche, d'autant plus que c'était apparemment « sans risques » ; et troisième raison, la discipline de vote avait également beaucoup mieux fonctionné à gauche qu'il n'avait été envisagé, discipline facilitée par la politique conciliante du Parti communiste. Il n'avait pas craint de retirer une quinzaine de ses candidats au profit de « fédérés » qu'ils avaient pourtant dépassés au premier tour. L'effet d'épouvantail que devait avoir l'alliance FGDS-communistes avait assez peu joué : la politique du rapprochement que de Gaulle menait envers l'URSS ne pouvait manquer d'avoir des conséquences électorales, même si dans l'esprit du général il ne fallait pas confondre politique intérieure et politique extérieure.

Au surplus la volonté de *bipolariser* la vie politique française (un nouveau pas avait été franchi avec la disposition qui obligeait au retrait un candidat qui n'avait pas obtenu au moins 10 % des inscrits au premier tour, c'est-à-dire dans la pratique environ 12 % des exprimés), contribuait à ne laisser à l'électeur que le choix entre la gauche (quelle qu'elle soit) et la majorité. Le centre en effet sortait laminé, au niveau des sièges, de cette consultation, comme cela arrive en général dans les systèmes majoritaires.

La fragilité de la majorité déjà apparue lors de l'élection présidentielle se trouvait donc confirmée.

Un avertissement dédaigné

Ce double avertissement du corps électoral n'était pourtant pas de nature à modifier le comportement du général de Gaulle qui eut tendance au contraire à se raidir pour mieux affirmer la primauté du pouvoir présidentiel.

Cela se traduisit par :

• *La limitation du rôle du Parlement*

Un quatrième gouvernement Pompidou était formé après les élections, qui pas plus que le précédent, n'entendait se soumettre à un vote du Parlement.

De façon démonstrative, deux des ministres les plus importants et les plus proches du général de Gaulle, *Maurice Couve de Murville*, ministre des Affaires étrangères depuis juin 1958 et *Pierre Messmer*, ministre des Armées depuis février 1960, tous les deux battus aux élections, étaient maintenus dans leurs fonctions.

Pour ne pas subir les effets d'une guérilla parlementaire d'autant plus gênante que la majorité était très réduite, de Gaulle décida de faire procéder à toute une série de réformes économiques ou sociales par la voie des *ordonnances*. Cette procédure était conforme à l'article 38 de la Constitution, mais elle conduisait à un dessaisissement de l'Assemblée qui provoqua une hostilité sensible même dans la majorité (Edgar Pisani démissionna du gouvernement).

• *Une attitude encore plus intransigeante sur le plan international*

Ce fut successivement (voir ci-dessus) la condamnation d'Israël dans la guerre des Six Jours (juin 1967), l'éclat du « Vive le Québec libre » (juillet 1967), les considérations sur « Israël, peuple d'élite, sûr de lui-même et dominateur », ainsi que de nouvelles attaques contre le dollar (novembre 1967), des interventions qui surprirent ou scandalisèrent de larges fractions de l'opinion française. À la suite de l'affaire du Québec, Valéry Giscard d'Estaing blâma « l'exercice solitaire du pouvoir » (août 1967).

Malgré l'immense prestige du personnage historique, un fossé se creusait entre l'opinion et le chef de l'État, âgé maintenant de 77 ans. La crise de 1968 ne fut pas la conséquence de cette situation, mais elle éclata alors que le régime était sans aucun doute en état de moindre résistance.

La fin de la République gaullienne

La crise de mai 1968

• *La révolte étudiante*

La période de graves troubles du mois de mai 1968 débuta par une vive agitation étudiante. Depuis plusieurs mois, ce qu'on allait appeler les « groupuscules gauchistes », trotskystes, anarchistes, maoïstes... déployaient une grande activité à la *Faculté des Lettres de Nanterre*, de création récente. Un certain nombre de ces groupes se fédérèrent dans le *Mouvement du 22 mars* (date d'une occupation nocturne de la tour administrative) sous l'impulsion d'un étudiant en sociologie, Daniel Cohn-Bendit, et leur action conduisit à la fermeture de la Faculté de Nanterre le 2 mai.

Nanterre fermée, *l'agitation se transporta au quartier Latin* où le 3 mai se produisirent les premiers affrontements avec la police. Le processus provocation-répression qui s'enclenchait alors relança l'agitation tout au cours du mois, marquée par des moments de véritables émeutes que furent les *nuits des barricades*, essentiellement au quartier Latin – la première eut lieu dans la nuit du vendredi 10 au samedi 11, par l'occupation des locaux universitaires, en premier lieu la Sorbonne, et aussi le théâtre de l'Odéon qui devinrent les hauts lieux de la contestation. Des facultés, l'agitation avait gagné les lycées qui à leur tour entrèrent massivement dans le mouvement.

• *La crise sociale*

Le lundi 13 mai les syndicats se joignaient aux étudiants et aux lycéens pour organiser une très grande manifestation (de la République à la place Denfert-Rochereau) pour protester contre la « répression policière ».

À partir de ce moment, de façon spontanée, un énorme mouvement social accompagna la révolte étudiante. La première grève commença à l'usine Sud-Aviation de Nantes le 14 mai et en quelques jours le mouvement de grève gagna 10 millions de salariés dans tous les secteurs d'activité du pays. C'était la paralysie.

• *Le pouvoir désemparé*

La crise devint alors politique. Pendant longtemps le pouvoir n'avait pas pris conscience de la gravité des événements. Le 2 mai le Premier ministre était parti pour un voyage officiel en Iran et en Afghanistan, dont il ne rentra que le 11 mai. Le 14 mai le président de la République à son tour se rendait en Roumanie d'où il ne revenait que le 18. En leur absence les ministres firent preuve de beaucoup d'irrésolution sur la conduite à tenir devant un mouvement « insaisissable ».

Le 24 mai, de Gaulle tenta de reprendre la situation en main en annonçant *un référendum* sur un projet assez vague de participation, mais cette allocution n'eut aucune prise sur les événements.

À son tour, Georges Pompidou tenta de désarmer le mouvement social en engageant des négociations avec les organisations syndicales, et en particulier avec Georges Séguy, secrétaire général de la CGT *(négociations dites de Grenelle)*. Des augmentations considérables de salaires furent concédées, mais les grévistes rejetèrent cet accord (25 au 27 mai).

Le pouvoir sembla alors à bout de ressources, désemparé, vacant. Le 28 mai, François Mitterrand constatait que l'État avait disparu, qu'il fallait désigner un gouvernement provisoire dont il estimait que Pierre Mendès

France devrait prendre la tête, et il se portait candidat à la présidence de la République.

Le 29 mai, le Parti communiste – très en retrait jusqu'alors – organisait une manifestation très puissante où il réclamait un « gouvernement populaire ». Dans la même journée la crise atteignait son paroxysme quand on apprit *la disparition du général de Gaulle.* On apprit par la suite qu'il s'était rendu à Baden-Baden, quartier général des forces françaises en Allemagne pour s'y entretenir avec le général Massu. À l'heure actuelle les témoignages sont encore contradictoires sur les raisons d'un voyage inconnues du Premier ministre lui-même.

Le lendemain 30 mai, dans un *discours radiodiffusé*, de Gaulle, revenu à Paris, annonçait la dissolution de l'Assemblée nationale et en appelait à l'action civique pour défendre la République. Le soir une énorme manifestation gaulliste, préparée depuis plusieurs jours, mais sans savoir dans quel but, déferlait sur les Champs-Élysées.

Les forces politiques, mis à part les groupes gauchistes (élection-trahison), se ralliaient à l'idée des *élections prévues pour les 23 et 30 juin* ; les grèves cessaient progressivement, même si des manifestations et des incidents dont certains graves (un lycéen noyé à Flins, deux morts à Sochaux) eurent encore lieu, l'Odéon était évacué le 14 juin, la Sorbonne, le 16, après que *Le Monde* longtemps favorable au mouvement ait parlé à son propos de « bateau ivre ».

Mai 1968 : les interprétations

En reprenant l'article de Philippe Bénéton et Jean Touchard (« Les interprétations de la crise de mai-juin 1968 », in *Revue française de sciences politiques*, juin 1970) au moins huit types d'interprétation peuvent être énumérés :

• *L'entreprise de subversion.* La propagande gaulliste surtout dans la préparation des élections a beaucoup insisté sur le danger « totalitaire », sous-entendu communiste. En réalité les communistes ne furent en rien à l'origine du mouvement, et sauf le 29 mai, s'employèrent bien plus à le freiner qu'à l'encourager. Les « groupuscules » en revanche, très vigoureusement anticommunistes, « antistaliniens », rêvaient incontestablement de révolution et leurs buts étaient sans aucun doute politiques, mais ils étaient très divisés entre eux et sur la nature de la révolution qu'ils voulaient faire. De plus leur volonté de subversion n'explique pas l'écho incontestable qu'ils ont trouvé en milieu étudiant.

• *La crise de l'Université.* La sclérose et la rigidité de l'Université ont été mises en cause, mais la Faculté de Nanterre d'où est parti le mouvement était la plus ouverte aux réformes... Il faut plutôt chercher la raison dans la croissance extrêmement rapide du nombre des étudiants, dans leur répartition aberrante entre les disciplines et leur afflux incontrôlé vers des disciplines nouvelles comme la sociologie, dans la disproportion flagrante entre leur nombre et les débouchés existants, dans l'angoisse de l'échec pour beaucoup, d'autant que la réforme des études littéraires et scientifiques établie en juin 1966 par le ministre de l'Éducation nationale de 1962 à 1967, Christian Fouchet, en créant des filières rigides, manquait d'élasticité. Ceci explique la popularité des mots d'ordre contre la *sélection*. Néanmoins la crise n'a pas touché seulement l'Université française. Au même moment l'agitation était très vive dans les Universités japonaises, allemandes, américaines. Une explication qui ne prend en compte que les problèmes de l'Université française ne peut être que partielle.

• *Une révolte de la jeunesse.* Explication de caractère psychologique ou psychanalytique. Pour les uns, un immense défoulement de la jeunesse qui est passée subitement de l'ennui à la fièvre (un article célèbre – après coup – de Pierre Viansson-Ponté dans *Le Monde* du 15 mars 1968 était intitulé « Quand la France s'ennuie » !), un défoulement qui s'est traduit par la rupture des solitudes individuelles, le développement de la solidarité et surtout la libération de la parole : « marathon de la parole », a commenté Raymond Aron, pour les autres, la volonté de « tuer le père », l'irruption de la jeunesse dans une société qu'elle entendait contester, détruire. Mais le mouvement n'a guère touché la jeunesse autre qu'étudiante, en particulier la jeunesse ouvrière.

• *Une crise de civilisation.* C'est l'explication qui s'adapte le mieux au caractère international de la crise, la mise en cause d'une société sans valeurs, sans idéal, de la *société de consommation*, critique reprenant plus ou moins consciemment les analyses du philosophe américain Herbert Marcuse. Dès le mois de juin 1968, André Malraux diagnostiquait « une des crises les plus profondes que la civilisation ait connues ».

• *Un mouvement de type nouveau* qui mettait en cause la hiérarchie des fonctions et dont l'enjeu était la participation au pouvoir de décision, ce qui explique la place prise par les étudiants, les journalistes, les enseignants, les techniciens des bureaux d'études… Un conflit de classes, mais dont les acteurs auraient changé.

• *Un conflit social traditionnel*, provoqué par les difficultés économiques et sociales. L'année 1967 avait été en effet la plus mauvaise de la période. La consommation avait été freinée par la volonté de relancer les exportations au détriment de la consommation intérieure, de favoriser la croissance de la consommation de l'État au préjudice de la consommation privée, de rééquilibrer enfin les comptes de la Sécurité sociale, des entreprises publiques et d'encourager l'épargne.

Le résultat en fut une période d'affaissement de la consommation, donc une diminution de la croissance de la production, et une poussée du chômage. Jamais depuis longtemps la situation de l'emploi n'avait été aussi médiocre. Ces difficultés – qui étaient tout de même très relatives – avaient été provoquées par la décision du ministre de l'Économie et des Finances, Michel Debré, de lutter sans faiblesse contre l'inflation.

La crise de 1968 a certes bien revêtu l'aspect d'une explosion sociale, mais il faut remarquer que personne ne l'avait prévue, même si le Parti communiste a considéré – *a posteriori* – que ce fut le simple prolongement des luttes sociales des années précédentes, et au surplus cette interprétation n'explique pas que le mouvement ne soit absolument pas parti des entreprises, mais qu'il ait été un contrecoup du mouvement étudiant.

• *Une crise politique.* Malgré l'affaiblissement du gaullisme (cf. les élections de 1965 et de 1967) la popularité du général de Gaulle restait importante, celle de Georges Pompidou progressait régulièrement. On ne peut pourtant pas écarter des interprétations possibles, le sentiment de rejet du gaullisme très fort dans une large fraction de l'électorat dont les espoirs avaient été déçus jusque-là et qui trouva brusquement dans ce mouvement imprévu l'occasion de les réaliser. Sentiment qui anima beaucoup de participants, surtout d'un certain âge – plus que le « révolutionnarisme » des groupes gauchistes. En quelque sorte le mouvement apparut comme un substitut à une alternative de gauche peu crédible dans l'état actuel des choses.

En outre si certains analystes estiment que c'est la solidité des institutions qui explique l'échec du mouvement, d'autres au contraire sont d'avis que la crise avait montré que le régime ne reposait que sur la fermeté de son chef, en raison de l'effacement de tous les corps intermédiaires. Il avait suffi que le président de la République n'ait pu intervenir avec rigueur, parce qu'il distinguait mal ce qu'il fallait faire, pour que le régime tout entier ait failli être emporté.

• *Un enchaînement de circonstances.* Philippe Bénéton et Jean Touchard terminent la liste des interprétations possibles en s'interrogeant sur le rôle des circonstances et des hasards et ils énumèrent une longue liste d'événements ou de décisions qui auraient pu ne pas avoir lieu ou être différents et qui ont progressivement conduit la crise à son paroxysme : la création de Nanterre en 1964, la réforme Fouchet, les absences du Premier ministre et du président de la République, les décisions contradictoires prises par les responsables au cours des événements.

En définitive la seule conclusion possible est que la crise de 1968 n'a pas une clef unique, elle a été le résultat de causes diverses, qui ont conjugué leurs effets à un moment donné, pour provoquer ce formidable ébranlement de la société française.

• *L'explication du retournement de l'opinion*

Elle est en fait assez simple. Pendant plusieurs semaines, l'opinion avait vu avec une certaine sympathie le mouvement étudiant, ses aspects de fête et de romantisme, et désapprouvé les forces de police qui agissaient parfois avec excès. Mais progressivement la peur des violences, des incendies de voitures, avait pris le pas. En outre le mouvement apparaissait divisé. Les contradictions s'aggravaient entre gauchistes à la recherche d'une révolution mal définie, étudiants en quête de meilleures structures de l'Université, syndicalistes dont les uns voulaient obtenir des augmentations de salaire (CGT) et les autres des transformations des conditions de travail et de vie (CFDT), gauche non communiste qui s'apprêtait à occuper le pouvoir faisant foin de toute légalité et gauche communiste effleurée par l'idée que c'était peut-être *sa* révolution qui était en train de passer. En d'autres termes le renversement du pouvoir gaulliste risquait fort d'être le point de départ d'un extraordinaire chaos.

• *Le pouvoir sort renforcé de l'épreuve*

Le verdict du suffrage universel confirmait le retournement de l'opinion qui s'était brutalement manifesté le 30 mai.

Résultats des élections législatives de 1968 (1er tour- 23 juin 1968)
(France métropolitaine)

Inscrits	28 171 635	
Abstentions	5 631 892	soit 19,99 % des inscrits
Blancs et nuls	401 086	soit 1,42 % des inscrits
Exprimés	22 138 657	soit 78,58 % des inscrits
Communistes	4 435 357	soit 20,03 % des suffrages exprimés
PSU	874 212	soit 3,94 % des suffrages exprimés
FGDS	3 654 003	soit 16,50 % des suffrages exprimés
Divers gauches	163 679	soit 0,73 % des suffrages exprimés
Centre Progrès et Démocratie moderne (PDM)	2 290 165	soit 10,34 % des suffrages exprimés
UDR	9 663 605	soit 43,65 % des suffrages exprimés
Républicains indépendants	917 533	soit 4,14 % des suffrages exprimés
Divers, dont extrême droite	140 097	soit 0,7 % des suffrages exprimés

La gauche, considérée comme complice des événements par une partie de l'opinion et dont la campagne avait été défensive, subissait un net recul. Seul parmi les partis politiques, le PSU, qui s'était identifié avec le mouvement, avait mené une campagne combative et offensive sur les thèmes de mai 1968. Présentant trois fois plus de candidats qu'aux élections précédentes, il marquait une progression qui restait toutefois limitée ; il gagnait 1,82 % des suffrages exprimés. Cela ne suffisait pas à compenser les 5 % perdus par le reste de la gauche, à part à peu près égale pour le Parti communiste et par la FGDS. Avec au total 41,25 % des suffrages, la gauche se retrouvait à un niveau particulièrement bas.

Le centre n'avait guère été épargné non plus, même si on ne pouvait l'accuser de complicité, ni de responsabilités dans les événements, en dehors du fait que beaucoup de députés centristes avaient voté la censure du gouvernement dans un scrutin qui avait eu lieu le 22 mai.

Les électeurs s'étaient reportés massivement sur les formations qui leur semblaient les meilleurs défenseurs de l'ordre, les gaullistes qui avaient choisi encore un nouveau sigle, celui d'*UDR* (Union pour la défense de la République) et leurs alliés républicains indépendants. Les formations de la majorité dépassaient le score inégalé de 46 % des voix (en défalquant les voix d'un certain nombre de modérés qui n'appartenaient pas à la majorité). Cette poussée très forte en sa faveur permettait à l'UDR seule d'espérer conquérir la majorité absolue des sièges au second tour (elle avait d'ailleurs eu un très grand nombre d'élus dès le premier tour).

Le premier tour était d'autant plus confirmé par le second que dans les circonscriptions où l'on votait encore, la majorité gagna de nouveaux suffrages aux dépens de la gauche. Résultat : l'UDR à elle seule possédait et de loin la majorité absolue à l'Assemblée nationale. Avec l'aide des républicains indépendants également en progrès, la majorité disposait de plus de 72 % des sièges.

Résultats des élections législatives de 1968 (2e tour-30 juin 1968) (France métropolitaine et DOM-TOM)

Communistes et apparentés	34 sièges
FGDS	57 sièges
Centre progrès et démocratie moderne (et apparentés)	33 sièges
UDR et apparentés	293 sièges
Républicains indépendants	61 sièges
Non inscrits	9 sièges

Le départ du général de Gaulle

• *La leçon des événements de mai*

Mai 1968, qui avait failli voir la chute de la Ve République, s'achevait assez paradoxalement par une victoire sans précédent de la majorité gaulliste. Mais plus qu'une nouvelle victoire du général de Gaulle, il s'agissait surtout d'une très forte poussée conservatrice – on a souvent parlé avec quelque excès d'élections de la peur. L'autorité du général de Gaulle était en fait doublement atteinte, d'une part par les événements eux-mêmes et l'impression de faiblesse qu'il avait pu donner, ensuite par le fait que le Premier ministre. Georges Pompidou, plus que le président de la République, était apparu comme l'ultime rempart du régime. Là se trouve le plus sûrement l'explication de la décision du général de Gaulle de changer de Premier ministre. Maintenir Georges Pompidou, c'était accepter une « dyarchie », ce qui était toujours apparu au général de Gaulle comme contraire aux institutions qu'il avait mises en place.

Premier ministre depuis plus de 6 ans, un record pour les trois Républiques successives, Georges Pompidou était remplacé le 21 juillet par *Maurice Couve de Murville*. Cette décision était, sinon le début – l'entente entre les deux hommes n'avait pas été parfaite pendant les événements – du moins la manifestation d'un processus d'éloignement et de rupture entre de Gaulle et Georges Pompidou.

Le gouvernement Couve de Murville n'était d'ailleurs guère différent de celui de son prédécesseur qui avait été profondément remanié au cours du mois de mai, à la suite du départ de tous ceux qui avaient été particulièrement impliqués dans la crise, Alain Peyrefitte, ministre de l'Éducation nationale, Christian Fouchet, ministre de l'Intérieur…

Néanmoins de Gaulle avait tiré des événements la leçon que les Français souhaitaient être moins dirigés et davantage « participer » à leurs affaires, et il estimait que deux domaines exigeaient de profondes réformes, l'Université – qui n'était plus qu'un « champ de ruines » – et l'administration provinciale. Pour réaliser ces réformes, il avait fait choix de deux hommes, Edgar Faure, nommé ministre de l'Éducation nationale, et Jean-Marcel Jeanneney, ministre d'État chargé des réformes institutionnelles.

• *La réforme universitaire*

Menée « tambour battant » par Edgar Faure, elle fut adoptée par le Conseil des ministres le 19 septembre, elle était votée à l'Assemblée nationale le 12 novembre 1968, par 441 voix pour, 0 contre et 39 abstentions (les communistes et 6 UDR). À vrai dire une grande partie de l'UDR n'avait voté, que contrainte et forcée par de Gaulle, une réforme qui remplaçait les facultés d'antan par des *universités autonomes* (elles ne le seraient guère sur le plan financier !) composées d'UER (Unités d'enseignement et de recherche), et dont la gestion ne serait plus le fait des seuls professeurs, mais de l'ensemble des utilisateurs (enseignants des différents grades, personnels administratifs et étudiants). Cette *loi d'orientation de l'enseignement supérieur*, qui n'était en fait acceptée ni par les étudiants « gauchistes » ni par les conservateurs, permettait à l'enseignement supérieur de redémarrer, sans mettre fin pour autant à des troubles universitaires qui devaient durer encore près d'une dizaine d'années.

• *La réforme régionale*

Elle impliquait une véritable réforme constitutionnelle : en effet d'un côté elle créait des « régions », administrées par des conseils représentant à la fois les élus nationaux, cantonaux et municipaux de la région et les organisations professionnelles, chambres de commerce, organisations syndicales, associations diverses – c'était là aussi la mise en œuvre de l'idée de participation –, mais d'un autre côté de Gaulle et Jean-Marcel Jeanneney souhaitaient en profiter pour réformer le Sénat. De Gaulle avait toujours rencontré l'hostilité du Sénat, et cherchait à en finir avec cette institution et la remplacer par un nouveau Sénat, privé de rôle politique, composé sur le même modèle que les conseils régionaux.

Pour faire aboutir cette réforme, de Gaulle choisit la procédure référendaire : le référendum était le seul moyen possible – le Sénat n'aurait pas voté lui-même sa mort ! – et il avait l'avantage aux yeux du général de Gaulle de renouveler sa propre légitimité beaucoup plus que les élections de 1968. C'était revenir aux sources du gaullisme.

Néanmoins la procédure était extrêmement risquée si l'on songe que même les élections de 1968 n'avaient pas donné la majorité absolue en voix aux partisans du général de Gaulle, et que la complexité des questions posées ferait très largement de ce scrutin un vote pour ou contre le président de la République. De Gaulle se retrouvait dans la situation de 1962, « seul contre tous », mais dans des conditions bien différentes.

Le climat social et économique n'était pas bon ; l'inflation avait rapidement annulé une grande part des avantages acquis lors des négociations de Grenelle, les milieux d'affaires étaient ulcérés par le refus du général de Gaulle d'accepter une dévaluation qui leur paraissait nécessaire en novembre 1968.

Le climat politique n'était pas meilleur : à l'opposition évidente de la gauche qui pouvait espérer en appeler de sa défaite précédente, à l'opposition des centristes, menée vigoureusement par Jean Lecanuet, s'ajoutaient de graves incertitudes dans la majorité elle-même. Écarté du pouvoir, écarté de la présidence de la commission des Finances, Valéry Giscard d'Estaing aggravait ses critiques et passait à l'opposition en annonçant qu'il voterait non au référendum.

Les sénateurs de leur côté, souvent fort influents en province, menaient évidemment une campagne très active contre un projet qui visait à leur disparition.

À tous ces éléments négatifs, l'attitude de Georges Pompidou en ajouta un autre dont les effets psychologiques furent considérables. De passage à Rome le 17 janvier 1969, en réponse aux questions de journalistes, il indiquait qu'il serait candidat à la présidence de la République le jour venu. Quelles qu'aient été ses intentions véritables, cette déclaration conduisit beaucoup d'électeurs de la majorité – en particulier dans les secteurs les plus conservateurs – à estimer qu'une défaite du général de Gaulle ne serait pas une catastrophe dans la mesure où ils avaient avec Georges Pompidou un successeur en qui ils se reconnaissaient, en réalité, mieux.

Résultats du référedum du 27 avril 1969

Inscrits	29 392 390	
Abstentions	5 839 779	soit 19,87 % des inscrits
Exprimés	22 908 855	soit 77,94 % des inscrits
OUI	10 901 753	soit 47,59 % des suffrages exprimés
NON	12 007 102	soit 52,41 % des suffrages exprimés

• *Le non l'emportait nettement*

À 0 heure, de Gaulle faisait publier ce communiqué depuis Colombey-les-Deux-Églises : « Je cesse d'exercer mes fonctions de président de la République. Cette décision prend effet aujourd'hui à midi. »

Le général de Gaulle venait de mettre en pratique ce qu'il avait toujours dit, qu'il existait entre lui et les Français un pacte particulier dont les référendums, outre leur projet propre, permettaient de vérifier le maintien. Une réponse négative au référendum lui interdisait de pouvoir continuer sa mission.

De Gaulle devait mourir un peu moins de 18 mois plus tard à Colombey-les-Deux-Églises dans la soirée du 9 novembre 1970.

Sa mort provoquait une immense émotion dans le monde. « Un deuil planétaire », titrait *Le Monde* (12 novembre 1970). De partout, des amis, des partisans ou des adversaires, affluaient les messages célébrant « un géant parmi les hommes » (*Le Monde*, 12 novembre 1970).

Chapitre VI

La Ve République après de Gaulle

La Ve République était tellement identifiée à la personne du général de Gaulle qu'une question simple se posait au moment où le général quittait la vie politique. Pouvait-elle continuer sans lui ? Pouvait-il exister un après-de Gaulle dans le cadre de la Ve République, même avec un successeur « gaulliste » ? À terme proche ou plus éloigné, il était inévitable que s'y ajoutent deux autres questions : la Ve République pourrait-elle continuer si une personnalité non gaulliste accédait à la présidence de la République, ou mieux encore si c'était un adversaire des institutions de la Ve République ?

Les hasards ou la logique de l'Histoire firent que l'élection de chacun des trois présidents qui ont succédé à de Gaulle a permis de répondre successivement à ces questions. Georges Pompidou pour la première, Valéry Giscard d'Estaing pour la deuxième, François Mitterrand pour la troisième.

La présidence de Georges Pompidou (1969-1974)

L'élection présidentielle de 1969

• *Alain Poher assure l'intérim de la présidence de la République*

Un des textes soumis au référendum d'avril 1969 prévoyait que dorénavant *l'intérim* en cas de vacance de la présidence de la République serait exercé par le Premier ministre. En raison de la réponse négative, la procédure suivie devait être celle prévue par la Constitution : l'intérim étant exercé par le président du Sénat, qui possédait pendant cette période toutes les prérogatives du président de la République à l'exception du référendum et de la dissolution. En l'occurrence c'était donc *Alain Poher*, président du Sénat, qui devenait président de la République par intérim.

La situation était d'autant plus originale que le Sénat avait toujours eu de mauvais rapports avec le président de la République, même s'ils s'étaient un peu améliorés depuis qu'Alain Poher avait succédé en 1968 à Gaston Monnerville. Il n'en restait pas moins qu'il avait été une des têtes de file de la campagne pour le non au référendum et un des principaux artisans de la défaite du général de Gaulle. Par la force des choses il devait collaborer avec le gouvernement présidé par Maurice Couve de Murville. Deux ministres du général de Gaulle, André Malraux et René Capitant, refusaient d'ailleurs de siéger dans ces conditions et préféraient démissionner.

La date de la nouvelle élection présidentielle fut fixée au 1er juin 1969.

• *Le déroulement de la campagne électorale : la multiplicité des candidatures*

Pour la majorité, il ne faisait pas de doute que *Georges Pompidou* serait candidat, puisqu'il l'avait annoncé avant même que la présidence soit vacante. Très rapidement l'ensemble des gaullistes et de la majorité se regroupa autour de lui, même si le Premier ministre en exercice, Maurice Couve de Murville, manifestait quelques velléités de se présenter, ainsi d'ailleurs que Valéry Giscard d'Estaing. Dans la mesure où Georges Pompidou plaçait sa candidature sous le signe de « l'ouverture », il parvenait à obtenir le ralliement d'une fraction des centristes du *PDM* (*Progrès et Démocratie moderne*) autour de Jacques Duhamel, René Pleven et Joseph Fontanet.

Pour la *gauche*, l'élection présidentielle se présentait dans de mauvaises conditions. La crise de 1968 avait laissé des traces profondes. Considéré comme un des responsables de la défaite de la gauche lors des élections de juin 1968, François Mitterrand avait abandonné la présidence de la FGDS qui d'ailleurs se désagrégeait. Il siégeait même à l'Assemblée parmi les non-inscrits ! Trotskystes et PSU se disputaient l'héritage de 1968. Quant au Parti communiste qui n'avait jamais caché son hostilité aux « gauchistes », il se trouvait encore plus isolé à l'intérieur de la gauche à la suite de *l'invasion de la Tchécoslovaquie* le 21 août 1968 par les forces soviétiques et leurs alliés du pacte de Varsovie, même s'il avait manifesté sa « réprobation ». Le résultat fut une pluralité de candidatures de gauche, *Alain Krivine* présenté par une des formations trotskystes, la Ligue communiste, *Michel Rocard*, par le PSU, *Jacques Duclos* par le Parti communiste, *Gaston Defferre*, enfin, par le Parti socialiste. À vrai dire la candidature de Gaston Defferre qui s'inscrivait dans le droit fil de la tentative manquée avant les élections de 1965 de rassemblement des centres sous le nom de « la grande fédération », n'était guère soutenue par un Parti socialiste très divisé. Guy Mollet, quant à lui, estimait que la seule façon de battre le candidat gaulliste était de lui opposer un candidat du centre qui ne serait pas Gaston Defferre… À défaut d'Antoine Pinay, vivement sollicité, mais qui refusa de se présenter, ce fut finalement le président du Sénat, *Alain Poher* encouragé par des sondages favorables, qui se porta candidat au nom du *centrisme* antigaulliste, avec la conviction de recueillir au second tour une partie importante des voix de la gauche. Il apparut en effet rapidement – sondages à l'appui – que deux candidats devaient arriver en tête au premier tour, Alain Poher et Georges Pompidou.

• *Le succès éclatant de Georges Pompidou au 1er tour*

Un taux d'abstentions assez élevé, 7 % de plus qu'en 1965, montrait soit que l'élection n'avait pas passionné l'opinion, soit que les Français étaient saturés d'élections, le quatrième scrutin national en 38 mois, tous les neuf mois en moyenne ! Deuxième constatation : le rapport des forces politiques majorité-opposition ne s'était guère modifié – du moins en apparence (cf. ci-dessous) – depuis 1965.

Première conséquence, *Georges Pompidou* qui faisait mieux (en pourcentage) que de Gaulle en 1965 obtenait un éclatant succès : succès que les sondages avaient sous-estimé (ils ne lui donnaient en moyenne que 40 % des voix) et que les réticences d'un assez grand nombre de gaullistes auraient pu ternir. Depuis 1968 les rapports étaient en effet devenus très tendus entre le général de Gaulle et son ancien Premier ministre (différences d'appréciation considérables pendant la crise, impression que Georges Pompidou était devenu le vrai chef de la majorité lors des élections, affaire Markovic[2], surtout annonce par Georges Pompidou avant le référendum de 1969 qu'il serait candidat à la présidence de la République, si celle-ci était vacante). Par lettre privée, connue plus tard, le général de Gaulle avait fait savoir à Georges Pompidou qu'il approuvait sa candidature tout en continuant de lui reprocher sa déclaration intempestive de Rome.

Tout cela n'avait finalement que peu joué sur le scrutin.

Deuxième conséquence, *l'échec d'Alain Poher*. Contrairement à ce que lui avaient promis les premiers sondages, Alain Poher n'avait que peu mordu sur l'électorat de la majorité, davantage sur celui de la gauche socialiste.

2. Certains avaient voulu mêler Mme Pompidou à cette affaire crapuleuse jamais élucidée – du nom de l'ancien garde du corps de l'acteur Alain Delon. Georges Pompidou avait trouvé que le Général à cette occasion avait singulièrement manqué d'activité pour le mettre (lui et sa famille) hors de cause.

Quant à la gauche, elle obtenait globalement à peu près le même score que François Mitterrand en 1965, mais suivant une répartition très différente. PSU et trotskysme avaient montré une fois de plus les limites de leur force électorale. Gaston Defferre, abandonné par une partie importante de l'électorat socialiste, qui avait préféré voter directement pour Alain Poher, s'était littéralement « effondré » et de s'être adjoint Pierre Mendès France, dont il avait annoncé qu'il serait en cas de succès son Premier ministre, ne lui avait rien rapporté.

En revanche le candidat communiste obtenait un incontestable succès : *Jacques Duclos*, un des dirigeants historiques du Parti communiste, mais en demi-retraite à 73 ans, avait mené une campagne électorale efficace fondée sur un talent de tribun que les nouvelles générations connaissaient mal, et avait su se présenter comme l'homme de l'union de la gauche face aux « diviseurs » du PSU et aux socialistes tentés par le centrisme, comme Defferre.

À vrai dire au-delà d'une apparente fixité des forces politiques et du caractère conjoncturel de certains résultats, l'analyse géographique du scrutin montrait que l'électorat de Georges Pompidou avait sensiblement évolué par rapport à celui du général de Gaulle. Affaibli au nord de la Loire, renforcé au sud, il avait perdu une notable partie de l'électorat populaire qui avait été fidèle au général de Gaulle pendant plus de 10 ans et il s'y était substitué un électorat sensiblement plus conservateur.

Résultats de l'élection présidentielle de 1969
1er tour-1er juin 1969

Inscrits	29 513 361	
Abstentions	6 614 327	soit 22,41 % des inscrits
Blancs et nuls	295 036	soit 1 % des inscrits
Exprimés	22 603 998	soit 76,59 % des inscrits
Georges Pompidou	10 051 816	soit 44,47 % des suffrages exprimés
Alain Poher	5 268 651	soit 23,31 % des suffrages exprimés
Jacques Duclos	4 808 285	soit 21,27 % des suffrages exprimés
Gaston Defferre	1 132 222	soit 5,01 % des suffrages exprimés
Michel Rocard	816 471	soit 3,61 % des suffrages exprimés
Louis Ducatel	286 447	soit 1,17 % des suffrages exprimés
Alain Krivine	239 106	soit 1,06 % des suffrages exprimés

• *Le Parti communiste fait le jeu du candidat gaulliste au 2e tour*

Le résultat du deuxième tour n'aurait pu faire de doute, que si Alain Poher avait rassemblé sur son nom la presque totalité de l'électorat de gauche. Mais Jacques Duclos avait affirmé pendant toute sa campagne, que Poher et Pompidou, c'était « blanc bonnet et bonnet blanc ». Dans ces conditions, le Parti communiste annonçait qu'il ne voulait pas choisir entre « la peste et le choléra » et qu'il appelait ses électeurs à l'abstention. Sauf si les électeurs communistes refusaient de suivre les directives de leur parti, les jeux étaient donc faits.

Résultats de l'élection présidentielle de 1969
2e tour-5 juin 1969

Inscrits..........................	29 500 334	
Abstentions..................	9 189 047	soit 31,15 % des inscrits
Blancs et nuls................	1 303 798	soit 4,42 % des inscrits
Exprimés	19 007 489	soit 64,44 % des inscrits
Georges Pompidou	11 064 371	soit 58,21 % des suffrages exprimés
Alain Poher	7 943 118	soit 41,79 % des suffrages exprimés

La majorité de l'électorat communiste, PSU et trotskyste, s'était abstenu ou avait voté blanc (environ 60 %) et permis une élection facile à Georges Pompidou, qui obtenait pratiquement le même pourcentage des électeurs inscrits que le général de Gaulle en 1965 (plus de 37 %).

À 58 ans, Georges Pompidou, devenait le deuxième président de la Ve République.

Le pompidolisme

• *Un gaulliste à part*

Georges Pompidou n'appartenait pas au petit clan des gaullistes historiques, les « barons du gaullisme », comme on les appelait, qui s'étaient trouvés aux côtés du général de Gaulle pendant la guerre. À cette époque, ancien élève de l'École normale supérieure de la rue d'Ulm, agrégé de Lettres classiques, il enseignait au lycée Henri IV. Il avait été appelé à faire partie du cabinet du général de Gaulle à la Libération et il s'y était fait remarquer par ses capacités intellectuelles, mais ce ne fut qu'après un long détour par la banque Rothschild qu'il « entra » définitivement en politique lorsqu'il devint Premier ministre en 1962. Collaborateur du général de Gaulle pendant vingt-cinq ans, comme il aimait à le dire, Premier ministre « le plus long » de la Ve République, il n'avait pourtant jamais été totalement admis par les « gaullistes ». En outre, tant que de Gaulle vivait, même s'il n'a jamais rompu officiellement le silence – il était très critiqué en privé –, Georges Pompidou pouvait toujours craindre qu'un communiqué du général vienne brutalement condamner telle ou telle de ses décisions. Ce fut d'ailleurs avec l'approbation du général de Gaulle que son beau-frère Jacques Vendroux, député de Calais, avait créé une amicale parlementaire *Présence et action du gaullisme* (juin 1969) qui ne cachait pas son ambition de surveiller le nouveau président afin qu'il ne sorte pas de la droite ligne du gaullisme.

C'est à la lumière des trois traits dominants de la politique gaullienne, la défense des institutions de la Vᵉ République, la croissance économique, la politique d'indépendance nationale que l'œuvre de la présidence de Georges Pompidou peut être examinée.

L'évolution de la vie politique (1969-1974)

Le gouvernement Chaban-Delmas

Le jour de sa prise de fonctions, Georges Pompidou nommait *Jacques Chaban-Delmas*, Premier ministre. Celui-ci devait le rester pendant trois ans jusqu'en juillet 1972, mais les rapports entre le président de la République et le Premier ministre furent souvent difficiles. Entre les deux hommes, c'est tout le *problème des institutions* qui s'est posé.

• *Président et Premier ministre*

Tout en ayant conscience qu'il n'était pas le général de Gaulle, Georges Pompidou considérait que le centre du pouvoir était à *l'Élysée*, alors que Jacques Chaban-Delmas agissait comme s'il avait été à *Matignon*. En fait le « vieux gaulliste » qu'était Jacques Chaban-Delmas, président de l'Assemblée nationale pendant toute la présidence du général de Gaulle, n'avait jamais été appelé par ce dernier à faire partie du gouvernement. Son expérience ministérielle datait donc de la IVᵉ République, et il semble bien qu'il avait mal assimilé sur ce point les institutions de la Vᵉ République.

Le premier heurt entre le président de la République et le Premier ministre se manifesta dès la présentation du nouveau gouvernement devant l'Assemblée nationale, le 16 septembre 1969 : à cette occasion, Jacques Chaban-Delmas prononça une importante déclaration sur « la nouvelle société » à promouvoir.

On a cru longtemps que ce que désapprouvait Georges Pompidou, c'était le thème de la déclaration. Rédigée par Simon Nora, un ancien collaborateur de Pierre Mendès France, elle s'inspirait des thèmes sociologiques sur la « société bloquée » et définissait ce que devait être une « nouvelle société ». En réalité l'irritation du président de la République provenait essentiellement de ce que cette déclaration ne lui avait pas été communiquée en temps utile avant d'être lue à l'Assemblée nationale et qu'elle prétendait déterminer de grandes orientations, ce qui, d'après lui, était du ressort du président de la République. C'était donc d'abord un *problème institutionnel*, Georges

Pompidou étant soucieux d'éviter tout glissement qui ramènerait progressivement aux pratiques de la IVe République.

La « nouvelle société »

Le président de la République n'aimait certes pas la formule de « nouvelle société » qu'il considérait comme emphatique et probablement un peu ridicule. Pour lui on ne créait jamais de nouvelle société, on agissait sur la société qui existait et qui vous avait été léguée par les générations précédentes. Mais le contenu de la déclaration ne le choquait pas, et ceci explique qu'une *importante œuvre « sociale »* ait pu être accomplie par le gouvernement Chaban-Delmas.

• *Le développement de la politique contractuelle*

À l'initiative d'un autre de ses conseillers, Jacques Delors, venu des milieux du syndicalisme chrétien, Jacques Chaban-Delmas engagea la *« politique contractuelle »* qui visait à établir des procédures nouvelles et permanentes de concertation entre les « partenaires sociaux », État, syndicats et patronat.

Sur le plan salarial deux mesures majeures furent prises : d'une part à l'initiative du président de la République qui considérait que c'était un élément fondamental de changement de la condition ouvrière, la *mensualisation des salaires*, d'autre part la création du *SMIC* (salaire minimum interprofessionnel de croissance) qui remplaçait le SMIG (7 janvier 1970) et qui n'était pas seulement calculé en fonction de l'évolution des prix, mais des conditions économiques générales.

Progressivement les rapports entre le Premier ministre qui multipliait les déclarations d'allégeance et le président de la République s'améliorèrent, même si les conseillers politiques de Georges Pompidou, Pierre Juillet et Marie-France Garaud, continuaient de considérer avec méfiance l'entourage « social-démocrate » du Premier ministre, et en particulier les mesures de libération prises à l'égard de l'ORTF (Office de Radiodiffusion et de Télévision française).

• *Le maintien de l'ordre*

Les universités, en particulier celle de Nanterre, les lycées étaient encore le théâtre de fréquentes agitations, mais l'ordre était vigoureusement maintenu dans la rue par le ministre de l'Intérieur, *Raymond Marcellin*, un proche du président de la République : l'organisation de la Gauche prolétarienne d'inspiration maoïste qui regroupait les gauchistes les plus violents, fut dissoute, son journal, *La Cause du Peuple* poursuivi... Pour accroître l'arsenal juridique dont il disposait, le gouvernement faisait voter au printemps 1970, *la loi anticasseurs.*

De sorte que la *rupture* avec Chaban-Delmas procéda de raisons différentes, et proprement politiques, liées à la *préparation des élections législatives de 1973.*

La rupture avec Jacques Chaban-Delmas

• *L'affaiblissement du Premier ministre*

Un certain nombre de scandales financiers (affaires de la *Garantie foncière*, du *Patrimoine foncier*...) avaient mis en cause à la fin de l'année 1971 des parlementaires ou anciens parlementaires UDR, hommes politiques de second plan certes, ce qui jetait néanmoins la suspicion sur le climat d'affairisme qui aurait régné dans certains milieux de la majorité. Le plus grave toutefois fut que le Premier ministre lui-même en janvier 1972 était accusé de fraude fiscale, et qu'il se défendit maladroitement.

• *Le semi-échec du référendum d'avril 1972*

Le président de la République avait eu l'idée au début de 1972 de faire approuver par un référendum *l'entrée du Royaume-Uni dans la Communauté économique européenne* (cf. ci-dessous). Cela présentait plusieurs avantages : faire approuver par l'ensemble du peuple une mesure à laquelle de Gaulle avait toujours opposé son refus, renouer avec la tradition référendaire de la Ve République à vrai dire sans grand danger car le courant favorable était largement majoritaire, affaiblir l'opposition qui serait bien obligée de voter oui à un projet qu'elle approuvait, et donc renforcer une majorité qui donnait des signes de flottement.

L'idée paraissait à ce point excellente que *Le Monde* salua l'annonce du référendum par un « Bien joué », mais très rapidement les aspects internationaux du référendum furent oubliés au profit des luttes intérieures : le Parti communiste appelait à voter non, le Parti socialiste sortait du piège tendu par le Président en appelant à refuser de prendre part au vote, les autres formations politiques favorables au oui marquaient peu d'enthousiasme pour un référendum sans véritable signification.

Résultats du référendum du 23 avril 1972

Inscrits	28 820 464	
Abstentions	11 855 857	soit 39,76 % des inscrits
Blancs et nuls	2 086 119	soit 7 % des inscrits
Exprimés	15 511 225	soit 53,82 % des inscrits
OUI	10 847 554	soit 68,32 % des suffrages exprimés
NON	5 030 934	soit 31,68 % des suffrages exprimés

Tous les records en matière d'abstentions ou de votes blancs étaient battus, même celui de l'élection présidentielle de 1969, où au deuxième tour il y avait eu tout de même 64,44 % des inscrits à exprimer un vote contre seulement 52,82 % cette fois-ci. En outre une fraction non négligeable du vote « gaulliste » avait également manqué au Président.

Georges Pompidou avait annoncé avant le scrutin qu'il ne mettait pas en jeu sa fonction, contrairement à l'habitude gaullienne, mais il en sortait incontestablement affaibli. Ses conseillers considérèrent que la responsabilité de l'échec de la « bonne idée » du Président devait sans aucun doute être attribuée au gouvernement qui n'avait pas su mobiliser l'électorat gaulliste et qui d'ailleurs menait une politique que cet électorat désapprouvait.

• *La conception et l'élargissement de la majorité*

Le président de la République et le Premier ministre avaient tous les deux comme objectif « l'ouverture » de la majorité, mais ils ne la concevaient pas de la même façon. Pour Jacques Chaban-Delmas elle devait être « sociale » ; il s'agissait de retrouver ce soutien populaire qui avait fait la force du gaullisme du général de Gaulle, et qui s'était progressivement amenuisé, les voix de gauche se reclassant dans leurs familles d'origine. C'était la conception purement gaulliste du « rassemblement ». Pour Georges Pompidou, la notion « d'ouverture » était plus complexe. Il fallait que la « majorité présidentielle », notion dont il semble avoir été l'inventeur, conserve son identité gaulliste, tout en se regroupant dans un parti gouvernemental large, aux contours nets toutefois. Dans la pratique cela voulait dire que le système politique qui était encore « tripolaire », devait devenir « bipolaire » et réaliser les virtualités contenues dans le système majoritaire à deux tours et le maintien au second tour de l'élection présidentielle de seulement deux candidats. Il devait donc y avoir *une* majorité et *une* opposition, et pour que la majorité le reste, il fallait qu'elle absorbe la partie du « centre » qui ne lui était pas encore ralliée. Ainsi la majorité présidentielle reposerait sur trois pieds, l'UDR, les républicains indépendants de Valéry Giscard d'Estaing et les centristes, représentés déjà par le CPDM (*Centre Progrès et Démocratie moderne*) de Jacques Duhamel.

Cela signifiait aussi – et c'était l'argument principal développé par Marie-France Garaud et Pierre Juillet – qu'il fallait faire la politique de sa majorité et non s'aliéner son électorat en faisant celle de ses adversaires. La politique de Jacques Chaban-Delmas était donc remise en cause. Il était d'autant plus urgent de s'en débarrasser que la réalisation de *l'union de la gauche* faisait courir un réel péril à la majorité.

• *La réalisation de l'union de la gauche*

C'est véritablement à partir de son XVIIe Congrès en 1964 que le Parti communiste s'orienta vers une stratégie d'union avec le Parti socialiste sur *un programme commun*, non pas de façon rituelle comme dans les périodes où en fait il ne souhaite pas réellement cette union (à ces moments les dirigeants communistes parlent plutôt de *front unique à la base* ou d'actions communes seulement au niveau des militants ou des électeurs des deux partis), mais de façon convaincue. Plus de 17 pages furent consacrées à l'union dans le rapport de Waldeck Rochet, qui lors de ce congrès, remplaça à la tête du Parti communiste Maurice Thorez, qui devait d'ailleurs mourir quelques semaines plus tard. Les conditions étaient favorables puisqu'en 1962 le Parti socialiste s'était déjà prêté à un rapprochement en acceptant des désistements mutuels lors du second tour des élections. De son côté en soutenant dès le premier tour la candidature de François Mitterrand lors de l'élection présidentielle de 1965, le Parti communiste fit un pas important dans la voie de l'union des forces de gauche. Il allait même au-delà du Parti socialiste, puisque François Mitterrand dans une carrière déjà longue ne s'était pas jusqu'alors référé au socialisme.

Avec la constitution de la FGDS sous la direction de François Mitterrand, le rapprochement s'était renforcé : les dirigeants de la Fédération s'étaient dérobés à l'établissement d'un programme commun de gouvernement, mais un accord signé en décembre 1966 en vue des élections de 1967 avait été davantage qu'un accord électoral, une « véritable base d'action commune », d'après Waldeck Rochet.

Le processus était donc bien engagé quand les événements de 1968 vinrent jeter bas l'édifice en construction, ne serait-ce qu'en volatilisant le partenaire, la FGDS.

Une fois la tourmente passée, le Parti communiste où Georges Marchais d'abord comme secrétaire adjoint, puis comme secrétaire général, avait remplacé Waldeck Rochet malade, développait de nouveaux efforts pour réaliser l'union recherchée, mais ce fut avec un partenaire nouveau qu'il dut bientôt négocier. Outre le Parti socialiste SFIO fort décrépit, toute une série de clubs se réclamaient du socialisme, et en juillet 1969 un *nouveau Parti socialiste* avait été créé, rassemblant l'ancienne SFIO, *l'Union des Clubs pour le renouveau de la Gauche* (UCRG) dirigé par Alain Savary et *l'Union des groupes et clubs socialistes* (UGCS) dirigée par Jean Poperen. Lors du premier congrès du nouveau parti à *Issy-les-Moulineaux* (11-13 juillet 1969), après l'effacement de Guy Mollet (dorénavant, il ne devait plus jouer de rôle politique important), Alain Savary en devenait le premier secrétaire. Tout en se déclarant favorable à l'union avec le Parti communiste, le nouveau Parti socialiste se consacrait principalement, dans un premier temps, à son propre renforcement. Les choses allaient changer avec le congrès d'*Épinay-sur-Seine* (11-13 juin 1971) : non seulement s'y réalisait la fusion de la *Convention des institutions républicaines* de François Mitterrand avec le Parti socialiste, mais à la suite d'une alliance avec le CERES (aile gauche marxiste de Jean-Pierre Chevènement), Pierre Mauroy (tradition social-démocrate du Nord) et Gaston Defferre (tradition centriste de Marseille), *François Mitterrand* parvenait à évincer Alain Savary, et le jour même de son adhésion au nouveau Parti socialiste en devenait le *Premier secrétaire.* Or la stratégie de François Mitterrand était, sans ambiguïtés et sans réticences, celle de *l'union de la gauche*, avec comme condition du succès que la gauche soit « rééquilibrée », c'est-à-dire que les forces du Parti socialiste équilibrent celle du Parti communiste.

De part et d'autre la même volonté d'aboutir existait alors, et le 27 juin 1972 au matin, après une longue et difficile négociation, les représentants du Parti communiste et du Parti socialiste signaient un *programme commun de gouvernement.*

• *L'éviction de Jacques Chaban-Delmas*

Dans ce premier semestre 1972, l'affaiblissement de la majorité et le renforcement de l'opposition, en particulier, de gauche, pouvait faire craindre que les élections de 1973 soient délicates pour la majorité.

Pour conjurer les périls qui le menaçaient Jacques Chaban-Delmas souhaita faire conforter son autorité par un vote parlementaire. Le président de la République l'autorisa, *s'il le jugeait utile*, à engager la responsabilité de son gouvernement : le débat eut lieu à l'Assemblée les 23-24 mai 1972 et se termina par un vote massif en sa faveur (368 voix contre 96).

Cela n'empêcha pas le président Pompidou de lui réclamer sa *démission* : le 5 juillet le gouvernement Chaban-Delmas était remplacé par le *deuxième gouvernement de la législature*, dirigé par *Pierre Messmer.*

Le gouvernement Messmer

• *Un Premier ministre docile*

La formation du gouvernement Messmer avait plusieurs avantages pour le président de la République :

– il démontrait que sous la Ve République le gouvernement ne procédait pas de l'approbation de l'Assemblée nationale (même quand il y disposait d'une majorité massive), mais du président de la République : ce n'est que trois mois plus tard que Pierre Messmer se présenta devant l'Assemblée nationale ;

– Pierre Messmer, homme d'ordre, ne serait pas tenté par des ouvertures en direction de l'électorat adverse comme son prédécesseur. À la phase « libérale » de la présidence allait pouvoir succéder une « phase conservatrice » ;
– ministre des Armées du général de Gaulle pendant 10 ans, rompu aux habitudes de la Ve République, il n'entendrait pas être autre chose que le lieutenant du président de la République, et un exécutant efficace de sa politique ;
– gaulliste « orthodoxe », il ferait tomber les préventions d'un certain nombre de gaullistes « intégristes » à l'encontre du président de la République.

Dans l'histoire des institutions de la Ve République, ce changement de gouvernement est capital. Avec le gouvernement Chaban-Delmas, un glissement de fait vers les institutions de la IVe République avait pu être redouté. Georges Pompidou démontrait qu'il n'en était rien. En réalité il ne cessa d'augmenter ses pouvoirs et de montrer que la Ve République était un régime où le président de la République avait tout pouvoir s'il le voulait.

• *La préparation des élections législatives de 1973*

La date des élections avait été fixée aux 4 et 11 mars, c'est donc à leur préparation que les forces politiques se consacrèrent principalement pendant la fin de l'année 1972 et le début de 1973.

À l'approche des élections les formations de la majorité resserraient leur unité : les républicains indépendants de Valéry Giscard d'Estaing tout en maintenant leur indépendance manifestaient moins d'agressivité envers leurs alliés UDR, spécialité dans laquelle excellait le plus proche lieutenant de Valéry Giscard d'Estaing, Michel Poniatowski, dénonçant « les copains et les coquins » à l'occasion des scandales auxquels un certain nombre d'UDR avaient été mêlés.

Sans réaliser l'unité de candidature dans tous les cas, la majorité présentait ses candidats, sous une dénomination commune : *Union des républicains de progrès pour le soutien au président de la République* (URP) dont le programme fut présenté à *Provins* par le Premier ministre le 7 janvier 1973.

Les centristes d'opposition s'étaient regroupés dans le *Mouvement réformateur* (3 novembre 1971) qui associait essentiellement *le Parti radical* dont *Jean-Jacques Servan-Schreiber* était devenu le président en octobre 1970 et le *Centre démocrate* de Jean Lecanuet, plus quelques autres formations d'importance faible. Après avoir été, avec son journal *L'Express*, le soutien le plus vigoureux de Pierre Mendès France, puis « defferriste » avec le lancement de la candidature de M. X, Jean-Jacques Servan-Schreiber (J.J.S.S.) avait commencé une carrière politique personnelle. Brillamment élu député de Nancy à l'occasion d'une élection partielle (juin 1970), pour ensuite connaître un échec cinglant en prétendant défier Chaban-Delmas, alors

Premier ministre, également à l'occasion d'une élection partielle à Bordeaux (septembre 1970), il avait défini un programme ambitieux de réformes de la société, appuyé en particulier sur le développement économique régional. Mais il entendait avant tout abattre « l'État-UDR ». Toutefois son associé Jean Lecanuet, s'il était très fortement antigaulliste, était beaucoup plus proche de la majorité pompidolienne et considérait comme plus menaçant le danger communiste, d'où une coalition en réalité assez artificielle et assez hétéroclite. Le Mouvement réformateur avait reçu un concours important mais un peu paradoxal de l'ancien ministre du général de Gaulle, Jean-Marcel Jeanneney. En revanche un certain nombre de radicaux, inquiétés par J.-J. Servan-Schreiber, avaient constitué le *Mouvement des radicaux de gauche* (4 octobre 1972) autour de Robert Fabre, député de l'Aveyron, et avaient souscrit au Programme commun de gouvernement de la gauche.

À gauche les communistes et les socialistes (associés aux radicaux de gauche) présentaient partout leurs candidats au premier tour, mais le désistement devait être automatique pour le candidat de gauche le mieux placé. Le PSU s'était joint à cet accord.

D'après les sondages préélectoraux l'issue des élections était assez incertaine avec 35 à 39 % pour la majorité sortante, environ 45 % pour la gauche et 15 % pour les réformateurs, les résultats dépendraient essentiellement du report des voix « réformatrices » au second tour. D'où un débat qui allait devenir permanent dans l'histoire politique de la Ve République : que ferait le président de la République en cas d'alternance ? Le président Pompidou resta assez vague sur ce point, mais rompant avec la tradition gaulliste, il n'associa pas son maintien dans la fonction présidentielle à une victoire de la majorité.

• *Le maintien du rapport des forces politiques au premier tour*

Résultats des élections de 1973
1er tour-4 mars 1973

Inscrits	29 883 743	
Abstentions	5 595 163	soit 18,72 % des inscrits
Blancs et nuls	537 161	soit 1,79 % des inscrits
Exprimés	23 751 424	soit 79,47 % des inscrits
PSU et extrême gauche	778 183	soit 3,27 % des suffrages exprimés
Parti communiste	5 084 824	soit 21,40 % des suffrages exprimés
Parti socialiste et radicaux de gauche	4 919 426	soit 20,71 % des suffrages exprimés
Divers gauches	241 338	soit 1,01 % des suffrages exprimés
Réformateurs	3 048 520	soit 12,88 % des suffrages exprimés
URP et divers majorité	9 009 432	soit 37,32 % des suffrages exprimés
Divers droite et inclassables	669 651	soit 2,81 % des suffrages exprimés

Une comparaison entre les résultats de 1973 et ceux de 1968 montrait évidemment une progression de la gauche et un recul de la majorité, mais les élections de 1968 avaient eu lieu dans des circonstances trop particulières pour qu'elles puissent servir de référence. La comparaison la plus intéressante devait se faire avec les élections de 1967. Les résultats étaient globalement très proches, la gauche gagnait 1,69 %, la majorité en perdait 1,13 %. En d'autres termes, ni la réalisation d'un Programme commun de gouvernement, ni la disparition du général de Gaulle n'avaient modifié de façon sensible le rapport des forces politiques.

Pourtant à gauche une évolution importante avait eu lieu : si contrairement à ses espoirs le Parti socialiste, flanqué des radicaux de gauche, n'avait pas dépassé le Parti communiste, il avait fait pour la première fois jeu presque égal avec lui. Le Parti communiste n'avait en rien profité de la dynamique de la gauche puisque son score était légèrement inférieur à celui de 1967. Il y avait là pour lui un sujet de préoccupation qui ne pouvait manquer d'avoir de l'importance à bref délai.

Sur le plan géographique et sociologique, les changements étaient plus importants : tandis que la majorité reculait dans ses secteurs de force traditionnels et en particulier dans la France du Nord, elle se renforçait au sud de la Loire. L'évolution, déjà sensible en 1969, s'était poursuivie, la composante proprement gaulliste de l'électorat de la majorité avait diminué en faveur de la composante conservatrice et était devenue beaucoup plus rurale et beaucoup moins ouvrière. De même les socialistes abandonnaient du terrain dans les régions où ils étaient traditionnellement forts en particulier dans le Midi ; en revanche ils en gagnaient dans l'Ouest et dans l'Est. La composante SFIO, laïque et violemment anticommuniste, reculait au profit d'une composante catholique.

• *La victoire électorale et le second gouvernement Messmer*

Comme les sondages le laissaient prévoir, rien n'était joué après le premier tour, mais entre les deux tours une rencontre discrète eut lieu entre Jean Lecanuet et le Premier ministre et un certain nombre de désistements également discrets se produisirent : en fait Jean Lecanuet avait fait un premier pas important vers la majorité.

À l'inverse de 1967, le résultat était net. La majorité conservait facilement la majorité avec 268 sièges, l'opposition de gauche en avait 175, et les réformateurs 30. Les électeurs centristes avaient dans leur grande majorité reporté leurs suffrages sur la majorité. À gauche les reports de voix s'étaient bien faits des communistes vers les socialistes, moins bien des socialistes vers les communistes.

Résultats des élections de 1973
2ᵉ tour-11 mars

Parti communiste	73 sièges
Parti socialiste et radicaux de gauche	102 sièges
Réformateurs	34 sièges
Union centriste (majorité)	30 sièges
UDR	183 sièges
Républicains indépendants	55 sièges
Non inscrits	13 sièges

La victoire électorale permettait à Georges Pompidou d'espérer une fin de septennat paisible. Un nouveau *gouvernement Messmer* fut constitué où l'influence du président de la République fut très apparente dans le choix des ministres, en particulier avec la nomination au ministère des Affaires étrangères de *Michel Jobert*, précédemment secrétaire général de l'Élysée. On pouvait parler véritablement d'un gouvernement « pompidolien ». Au surplus Jacques Chaban-Delmas qui envisageait de revenir à la présidence de l'Assemblée en était écarté au bénéfice d'Edgar Faure.

La croissance économique et l'indépendance nationale (1969-1974)

Georges Pompidou, beaucoup plus que son prédécesseur, était intéressé par les problèmes économiques, et particulièrement par les questions industrielles, cherchant là le moyen de se donner la stature historique que de Gaulle s'était acquise dans d'autres domaines. La politique économique n'était cependant pas un but en soi, mais un moyen de concourir à la grandeur nationale.

La liquidation des conséquences économiques de mai 1968

La politique économique de la présidence de Georges Pompidou fut d'abord de liquider les conséquences des événements de 1968 et de défendre une monnaie fragilisée (déficit commercial et spéculation contre le franc). En accord avec le ministre des Finances, Valéry Giscard d'Estaing, Georges Pompidou décidait la dévaluation du franc de 12,50 % (20 août 1969), ce qu'avait refusé un an plus tôt de Gaulle. Il l'accompagna d'un plan de redressement dont le but était de rétablir l'équilibre budgétaire par une diminution des dépenses de l'État, l'équilibre entre la production et la demande par la limitation du crédit, l'équilibre commercial en favorisant les exportations au détriment de la consommation intérieure. En quelques mois les mesures de contrainte, évidemment impopulaires, avaient permis de ralentir l'inflation, de faire progresser les exportations et le budget de 1970 comporta même un excédent.

La politique industrielle

Deuxième aspect de la politique économique de Georges Pompidou, la *politique d'industrialisation*, fondée sur deux idées : le maintien d'une forte expansion sans pour autant chercher à imiter le modèle japonais, et la restructuration afin de créer des groupes industriels de taille internationale. Ce fut l'objectif du sixième plan (1971-1975), dont un des instruments fut *l'Institut de développement industriel* créé en mars 1970. Suivant les cas, la restructuration se réalisa par fusion des entreprises ou par regroupement des productions, tels la SNIAS dans le domaine aéronautique ou Péchiney-Ugine-Kuhlmann (chimie, aluminium, cuivre, etc.).

Le président de la République souhaitait également que les représentants de la France à l'étranger prennent leur place dans l'effort économique (implantations industrielles, recherche de débouchés...) en se moquant de l'ancienne « diplomatie de la tasse de thé ».

Malgré les objections économiques et par souci de fidélité au général de Gaulle, la construction du *Concorde* fut poursuivie. De plus celle d'*Airbus* débutait, un grand programme de télécommunication était lancé, l'implantation d'une immense usine sidérurgique à Fos-sur-Mer était décidée.

En fait Pompidou innovait moins qu'il ne paraissait, il ne faisait que poursuivre une œuvre qu'il avait entreprise alors qu'il était Premier ministre, mais il avait maintenant les moyens d'en faire véritablement une priorité d'État.

La politique internationale : rupture ou continuité ?

• *Dans la ligne de la politique du général de Gaulle...*

Comme son prédécesseur, et comme le firent par la suite ses successeurs, le président de la République soustrayait à peu près complètement la politique internationale au gouvernement, en faisant son domaine propre avec la collaboration du ministre des Affaires étrangères, Maurice Schumann. Georges Pompidou n'avait pas la stature internationale de son prédécesseur, et la politique qu'il menait ne pouvait être identique dans sa « forme », mais elle resta tout à fait dans la ligne de celle du général de Gaulle : politique d'équilibre et d'indépendance par rapport aux deux Grands (en octobre 1970 il se rendit en URSS et en octobre 1971, il reçut Léonid Brejnev), intérêt pour le Tiers Monde (grande tournée en Afrique en février 1971), poursuite de la politique de dissuasion nucléaire et renforcement de la force de frappe. Il y eut même continuation dans deux domaines, où une atténuation des attitudes du général de Gaulle était attendue, au Moyen-Orient et dans les rapports avec les États-Unis, les deux affaires étant liées dans une certaine mesure. La vente de 100 avions à la Libye (janvier 1970) fut vivement critiquée et souleva en particulier la colère des milieux juifs américains : lors de leur visite aux États-Unis en février 1970, à Chicago, le Président et sa femme, mal protégés par la police, furent l'objet de graves manifestations d'hostilité et le président Pompidou devait en conserver par la suite une grande réserve envers les États-Unis.

● *Une politique européenne affirmée*

Dans le domaine européen la politique du nouveau Président sembla innover : encore que de Gaulle n'eût jamais entendu fermer définitivement la porte de l'Europe au Royaume-Uni, Georges Pompidou voulut accélérer l'élargissement de l'Europe. Il était d'autant plus convaincu de la nécessité de l'entrée de l'Angleterre dans le Marché commun, que l'accession du conservateur Edward Heath, Européen convaincu, au poste de Premier ministre (juin 1970) facilitait les choses, tandis qu'il était fort méfiant envers la politique d'ouverture à l'Est du chancelier allemand Willy Brandt.

Résultat : le 22 janvier 1972, les gouvernements britannique, danois, irlandais et norvégien signaient le traité d'adhésion à la Communauté économique européenne.

En peu de temps, sans avoir dérogé aux grands principes de la politique gaullienne, Georges Pompidou s'était affirmé sur la scène internationale.

La mort du président

L'évolution de l'opinion publique

Au bout d'un peu plus de quatre ans de mandat présidentiel, Georges Pompidou pouvait considérer qu'il avait maintenu, approfondi, enraciné les principaux thèmes du gaullisme, et que, somme toute, il avait réussi la tâche apparemment impossible de *succéder* au général de Gaulle. Certes il devait faire face à une opposition renforcée et dynamique qui avait avec François Mitterrand un dirigeant de taille nationale, et au sein de la majorité, d'un côté une partie de la famille gaulliste continuait à lui porter des sentiments peu amènes, de l'autre les républicains indépendants autour de Giscard d'Estaing piaffaient dans l'espoir de recueillir un jour l'héritage. Mais dans l'opinion publique le Président était populaire. Après être descendue au-dessous des 50 % de satisfaits au début de son mandat en 1969, s'être élevée jusqu'à 70 % à la fin de 1970, sa cote de popularité restait en 1973 très supérieure à 50 %, dépassant ou atteignant à certains moments les 60 % de satisfaits.

Brusquement à la fin de 1973, début 1974, la courbe des mécontents augmentait considérablement. La présidence de Georges Pompidou donne rétrospectivement l'impression de basculer à ce moment, en raison du *contexte international* et de la *maladie du Président.*

Le premier choc pétrolier et ses conséquences

Le 6 octobre 1973, *la guerre dite du Kippour* avait débuté. D'abord surpris, les Israéliens rétablissaient la situation et battaient successivement les Syriens et les Égyptiens, mais les conséquences économiques de ce conflit furent considérables : l'augmentation du prix du pétrole – *le premier choc pétrolier* – en octobre 1973 et janvier 1974, le prix du baril quadruplait, frappait de plein fouet les économies fondées sur le pétrole « à bon marché ».

Entre décembre 1973 et février 1974, *l'inflation* atteignait un rythme annuel de 15,6 % (11,5 % pour la période de février 1973 à février 1974). La *croissance économique* n'était pas stoppée, mais son rythme avait été brutalement freiné : 3 % entre octobre 1973 et février 1974, alors qu'il avait été de 6 % entre avril et octobre 1973, comme d'ailleurs depuis le début de la présidence de Georges Pompidou. La crise se traduisait ainsi par un phénomène nouveau : la « stagflation » qui combinait inflation et stagnation économique. À quoi s'ajoutaient le déséquilibre de la balance commerciale alourdie par la facture pétrolière (45 milliards de F) et la décision du gouvernement de laisser « flotter » le franc pour éviter d'épuiser les réserves de devises.

• *La détérioration du climat social*

Elle était tout naturellement une conséquence des difficultés économiques et financières : sans être encore dramatique, la situation de l'emploi était préoccupante : en février 1974, il y avait *450 000 demandeurs d'emploi*, soit 15 % de plus que l'année précédente à la même date. La volonté du gouvernement de maintenir l'augmentation des rémunérations dans la limite de la hausse des prix, alors que depuis des années elle lui était supérieure, provoquait une multiplication des conflits sociaux.

Cette situation se combinait avec des événements qui inquiétaient l'opinion publique : poursuite des troubles universitaires ou lycéens qui donnaient l'impression d'un *« mai 1968 rampant »* (l'année 1973 avait été en particulier marquée par les grandes manifestations contre une *loi Debré* votée d'ailleurs trois ans plus tôt et qui réformait la législation sur les sursis des étudiants), permanence de l'agitation « gauchiste » (la *Ligue communiste* avait été dissoute en juin 1973 après de graves affrontements avec la police), et qui avait trouvé de nombreux aliments dans le projet d'extension du camp militaire *du Larzac*, et surtout dans *l'affaire Lip*. À la suite de la mise en liquidation judiciaire de cette entreprise de montres de Palente, en avril 1973, le personnel ne cessait de multiplier les initiatives pour conserver ses emplois, soutenu par les syndicats, en particulier la CFDT, et les groupements gauchistes. Il n'y avait pas de semaine sans que l'affaire connaisse de nouveaux rebondissements, dus aux employés de l'entreprise, mais aussi aux décisions contradictoires des pouvoirs publics.

L'autorité présidentielle diminuée

• *Le Président malade*

Dans cette période difficile la France aurait eu besoin d'une direction ferme : or, le Président était gravement malade ; il était atteint de ce qui fut par la suite identifié comme une forme de *leucémie.* À partir du printemps 1973, les effets de la maladie s'aggravèrent, obligeant de plus en plus souvent le Président à arrêter ses activités. En juin 1973, lors d'un sommet franco-américain en Islande, Georges Pompidou était apparu à la télévision le visage bouffi (à cause du traitement à la cortisone) et la démarche hésitante.

Dans ces conditions l'autorité du Président était par la force des choses diminuée, même si ses capacités intellectuelles n'étaient nullement atteintes. Il imprimait un cours plus chaotique à la direction de l'État. Circonstance aggravante, le nouveau Premier ministre n'avait pas eu véritablement le temps de s'affirmer.

• *L'échec du projet de réduction du mandat présidentiel*

Il constitua, en octobre 1973, pour le président de la République un sérieux revers. Bien qu'il ait été voté à la majorité par les deux assemblées, conscient qu'il n'obtiendrait pas la majorité nécessaire des trois cinquièmes devant le Congrès, le président avait été obligé de retirer le projet.

• *Une atmosphère de « fin de règne »*

L'impression de flottement dans la gestion des affaires publiques était telle que l'hebdomadaire *Le Point* titrait en décembre : « Messmer doit partir ». D'ailleurs au mois de février 1974, le Premier ministre démissionnait pour reformer un nouveau gouvernement dont les structures étaient très proches du précédent, ce qui semblait manquer de cohérence.

Le mardi 2 avril 1974, à 22 heures, la télévision arrêtait brusquement ses émissions pour annoncer : « M. le président de la République est mort. »

Ainsi s'achevait brutalement et dramatiquement un « septennat » qui n'avait duré qu'un peu moins de cinq ans.

La présidence de Valéry Giscard d'Estaing (1974-1981)

L'élection présidentielle de 1974

À la suite du décès de Georges Pompidou, pour la seconde fois le président du Sénat Alain Poher était appelé à assurer les fonctions de président de la République par intérim, intérim plus paisible que le premier, dans la mesure où il n'était pas la conséquence d'une bataille politique à laquelle le président du Sénat avait été mêlé et qu'au surplus Alain Poher n'avait pas l'intention d'être à nouveau candidat.

La date du premier tour de l'élection présidentielle fut fixée au 5 mai 1974.

Malgré la brièveté – par la force des choses – de la préparation de la campagne électorale, de nombreux candidats à la succession de Georges Pompidou se manifestèrent rapidement, mais dans une situation inversée par rapport à 1969, unité à gauche, diversité dans la majorité.

• *L'unité de la gauche*

François Mitterrand était soutenu à la fois par le Parti socialiste, les radicaux de gauche, le Parti communiste et même par le PSU et aussi par une partie des organisations syndicales, la CGT, la CFDT, et la FEN (Fédération de l'Éducation nationale). Il devenait ainsi le *« candidat commun de la gauche »*. Certes deux candidats trotskystes se présentaient également, *Alain Krivine* pour la deuxième fois au nom d'un *Front communiste révolutionnaire* substitué à la Ligue communiste dissoute, et *Arlette Laguiller*, au nom de *Lutte ouvrière*, mais ils ne pouvaient escompter qu'un nombre de suffrages minime.

• *La division de la majorité*

Dans la majorité, le choix d'un candidat fut beaucoup plus compliqué, ne serait-ce que parce que la « famille » UDR était fort divisée entre gaullistes de tradition et gaullistes pompidoliens : sans attendre, *Jacques Chaban-Delmas* informait de sa candidature dès le 4 avril, tandis que *Valéry Giscard d'Estaing* annonçait la sienne depuis sa mairie de Chamalières dans le Puy-de-Dôme, le 8 avril.

Depuis 1962 la majorité comprenait deux familles, la famille gaulliste et la famille « modérée », correspondant à la fraction de la droite classique qui avait su se dégager à temps du soutien de l'Algérie française et s'était regroupée autour de Valéry Giscard d'Estaing. Mais pendant longtemps ces deux familles avaient été de poids très inégal, les gaullistes exerçant une totale suprématie. Dans ces conditions Valéry Giscard d'Estaing avait pu occuper des postes de premier plan, il avait été ministre des Finances depuis janvier 1962 où il avait remplacé à ce poste Wilfrid Baumgartner – il avait alors 36 ans – jusqu'en 1966, mais il n'avait pu jouer les premiers rôles. Écarté du gouvernement en 1966, il s'était depuis employé à cultiver sa différence et avait même préconisé le non au référendum de 1969. Comme nous l'avons déjà vu, à la suite du départ du général de Gaulle, des électeurs de la majorité qui exécraient de Gaulle étaient revenus à leur vote traditionnel, tandis que des électeurs issus de milieux géographiques ou sociaux votant habituellement à gauche, faisaient le chemin inverse. Bon observateur de la réalité politique, Valéry Giscard d'Estaing avait compris l'avantage qu'il pouvait tirer de cette mutation de la majorité. Ayant renoncé à être candidat à l'élection présidentielle de 1969, il était bien décidé à l'être en 1974. Pour la première fois depuis 1958 la majorité risquait donc de se présenter divisée devant le corps électoral, et au surplus dans les rangs gaullistes, beaucoup estimaient que Jacques Chaban-Delmas n'était pas le meilleur candidat. C'était en particulier l'avis de ces éminences grises du Président défunt qu'étaient Pierre Juillet et Marie-France Garaud. Hostiles aux grands « barons » du gaullisme dont ils pensaient qu'ils avaient fait leur temps, ils l'étaient particulièrement à Jacques Chaban-Delmas, dont ils continuaient à affirmer que les idées inquiéteraient l'électorat traditionnel de la majorité, sans pour autant gagner ou regagner l'électorat populaire. D'où toute une série de manœuvres pour essayer de l'écarter, une candidature « d'union » d'Edgar Faure qui ne se maintint que quelques jours, celle, manquée également, d'amener les candidats de la majorité à s'effacer devant le dernier Premier ministre de Georges Pompidou, Pierre Messmer.

• *L'« appel des 43 »*

À défaut de pouvoir obliger Jacques Chaban-Delmas, qui avait reçu le 7 avril le soutien de l'UDR, à se retirer, une dernière manœuvre fut imaginée. Son objectif était de l'affaiblir au profit de Valéry Giscard d'Estaing, que les conseillers de Georges Pompidou n'aimaient guère, mais qu'ils lui trouvaient encore préférable. Le 13 avril 1974, quatre ministres gaullistes du gouvernement Messmer, Jacques Chirac, jeune ministre de l'Intérieur – il a alors 42 ans et a occupé son premier poste ministériel en 1967 –, Jean-Philippe Lecat, ministre de l'Information, Jean Taittinger, garde des Sceaux, Olivier Stirn, secrétaire d'État, et 39 députés UDR ou apparentés publiaient un texte qui fut baptisé « appel des 43 ». En apparence ils se contentaient de déplorer la multiplicité des candidatures dans la majorité, mais l'opinion, dûment chapitrée par les médias, ne s'y trompa pas : c'était une manifestation de défiance d'une partie des gaullistes envers le candidat officiel de l'UDR.

Un troisième candidat issu de la majorité entrait d'ailleurs aussi en lice, Jean Royer, maire de Tours et ministre des Postes et Télécommunications dans le dernier gouvernement. Il se voulait indépendant – il siégeait parmi les non-inscrits quand il était député –, et se présentait en défenseur du petit commerce et des valeurs morales.

• *L'absence de candidat centriste*

Les centristes n'étaient pas officiellement représentés dans la campagne présidentielle (sauf par l'intermédiaire d'Émile Muller, député-maire « réformateur » de Mulhouse, candidat du *Mouvement démocrate socialiste de France* qui regroupait un certain nombre d'anciens socialistes SFIO) : le CDP qui était déjà dans la majorité soutenait Chaban-Delmas, le centre démocrate de Jean Lecanuet, Giscard d'Estaing, et Jean-Jacques Servan-Schreiber se désintéressait de l'élection.

• *Un phénomène nouveau : la multiplication de candidatures marginales*

Cela montrait la relative facilité à recueillir les 100 signatures d'élus nécessaires au patronage d'une candidature. Pour des mouvements peu importants, la campagne présidentielle apparaissait en effet comme un excellent moyen de publicité. C'est ainsi qu'outre les candidatures trotskystes déjà signalées, un agronome célèbre, René Dumont, se présentait, au nom de la défense de l'environnement, Jean-Claude Sebag et Guy Héraud, au nom des fédéralistes européens, et à l'extrême droite, Jean-Marie Le Pen pour le *Front national* qu'il avait fondé en 1972, et Bertrand Renouvin, royaliste, dirigeant de la *Nouvelle Action française*, qui s'essayait à une difficile synthèse entre le royalisme et le gauchisme !

• *Le déroulement de la campagne*

Au cours de la campagne il apparut rapidement que le candidat « gaulliste », mal soutenu – pour ne pas dire plus – par une fraction de ses propres amis, peu à l'aise à la télévision où au contraire Mitterrand et Giscard d'Estaing excellaient, « brouillant son image » en adressant un discours progressiste à un électorat conservateur, ne parvenait pas à s'imposer. Le 9 avril, Giscard d'Estaing et Chaban-Delmas étaient pratiquement à égalité dans les sondages ; pendant une quinzaine de jours encore l'écart ne se creusait pas de façon significative, mais le 25 avril fut le tournant de la campagne : les sondages annonçaient 31 % pour le premier, 18 % pour le second. Si dans les jours suivants le pourcentage de Giscard d'Estaing avait plutôt tendance à faiblir, celui de Chaban-Delmas le faisait encore bien davantage : à la veille de l'élection, le 3 mai, ils étaient respectivement à 30 et 15.

• *François Mitterrand en tête au premier tour*

Résultats de l'élection présidentielle de 1974
1er tour-5 mai

Inscrits	30 602 953	
Abstentions	4 827 210	soit 15,77 % des inscrits
Blancs et nuls	237 107	soit 0,77 % des inscrits
Exprimés	25 538 636	soit 83,46 % des inscrits
François Mitterrand	11 044 373	soit 43,25 % des suffrages exprimés
Valéry Giscard d'Estaing	8 326 774	soit 32,60 % des suffrages exprimés
Jacques Chaban-Delmas	3 857 728	soit 15,11 % des suffrages exprimés
Jean Royer	810 540	soit 3,17 % des suffrages exprimés
Arlette Laguiller	595 247	soit 2,33 % des suffrages exprimés
René Dumont	337 800	soit 1,32 % des suffrages exprimés
Jean-Marie Le Pen	190 921	soit 0,75 % des suffrages exprimés
Émile Muller	176 279	soit 0,69 % des suffrages exprimés
Alain Krivine	93 990	soit 0,37 % des suffrages exprimés
Bertrand Renouvin	43 722	soit 0,17 % des suffrages exprimés
Jean-Claude Sebag	42 007	soit 0,16 % des suffrages exprimés
Guy Héraud	19 255	soit 0,08 % des suffrages exprimés

Première caractéristique de ce scrutin, la très forte participation électorale ; la deuxième, la confirmation des sondages. Tandis que 9 candidats se partageaient moins de 10 % des suffrages exprimés, les trois autres en avaient rassemblé la très grande majorité. L'électorat avait voté « utile ». François Mitterrand faisait un peu moins bien que les derniers sondages ne le lui avaient promis (45 %). V. Giscard d'Estaing un peu mieux, et J. Chaban-Delmas ne bougeait guère.

Même attendu ce premier résultat était considérable : pour la première fois depuis 16 ans, le président de la République ne serait pas un « gaulliste », et l'électorat officiellement gaulliste était réduit à la portion congrue : il était devenu nettement minoritaire à l'intérieur de la majorité.

• *La victoire étroite de Valéry Giscard d'Estaing*

Quant au second tour, il restait très ouvert. La gauche avait encore progressé depuis 1973, mais ne pouvait compter en principe que sur 47 % des voix du premier tour, tandis que le centre et la droite pouvaient en rassembler près de 53 %. C'était compter toutefois sur un report automatique des voix gaullistes en faveur de Valéry Giscard d'Estaing, ce qui n'était pas acquis. D'ailleurs les sondages entre les deux tours pronostiquaient 51 % pour Giscard d'Estaing et 49 % pour François Mitterrand, d'autres le contraire…

Résultats de l'élection présidentielle de 1974
2e tour-19 mai

Inscrits	30 600 775	
Abstentions	3 876 180	soit 12,67 % des inscrits
Blancs et nuls	356 788	soit 1,17 % des inscrits
Exprimés	26 367 807	soit 86,16 % des inscrits
Valéry Giscard d'Estaing	13 396 203	soit 50,80 % des suffrages exprimés
François Mitterrand	12 971 604	soit 49,19 % des suffrages exprimés

Valéry Giscard d'Estaing l'emportait, donc, mais avec une marge extrêmement réduite, 1,62 % des suffrages exprimés, 424 000 voix de différence.

Que s'était-il passé ? D'abord une participation record. Or parmi les abstentionnistes du premier tour qui avaient voté au second, presque 60 % l'avaient fait en faveur de Valéry Giscard d'Estaing. En revanche une partie non négligeable de l'électorat gaulliste du premier tour, un peu plus du cinquième, n'avait pas accepté de reporter ses voix sur Valéry Giscard d'Estaing. Arithmétiquement parlant le renfort des abstentionnistes lui avait apporté environ 200 000 voix de plus qu'à son concurrent, mais la « défaillance » des voix gaullistes lui en avait fait perdre entre 750 000 et 800 000 : on trouvait là les 2 % de suffrages exprimés qui lui avaient manqué au second tour et qui avaient failli assurer le succès du candidat commun de la gauche.

Une comparaison faite avec la carte des résultats du référendum du 5 mai 1946 qui avait clairement opposé gauche contre droite montrait de très grandes similitudes avec celle du 19 mai 1974. Après la longue parenthèse du gaullisme qui avait bouleversé la carte électorale de la France, on revenait à la répartition traditionnelle des familles politiques, gauche et droite, et aussi à l'équilibre entre droite et gauche.

« L'ère nouvelle » et le gouvernement Chirac (1974-1976)

Le 27 mai 1974, le nouveau président de la République prenait ses fonctions et le jour même il nommait Jacques Chirac, Premier ministre. Voulait-il ainsi rassurer les gaullistes en montrant que si le président de la République n'était plus un gaulliste, la république « gaulliste », elle, continuait ? Il n'en était rien. Dans son allocution, il proclamait : « De ce jour date une ère nouvelle de la politique française, celle du rajeunissement et du changement de la France », et pour que personne ne s'y trompe, il ne mentionnait ni le nom de son prédécesseur immédiat – dont il avait été l'inamovible ministre de l'Économie et des Finances pendant cinq ans ! –, ni encore – plus remarquable –, celui du général de Gaulle.

La composition du gouvernement confirmait cette orientation. Des seize ministres, cinq seulement appartenaient à l'UDR et encore trois étaient tout à fait obscurs. En revanche il avait été fait appel à *Michel Poniatowski*, adversaire incisif de l'UDR – il avait certes été déjà ministre de la Santé dans les gouvernements Messmer, mais il recevait le ministère de l'Intérieur avec le titre de ministre d'État et semblait jouer le rôle de vice-premier ministre –, et à des centristes dont l'hostilité au gaullisme n'avait jamais désarmé, ainsi *Jean Lecanuet* (garde des Sceaux) et même *Jean-Jacques Servan-Schreiber*, nommé ministre des *Réformes*, qui ne cessait de proclamer la nécessité de détruire l'État-UDR. À vrai dire le ministre des Réformes était renvoyé au bout de quelques jours, pour avoir dénoncé les essais nucléaires qui étaient un élément de fond de la politique du gouvernement dont il avait accepté de faire partie !

En fait Valéry Giscard d'Estaing avait adopté d'entrée une démarche gaullienne : convaincu que sous la Ve République tout devait procéder du chef de l'État, il entendait dépasser les formations politiques pour constituer sa propre majorité présidentielle. D'ailleurs en rendant publiques les *directives* qu'il adressait au gouvernement, le président de la République faisait un nouveau pas dans la présidentialisation du régime, en quoi il rencontrait l'accord de son Premier ministre.

Vers la « société libérale avancée »

Le 25 septembre 1974, le président de la République proclamait que « la France devait devenir un immense chantier de réformes », l'objectif étant la création de « la société libérale avancée ».

Toutes les réformes envisagées ne purent être réalisées, d'autant que beaucoup d'entre elles rencontrèrent peu d'enthousiasme, ou mieux encore, la franche hostilité de la majorité parlementaire. Le bilan en est néanmoins assez considérable.

• *Une « petite » réforme constitutionnelle*

Elle se révéla par la suite d'une grande importance : elle concernait le *droit de saisine* du Conseil constitutionnel. La Constitution de 1958 avait prévu qu'une loi pouvait lui être déférée avant sa promulgation, uniquement par le président de la République, le Premier ministre ou les présidents de l'une ou l'autre assemblée, ce qui limitait étroitement son rôle. Or le *Congrès* réuni le 21 octobre 1974 vota que dorénavant la saisine pourrait avoir lieu également à la demande de 60 députés ou de 60 sénateurs, d'où la possibilité d'un accroissement considérable de la place du Conseil, au point de craindre que l'Assemblée puisse à terme être dessaisie au profit du Conseil constitutionnel, introduisant ce qu'on appelle le « gouvernement des juges ».

• *La réforme sur l'abaissement de l'âge de la majorité*

Cette réforme datée du 5 juillet 1974 entraînant donc celle du droit de vote à 18 ans était symbolique d'un « changement » qui se voulait celui de la jeunesse avec un président de 48 ans et un Premier ministre de 42.

• *La modification du statut de l'ORTF*

Très rapidement également (7 août 1974), cette loi avec comme but d'assurer – problème éternel – l'indépendance de la radio et de la télévision : l'ancienne ORTF éclatait en une série de sociétés indépendantes, Radio-France, TF1, Antenne 2, FR3, ainsi qu'en plusieurs organismes techniques.

• *Modification du statut de la ville de Paris*

Seule commune de France à ne pas posséder son autonomie de gestion, Paris entrait dorénavant par cette réforme importante dans le droit commun avec un *maire élu*, alors que jusque-là le président du conseil municipal n'avait que des pouvoirs limités (31 décembre 1975).

• *Les réformes de caractère social*

Elles furent également nombreuses, réalisant la *généralisation de la Sécurité sociale* (décembre 1974 et juillet 1975), réglementant les licenciements collectifs (janvier 1975), prévoyant l'orientation des handicapés (30 juin 1975)…

Une autre réforme, *la loi Haby* (du nom du ministre de l'Éducation) du 11 juillet 1975, avait comme objectif de renforcer la « démocratisation » de l'enseignement, en créant dans l'enseignement secondaire un « tronc commun de formation » pour tous les élèves de la sixième à la troisième, sans aucun système de filières.

• *Les réformes de caractère économique*

N'étant d'ailleurs pas sans conséquences sociales, elles rencontrèrent plus de difficultés : la suppression de la patente remplacée par une *taxe professionnelle* au profit des collectivités locales fut difficilement votée le 20 juillet 1975. Quant à la *réforme de l'entreprise*, elle n'aboutit pas : préparée par une commission présidée par Pierre Sudreau et ayant pour but de modifier les rapports de pouvoir à l'intérieur de l'entreprise, elle fut finalement abandonnée. Il n'en alla pas tout à fait de même avec le projet de loi *d'imposition sur les plus-values du capital.* L'initiative en avait été prise en juillet 1974 par le président de la République dans le but de faire évoluer vers plus de justice le système fiscal français. Or l'UDR s'y opposait, la gauche aussi. Un débat extrêmement confus occupa presque tout le mois de juin 1976 et finalement en majorité la « majorité » accepta de voter le projet de loi, après qu'il ait été d'ailleurs considérablement édulcoré.

• *Les réformes de « mœurs »*

Sans doute sont-elles celles qui ont le plus marqué cette période.

La loi du 4 décembre 1974 autorisa la vente des produits contraceptifs en pharmacie et leur remboursement par la Sécurité sociale, la loi du 11 juillet 1975 introduisit le divorce par « consentement mutuel » et par rupture de la vie commune et en simplifia la procédure. Quant à la loi *sur l'interruption volontaire de grossesse* du 17 janvier 1975, elle donna lieu à un des débats parlementaires les plus passionnés de la législature, d'autant que pour la première fois un débat à l'Assemblée nationale fut télévisé. Dominé par la personnalité du ministre de la Santé, Simone Veil, qui se révéla à l'opinion publique à cette occasion, il montra les profondes divisions de la majorité face à une réforme votée finalement par 284 voix contre 189, mais parmi les 284 voix favorables, 181 appartenaient à l'opposition.

Le bilan législatif du début de la présidence de Valéry Giscard d'Estaing avait donc été tout à fait important, soumettant d'ailleurs les assemblées à un rythme de travail difficile à soutenir et ne permettant pas toujours à l'administration d'établir des décrets d'application en temps voulu.

Le mécontentement de l'opinion

• *L'augmentation du chômage*

Néanmoins la politique de réformes ne pouvait avoir d'effet sur la crise qui sévissait depuis la fin de 1973 et dont Valéry Giscard d'Estaing avait sous-estimé l'importance : or, en 1975, la situation économique restait très difficile. La hausse de *l'inflation* s'était légèrement ralentie (15,2 % en 1974, 11,7 % en 1975, 9,6 % en 1976), mais au prix d'un *recul de la production.* En 1975, pour la première fois depuis 20 ans, *le produit national brut* avait reculé d'environ 1,5 %, ce qui se traduisit par une montée très rapide du *chômage.* À la fin de 1975 le nombre de chômeurs avait dépassé les 900 000.

En septembre 1975 un plan de relance économique avait été décidé. Il favorisait temporairement une reprise de la production, sans d'ailleurs provoquer de baisse du chômage et en entraînant une forte progression des importations qui déséquilibrait la balance commerciale.

• *La poussée de l'opposition*

Le mécontentement de l'opinion – peu convaincue, semble-t-il, des bienfaits de la politique de réformes – se traduisit brutalement lors des élections cantonales de mars 1976. Au premier tour de ces élections, le 9 mars, la poussée de l'opposition et particulièrement du Parti socialiste fut très forte, mais le second tour l'amplifiait encore : au total sur les 1 863 sièges en jeu, le Parti socialiste en obtenait 520 en en gagnant 194, le Parti communiste 249 en en gagnant 75. Une dizaine de conseils généraux changeaient de majorité et passaient à la gauche. La gauche avait obtenu la majorité absolue des suffrages exprimés.

Les divergences au sommet

• *... sur la politique de réformes*

Les cantonales furent l'occasion pour qu'éclatent au grand jour les divergences entre le président de la République et le Premier ministre. En fait entre les deux hommes rien n'allait plus. Il n'était guère possible que se prolonge très longtemps la collaboration de deux hommes, dont la volonté du premier était de détruire la force politique, l'UDR, dont le second était le principal représentant ! Les conseillers de Jacques Chirac, les anciens conseillers de Georges Pompidou, Marie-France Garaud et Pierre Juillet, avaient beau jeu de lui démontrer que la politique « libérale » du président de la République allait à peu près à contresens des idées gaullistes, et que même si la situation économique expliquait en partie le succès de la gauche, les avanies subies depuis bientôt deux ans par les gaullistes se retournaient finalement contre l'ensemble de la majorité et contre la Ve République.

• *... sur les échéances électorales*

Chargé par le président de la République d'être le *coordinateur* de la majorité, Jacques Chirac pensait que c'était dans le but de préparer des élections anticipées qui lui paraissaient indispensables. Or pour le président de la République il ne fallait en rien modifier la politique de réformes « à tout va » qu'il avait inaugurée et précipiter les échéances électorales normalement prévues pour 1978. Les tensions de plus en plus fortes entre le président de la République et le Premier ministre conduisaient Jacques Chirac à adresser sa démission, le 26 juillet 1976, à Valéry Giscard d'Estaing. Ce dernier en prenait acte, mais lui demandait d'en différer l'annonce jusqu'à la deuxième quinzaine d'août : ce fut donc seulement le 25 août qu'il était officiellement démissionnaire.

• *Une démission originale*

Depuis les débuts de la Ve République – et il en fut de même par la suite –, il n'est jamais arrivé – sauf dans le cas Pompidou-Messmer, mais l'expérience fut interrompue par la mort du Président –, que les rapports ne se dégradent plus ou moins vite entre le président de la République et le Premier ministre. L'explication s'en trouve facilement dans le caractère flou des pouvoirs respectifs de l'un et de l'autre, en tenant compte de la lettre de la Constitution de 1958 et de la pratique inaugurée par de Gaulle et renforcée successivement par G. Pompidou et V. Giscard d'Estaing. La démission de Jacques Chirac fut toutefois originale parce que pour la première fois dans l'histoire de la Ve République, un Premier ministre démissionnait de sa propre volonté et au nom de la *lettre* de la Constitution de 1958 en s'opposant ainsi à une pratique que de Gaulle avait instaurée.

Le gouvernement Barre face à la crise

• *Le professeur d'économie*

Le jour même de la démission de Jacques Chirac, le 25 août 1976, le président de la République nommait Raymond Barre, Premier ministre. Cette désignation ne manquait pas de ressemblance avec celle de Georges Pompidou par de Gaulle en 1962. Bien qu'il ait été ministre du Commerce extérieur dans le gouvernement Chirac, Raymond Barre était peu connu du grand public. Il avait certes occupé depuis des années des fonctions en rapport avec la vie politique, il avait été directeur du cabinet de Jean-Marcel Jeanneney, ministre de l'Industrie de 1959 à 1962, vice-président de la commission du Marché commun à Bruxelles de 1957 à 1972, conseiller écouté du général de Gaulle à qui il avait recommandé de ne pas procéder à une dévaluation en 1969, mais il n'était pas un homme politique au sens habituel du terme. Toutefois, alors que la nomination de Georges Pompidou avait renforcé le caractère présidentiel du régime – de Gaulle voulant montrer que la nomination d'un Premier ministre procédait de lui et non de l'Assemblée nationale –, celle de Raymond Barre avait presque le sens inverse : le nouveau Premier ministre avait obtenu que le président de la République n'empiète pas sur ses attributions. En outre le choix de ce professeur d'Économie réputé – Valéry Giscard d'Estaing le proclama « meilleur économiste de France » – sensiblement plus âgé que son prédécesseur – il avait alors 52 ans – indiquait que l'objectif était maintenant de s'attaquer au problème majeur de l'heure, les conséquences de la crise économique. D'ailleurs Raymond Barre prenait lui-même le portefeuille de ministre de l'Économie et des Finances.

D'un autre côté le fait que le Premier ministre n'ait plus été gaulliste n'avait pas une grande signification, car dans le gouvernement revenaient un certain nombre de gaullistes importants comme Olivier Guichard, nommé ministre d'État et garde des Sceaux.

• *Priorité à l'économie*

Pour le nouveau Premier ministre, l'essentiel était de rétablir les équilibres, en particulier l'équilibre de la balance commerciale, sans trop se préoccuper dans un premier temps du chômage. Car en bonne logique « libérale », ce retour aux équilibres devait permettre ensuite de relancer la production et à terme de faire reculer le chômage.

Le 22 septembre, un *plan d'austérité* était adopté par le Conseil des ministres. Les principaux aspects en étaient la diminution de certains remboursements et l'augmentation des cotisations pour rétablir l'équilibre de la Sécurité sociale, le blocage des prix pendant trois mois et des tarifs publics jusqu'en avril 1977, pour limiter la hausse des prix à 6,5 %, le strict maintien du pouvoir d'achat, sauf pour les plus bas salaires et les plus hauts salaires qui eux étaient bloqués, un projet de budget pour 1977 en équilibre, grâce à une majoration exceptionnelle de l'impôt sur le revenu prélevée en partie sous forme d'un emprunt, grâce aussi à un alourdissement d'un certain nombre d'impôts indirects et de l'impôt sur les sociétés, la limitation du crédit, la stimulation de l'économie par l'investissement, enfin des mesures prises en faveur du commerce extérieur.

• *Les critiques*

Un tel programme, d'ailleurs moins rigoureux qu'il ne paraissait, n'avait pas de quoi susciter l'enthousiasme de l'opinion publique. En outre l'UDR n'y croyait guère, l'Union de la gauche le critiquait avec véhémence, les syndicats s'unissaient pour une *journée nationale d'action* le 7 octobre.

Au mois de décembre 1976, la cote du président de la République s'effondrait : 47 % de mécontents contre 39 % de satisfaits, 50 et 25 % pour le Premier ministre !

En fait la situation du président de la République était d'autant plus difficile qu'il devait faire face à de sérieuses difficultés politiques. Le gaullisme dont les chefs vieillissaient avait trouvé un nouveau leader en la personne de Jacques Chirac. Peu connu encore en 1974, il était devenu depuis une personnalité de stature nationale. Réélu brillamment député de Corrèze le 14 novembre 1976 dès le premier tour de cette élection partielle, il invitait immédiatement à la formation « d'un vaste mouvement populaire » pour « défendre les valeurs essentielles du gaullisme ». Le 5 décembre, à la place de l'UDR, il créait le *Rassemblement pour la République* dont il devenait président. Le RPR proposait une autre voie face à celle que le président de la République décrivait dans un ouvrage publié récemment, *Démocratie française*. À la société libérale, moderne et pluraliste de Giscard d'Estaing, Chirac opposait une société de volonté : « Mon appel n'est que l'écho de l'éternel appel des nations qui ne veulent pas mourir » et dans l'immédiat il appelait au combat contre la montée menaçante du « collectivisme ».

Ce combat était d'autant plus urgent que les élections municipales étaient prévues pour mars 1977, et que la « coalition socialo-communiste », comme disaient ses adversaires, venait de connaître encore une forte progression, lors de la série d'élections partielles du mois de novembre 1976.

• *La bataille des élections municipales*

Elle se déroula sur deux fronts, Union de la gauche contre majorité d'une part, à l'intérieur de la majorité d'autre part.

Sur le premier front, la déroute de la majorité fut complète. L'opposition gagnait 55 des 221 villes de plus de 30 000 habitants (non compris Paris et la région parisienne) – celles où le scrutin était le plus clairement politique. Dorénavant elle en administrait 156, soit 72 pour les communistes et 81 pour les socialistes. Le succès de la gauche en particulier socialiste était particulièrement éclatant dans l'Ouest (Rennes, Nantes, Brest). Le raz de marée était aussi important et probablement davantage dans les villes de moins de 30 000 habitants, mais plus difficile à comptabiliser. Le directeur du *Monde* écrivait (22 mars 1977) : « La victoire de la gauche est géographiquement et sociologiquement trop étendue pour qu'elle n'exprime pas une profonde volonté de changement. »

Le second front de ces élections municipales avait opposé les deux tendances de la majorité à *Paris.*

Comme nous l'avons vu ci-dessus, une des réformes auxquelles le Président tenait particulièrement était de faire de Paris une commune comme les autres avec un vrai maire. À l'époque Jacques Chirac avait pensé peu souhaitable que, face à l'autorité présidentielle et gouvernementale, puisse se dresser le cas échéant la formidable puissance que représenterait le maire de Paris. Ce fut probablement la raison pour laquelle le président de la République estima que le maire de Paris devait être… « giscardien » et désigna comme candidat à cette fonction un de ses fidèles, le maire de Deauville, Michel d'Ornano. Or les gaullistes, depuis longtemps majoritaires à Paris, pouvaient difficilement l'accepter. Le président de la République désireux d'en finir avec le gaullisme dans la capitale, se refusa à toute transaction, et le 19 janvier 1977, Jacques Chirac annonçait qu'il serait lui-même candidat à Paris. Résultat : les élections municipales à Paris furent l'occasion d'une formidable bataille entre « chiraquiens » et « giscardiens », qui tourna à l'avantage des premiers. Le 25 mars 1977, Jacques Chirac était élu maire de Paris.

Si par leur victoire à Paris, les gaullistes sauvaient la face, pour le Président, la défaite, voire l'humiliation était complète.

Plus important, il semblait inéluctable que la majorité – divisée au surplus – perde les élections législatives de 1978, d'autant que si avec le recul historique le plan Barre apparaît comme non dénué d'efficacité, cela ne se traduisait guère dans la vie quotidienne. La *croissance* se poursuivait, même si elle était très inférieure à celle de la période précédente (environ 3 % en 1976 et 1977 et des prévisions supérieures pour 1978), le taux *d'inflation* n'augmentait plus, même s'il restait élevé (9,9 % en 1976, 9 % en 1977), le déficit de la balance des paiements avait été éliminé à la fin de 1977, le déficit budgétaire avait été considérablement réduit, le franc s'était stabilisé. En revanche le chômage continuait à croître malgré le *pacte national pour l'Emploi* du 26 avril 1977 : au mois de juillet le nombre des sans-emploi était de *1,15 million*, il devait être de *1,3 million* à la fin de 1978.

Les élections législatives de 1978

C'est dans le domaine proprement politique que la préparation des élections de 1978 provoqua les changements les plus importants.

Du côté de la majorité, face au RPR animé de façon particulièrement dynamique par Jacques Chirac, le président de la République s'employait à rééquilibrer la majorité en rassemblant ses autres composantes dans un cartel électoral, ébauche d'un parti du Président, l'*Union pour la démocratie française*. Née le 1er février 1978, l'UDF rassemblait le *Parti républicain*, constitué le 19 mai 1977 à partir des Républicains indépendants, le *Centre des démocrates sociaux* (CDS), dû à la fusion le 23 mai 1976 du Centre démocrate de Jean Lecanuet et du Centre Démocratie et Progrès fondé par Jacques Duhamel, héritier de la tradition démocrate-chrétienne, et le *Parti radical*, dirigé alors par J.-J. Servan-Schreiber. L'idée était de constituer une grande formation centriste dont Valéry Giscard d'Estaing pensait qu'elle serait l'axe de la politique française, dans la mesure où la France devait être, selon lui, gouvernée « au centre ».

• *La rupture de l'Union de la gauche*

Consommée le 23 septembre 1977, ce fut néanmoins l'événement politique le plus important.

Comment la gauche en était-elle arrivée là si près de la victoire ?

Quand le Parti communiste avait signé le Programme commun de la gauche en 1972, il entendait bien en faire un levier pour conquérir le pouvoir, en s'appuyant sur les masses mises en mouvement. Or très rapidement le Parti communiste se rendit compte que la *dynamique* unitaire ne jouait pas en sa faveur. Mise à part une croissance de ses effectifs d'ailleurs difficilement vérifiable, la progression des voix de la gauche aux élections partielles avait à peu près seulement bénéficié aux socialistes. Après avoir rejoint la puissance électorale des communistes, ils la dépassaient. Un des principaux objectifs définis par François Mitterrand, rééquilibrer la gauche, se réalisait et allait au-delà des espérances. Le Parti communiste risquait en quelque sorte de devenir le marchepied du Parti socialiste vers le pouvoir, et non l'inverse !

À partir de la fin de l'année 1974, pour essayer de renverser la tendance, le Parti communiste et en particulier son secrétaire général, Georges Marchais, ne cessèrent de faire alterner manifestations unitaires et attaques contre le Parti socialiste. Mais cette guérilla ne donna pas les résultats escomptés. Le Parti communiste continuait à stagner et le Parti socialiste poursuivait sa montée en puissance. Il semble bien qu'en 1976, la direction du Parti communiste ait été tentée de « jouer le jeu » jusqu'au bout, c'est-à-dire de poursuivre dans la voie du Programme commun quelles qu'en soient les conséquences, et cela au prix d'un très sévère conflit avec le Parti communiste soviétique qui dès l'origine avait été très hostile à l'expérience de l'Union de la gauche. Mais en 1977, le Parti communiste français rentrait dans le rang de l'orthodoxie communiste et ses initiatives allaient conduire à l'éclatement de l'Union de la gauche.

Les négociations qui s'engagèrent le 17 mai entre les trois partenaires de l'Union de la gauche en vue de la « réactualisation » du Programme commun furent l'occasion de la rupture.

Les désaccords apparurent rapidement à propos du nombre des nationalisations envisagées et de la proposition faite par le PC d'un système de désignation de leurs dirigeants qui en assurerait la maîtrise à la CGT. Plus qu'une mise à jour, il s'agissait d'une véritable transformation du Programme commun que le Parti socialiste ne pouvait accepter. L'échec des pourparlers fut consommé le 23 septembre 1977.

Aussitôt la rupture acquise, les anciens partenaires s'accusèrent mutuellement d'être à l'origine de la scission. Le Parti communiste ne cessa de dénoncer « le virage à droite » du Parti socialiste et se refusa à conclure un accord de désistement avant le premier tour des élections de 1978.

• *La gauche en tête au premier tour*

Les sondages accordaient à la gauche, dans les premiers mois de 1978, entre 50 et 51 % des intentions de vote alors que la droite plafonnait à 45 %, la victoire de la gauche était donc chose possible (même si la majorité des Français, assez paradoxalement, n'y croyaient pas). Ceci explique que Valéry Giscard d'Estaing ait néanmoins défini avec netteté, en particulier dans son discours de Verdun-sur-le-Doubs, le 27 janvier 1978, son attitude en cas de victoire de l'opposition : le président de la République resterait en fonctions quoi qu'il arrive, mais il n'aurait aucun moyen d'empêcher l'application du Programme commun.

Les élections législatives de 1978
1er tour -12 mars

Inscrits	34 424 388	
Abstentions	5 767 543	soit 16,75 % des inscrits
Blancs et nuls	558 730	soit 1,62 % des inscrits
Exprimés	28 098 115	soit 81,63 % des inscrits
Extrême gauche (dont PSU)	917 666	soit 3,27 % des suffrages exprimés
Parti communiste	5 791 125	soit 20,61 % des suffrages exprimés
Parti socialiste	6 403 265	soit 22,79 % des suffrages exprimés
Mouvement des radicaux de gauche	606 565	soit 2,16 % des suffrages exprimés
Divers gauche	385 158	soit 1,37 % des suffrages exprimés
UDF et majorité présidentielle	6 712 244	soit 23,89 % des suffrages exprimés
RPR	6 416 288	soit 22,84 % des suffrages exprimés
Extrême droite	210 761	soit 0,75 % des suffrages exprimés
Divers (écologistes, féministes, régionalistes,...)	654 643	soit 2,33 % des suffrages exprimés

À l'issue de ce premier tour, on pouvait constater une nouvelle fois le taux extrêmement élevé de participation, le plus élevé pour une élection législative depuis 1945, traduction du sentiment de l'importance de l'enjeu pour le corps électoral.

Fait important bien que prévu, le Parti communiste perdait la première place à gauche au profit du Parti socialiste ; il reculait par rapport à 1973, à vrai dire d'assez peu (0,79 %). Plus grave encore au moins du point de vue symbolique, il était au dernier rang des quatre grandes formations engagées dans cette bataille électorale.

Le Parti socialiste et ses alliés, les radicaux de gauche, progressaient très sensiblement, de 4,24 %, mais sensiblement moins également que ne leur avait promis les sondages qui les plaçaient à 27/28 %.

Globalement, la gauche prenait la tête : avant le deuxième tour, elle disposait d'un potentiel de 50,20 % des suffrages exprimés et la droite de 47,47 %, mais cette poussée ne paraissait pas suffisante pour garantir la victoire du fait de l'incertitude des reports de voix.

Dans la majorité un phénomène parallèle s'était produit, l'UDF et les candidats dans sa mouvance prenaient la tête devant le RPR, même si le RPR *stricto sensu* était encore légèrement en avance devant l'UDF. Pour la première fois, le courant gaulliste ne formait plus l'élément prépondérant de la majorité au plan législatif.

• *Une nette victoire de la majorité*

Le second tour paraissait très indécis. Il se déroula dans le cadre d'une « bipolarisation » presque parfaite : sur 410 circonscriptions encore en jeu, il n'y en eut qu'une où se maintinrent plus de deux candidats ! Dès le 13 mars, les anciens partenaires de la gauche avaient conclu un accord de désistement, mais après les polémiques très vives des derniers mois, cela semblait un « replâtrage » tardif.

Résultats des élections législatives de 1978
2e tour -19 mars 1978

Communistes	86 sièges
Socialistes et apparentés	114 sièges
RPR et apparentés	154 sièges
UDF et apparentés	137 sièges

Les communistes gagnaient 13 sièges, les socialistes 12, le RPR en perdait 29, tout en restant le groupe le plus nombreux, mais la « majorité » conservait largement la majorité, 291 sièges contre 200 pour la gauche.

Comment, à partir de résultats plutôt favorables à la gauche au premier tour, était-on arrivé à une nette victoire de la majorité au second ? Une mobilisation encore plus forte de l'électorat avait joué pour la plus grande part en faveur de la majorité, et surtout on constatait une très grande discipline de vote à droite alors qu'à gauche les reports s'étaient faits de façon très inégale : là où le candidat resté en lice était un socialiste, les reports avaient été assez bons : en revanche là où le candidat de la gauche était un communiste, une partie notable de l'électorat socialiste n'avait pas voté pour lui. En d'autres termes, la rupture de l'Union de la gauche d'un côté, de l'autre le réflexe anticommuniste tant à gauche qu'à droite avaient fait la décision.

Les vaincus étaient faciles à déterminer. En revanche pour Jacques Fauvet dans *Le Monde* (21 mars), il n'y avait qu'un *vainqueur :* le président de la République, Valéry Giscard d'Estaing.

La fin du septennat (1978-1981)

Il n'y avait plus de consultation majeure avant l'élection présidentielle de 1981, la présidence de Valéry Giscard d'Estaing pouvait en théorie entrer dans une période plus calme.

Après avoir démissionné conformément à la tradition, *Raymond Barre* reçut de nouveau la mission de former le gouvernement. Dans ce nouveau gouvernement, le Premier ministre se déchargea de la gestion directe de l'Économie confiée à un sénateur de la Vienne, René Monory. Fort de son succès, le président de la République eut tendance à intervenir de nouveau de plus en plus dans tous les domaines, reprenant l'habitude des directives publiques au gouvernement.

• *Décrisper les relations internationales*

L'attention allait d'abord se tourner principalement vers les affaires internationales, et très précisément vers les affaires européennes.

Comme il était de tradition, Valéry Giscard d'Estaing, dès son accession à la présidence de la République, avait consacré une grande part de son activité aux affaires internationales avec la collaboration de ministres des Affaires étrangères effacés choisis dans le corps diplomatique et sans vocation politique, Jean Sauvagnargues de 1974 à 1976, puis Louis de Guiringaud de 1976 à 1978.

Pour l'essentiel la politique extérieure de Valéry Giscard d'Estaing s'inscrivit dans le prolongement de celle de ses prédécesseurs, contacts maintenus avec les pays de l'Est (Léonid Brejnev vint en France en décembre 1974 et Valéry Giscard d'Estaing lui rendit sa visite en octobre 1975), rapports souvent difficiles avec les États-Unis, intérêt pour le Tiers-Monde et tout particulièrement pour l'Afrique (dans le cadre de l'idée du Président d'un dialogue *Nord-Sud*, une conférence sur « la coopération économique internationale » se réunit à Paris en décembre 1975), même attitude au Moyen-Orient ressentie en Israël comme nettement déséquilibrée en faveur des pays arabes. La différence fut plus au niveau du style qu'à celui du fond. Comme en politique intérieure où il pratiqua la « décrispation » avec des succès inégaux, Valéry Giscard d'Estaing entendait décrisper les relations internationales par des gestes spectaculaires et quelquefois surprenants, comme d'aller fleurir la tombe de Lénine à Moscou... En revanche les critiques faites quelquefois d'une dérive atlantique ou de modifications de la politique militaire n'étaient pas vraiment fondées.

• *La relance de la politique européenne*

C'est seulement dans le domaine européen que la politique du président de la République secoua gravement la majorité. En étroit accord avec Helmut Schmidt le nouveau chancelier social-démocrate allemand depuis mai 1974, à qui le lie une amitié personnelle, il souhaite vivement faire avancer l'Europe.

De Gaulle avait toujours refusé d'engager l'Europe dans la voie du régime d'assemblée, et avait tenté sans succès dans le passé de placer à la tête de l'Europe « un conseil des chefs d'État et de gouvernement » (plan Fouchet, cf. ci-dessus). Giscard d'Estaing obtint que ce « Conseil européen » soit réuni trois fois par an et chaque fois que la nécessité s'en ferait sentir (12 décembre 1974), mais en contrepartie les Neuf décidèrent que l'objectif fixé par le traité de Rome de l'élection au suffrage universel d'une Assemblée européenne soit réalisé « le plus tôt possible ». Un Acte du Conseil des Neuf du 20 septembre 1976 décida que les membres de cette assemblée seraient élus au suffrage universel direct pour une période de cinq ans. Du côté gaulliste où on voyait le spectre de la supranationalité se glisser derrière ce projet, les réticences étaient très fortes, cependant la loi fut adoptée sans vote par l'Assemblée nationale le 16 juin 1977, le gouvernement ayant engagé sa responsabilité sans qu'une motion de censure soit déposée.

Les autres Parlements des Neuf approuvèrent également l'élection de l'Assemblée européenne au suffrage universel et les premières élections de ce type furent fixées au *10 juin 1979.*

• *Les élections européennes, répétition pour l'élection présidentielle*

Elles prirent une signification politique et de politique intérieure. En effet pour les grandes forces politiques françaises maintenant au nombre de quatre, le scrutin à la proportionnelle permettait bien davantage que le système majoritaire de se démarquer, et pour chacune d'entre elles, plus que les élections européennes, ce qui était en cause, c'était l'élection présidentielle de 1981.

Pour le RPR en particulier qui, entravé par la solidarité majoritaire ne cessait de regimber contre la politique suivie, sans pouvoir aller jusqu'à renverser le gouvernement, c'était une occasion particulièrement favorable – du moins le croyait-il – de rassembler l'opinion autour des valeurs gaullistes, dans un domaine où le gaullisme avait toujours été très sourcilleux. Pour le Parti communiste de son côté, cela permettait d'accentuer la dénonciation du « virage à droite » d'un Parti socialiste accusé de soutenir « l'Europe capitaliste », et ainsi d'espérer reconquérir la première place à gauche.

Il fut donc clair très vite qu'on s'acheminait vers quatre listes, bientôt dénommées la « bande des quatre ».

Le premier à ouvrir le feu fut Jacques Chirac qui faisait publier le 6 décembre 1978 à partir de l'hôpital Cochin, où il était hospitalisé à la suite d'un accident de voiture, une déclaration rédigée vraisemblablement par ses conseillers Pierre Juillet et Marie-France Garaud, vite baptisée *« appel de Cochin »*. Ce texte d'une rare violence, dénonçait les desseins du « parti de l'étranger » dans la politique européenne du chef de l'État.

Tout naturellement Georges Marchais et François Mitterrand prenaient la tête des listes communiste et socialiste, Jacques Chirac et Michel Debré, défenseur intransigeant de la pensée gaullienne, celle de la liste RPR. Quant à la liste inspirée par le Président, elle fut dirigée par le ministre de la Santé, Simone Veil, qui commençait à cette occasion sa carrière européenne. N'appartenant à aucune formation politique, ancienne déportée, populaire dans l'opinion publique, rendue célèbre par la loi sur l'interruption volontaire de grossesse et le combat difficile qu'elle avait mené, elle était apparue comme particulièrement désignée pour conduire une liste obligatoirement aussi composite que l'était l'UDF.

Le système de représentation proportionnelle, encore qu'il fallait obtenir au moins 5 % des suffrages exprimés pour avoir droit à une représentation, avait poussé de nombreuses petites listes à se constituer depuis l'extrême gauche jusqu'à l'extrême droite.

• *Le renforcement de la « majorité présidentielle »*

Première remarque : aussitôt qu'un scrutin avait trait à l'Europe, il provoquait un taux d'abstentions particulièrement élevé, bien davantage que dans les autres pays européens, sauf en Angleterre où il avait été encore plus important.

Deuxième remarque : si l'équilibre majorité-opposition ne se trouvait guère modifié, la « majorité présidentielle » avait maintenant la majorité à l'intérieur

Résultats des élections européennes (10 juin 1979)

Inscrits	35 094 163			
Abstentions	17 739 251	soit 39,19 %	des inscrits	
Blancs et nuls	1 139 777	soit 5,32 %	des inscrits	
Suffrages exprimés	20 176 135	soit 55,49 %	des inscrits	
Parti socialiste et MRG	4 756 774	soit 23,57 %	des suffrages exprimés	22 sièges
Parti communiste	4 151 261	soit 20,57 %	des suffrages exprimés	19 sièges
RPR	3 279 985	soit 16,25 %	des suffrages exprimés	15 sièges
UDF	5 558 560	soit 27,55 %	des suffrages exprimés	25 sièges
Lutte ouvrière (Arlette Laguiller)	622 506	soit 3,08 %	des suffrages exprimés	0 siège
Europe Écologie (Solange Fernex)	888 819	soit 4,39 %	des suffrages exprimés	0 siège
5e liste (Jean-Jacques Servan-Schreiber ; Françoise Giroud)	372 692	soit 1,84 %	des suffrages exprimés	0 siège
Défense des intérêts professionnels (droite ; Ph. Malaud)	281 535	soit 1,39 %	des suffrages exprimés	0 siège
Euro-droite (Extrême droite ; J.-L. Tixier-Vignancour)	265 074	soit 1,31 %	des suffrages exprimés	0 siège

de « la majorité ». Le RPR connaissait une défaite majeure, il était presque ramené au résultat de Jacques Chaban-Delmas en 1974. L'ambiguïté d'une position qui consistait à participer à une élection européenne, tout en combattant l'Europe, ainsi que les excès verbaux d'une campagne dont l'appel de Cochin avait donné le signal, pouvaient expliquer en partie ce recul. Le président de la République avait souligné les inconvénients que représenterait le cas échéant un chef d'État « agité », et le Premier ministre Raymond Barre « l'outrance » du chef du RPR, son « éloquence du menton »... Le RPR payait également la contradiction d'être dans la majorité et de ne cesser de critiquer le gouvernement. Conséquence immédiate : Jacques Chirac se séparait de ses conseillers politiques, Pierre Juillet et Marie-France Garaud.

• *La morosité de l'opinion*

Malgré ce succès Valéry Giscard d'Estaing ne parvenait pas à rétablir un climat de confiance dans le pays. Dans le contexte de tension grandissante sur le plan international, perpétuation de la guerre civile commencée au Liban en 1975, révolution « islamique » en Iran (janvier 1979) et prise en otage du personnel de l'ambassade américaine (novembre 1979), début de la guerre entre l'Iran et l'Irak à l'initiative de l'Irak (septembre 1979), invasion de l'Afghanistan par les troupes soviétiques (décembre 1979), menaces sur la Pologne (1980), la politique de Valéry Giscard d'Estaing dont la ligne principale semblait d'essayer de sauver la détente n'était pas toujours comprise de l'opinion, y compris dans le camp majoritaire (participation française aux Jeux olympiques de Moscou dans l'été 1980, alors que les États-Unis et d'autres pays les boycottaient en raison de l'invasion de l'Afghanistan, rencontre avec Leonid Brejnev à Varsovie en mai 1980, accueil particulièrement empressé de l'imam Khomeiny en France avant qu'il ne parte prendre la tête de la révolution iranienne...).

Il fallait ajouter à cela les problèmes intérieurs. Raymond Barre avait dans une certaine mesure réussi à stabiliser la situation économique et il tentait de ramener l'économie française au *libéralisme* par le retour à la liberté des prix et à l'économie de marché quand intervint le *second choc pétrolier*. Dans les années 1979 et 1980, le prix du baril de pétrole connaissait un nouveau *triplement*.

Malgré une croissance plus soutenue que prévue, la balance commerciale se dégradait de nouveau en 1980, l'inflation repartait (11,8 % en 1978, 13,4 % en 1979) et le chômage atteignait, en novembre 1980, le seuil des 1 613 000 demandeurs d'emploi. En outre des difficultés sectorielles, comme celles de la sidérurgie, provoquaient une vive agitation.

Valéry Giscard d'Estaing luttait contre l'inquiétude des Français en mettant en valeur toutes les réussites de l'industrie, électricité nucléaire. Airbus, fusée Ariane, industrie des télécommunications et de l'informatique, mais cela n'empêchait pas la cote de popularité du Premier ministre d'être particulièrement basse (26 % de satisfaits contre 57 % de mécontents (sondage IFOP) en septembre 1979). La personne du président de la République fut mise à son tour en cause, lorsqu'en octobre *Le Canard Enchaîné* révélait qu'il avait reçu des diamants de « l'Empereur » de la République centrafricaine Bokassa. « L'affaire des diamants » qui – assez paradoxalement – n'affecta pas en apparence la cote de popularité du Président ne cessa pourtant dans les mois suivants d'être un sujet de dérision.

L'atmosphère était encore obscurcie en 1980 par le développement de l'insécurité et en particulier par l'attentat contre la synagogue de la rue Copernic, qui provoquait de vastes manifestations « antifascistes », alors que par la suite il allait être montré que les responsables venaient du Moyen-Orient.

Curieusement, malgré tous ces éléments négatifs, tous les sondages de l'année 1980 montraient que face à François Mitterrand ou à Michel Rocard, le président de la République l'emporterait largement.

Les présidences de François Mitterrand (1981-1995)

L'élection présidentielle de 1981

Pour la première fois depuis 1965, l'élection présidentielle de 1981 eut lieu à l'échéance normale, puisque tant en 1969 qu'en 1974, à la suite de la démission du général de Gaulle et de la mort de Georges Pompidou, elle avait dû être anticipée. Les candidats éventuels avaient donc eu le temps de se préparer.

• *Une gauche divisée*

La longueur de la précampagne aggrava les oppositions, tant à gauche qu'à droite, car chacun cherchait à mieux marquer sa « différence » par rapport à celui qui serait, au premier tour, son principal rival. Le Parti communiste n'avait cessé d'attaquer avec une virulence accrue son allié d'hier, accusé de *« trahison »* et « d'alignement constant sur les orientations des États-Unis » (9 décembre 1980), au point que la première préoccupation du Parti communiste pouvait sembler être que le candidat socialiste soit battu. Il laissait d'ailleurs planer la menace de ne pas voter pour lui le cas échéant au second tour.

Le Parti socialiste évitait de se laisser entraîner dans la polémique puisqu'il n'avait aucune chance de gagner s'il ne disposait pas des voix communistes au second tour ; pourtant les sondages montraient que le fossé s'approfondissait entre électeurs communistes et électeurs socialistes, surtout depuis l'approbation de l'intervention soviétique en Afghanistan.

• *L'opposition des formations politiques de droite entre elles*

Il en allait de même à droite où le RPR n'avait cessé de critiquer la gestion gouvernementale et refusait de voter les projets du gouvernement. Raymond Barre ne disposait plus que d'une majorité parlementaire « négative », et pendant l'hiver 1979-1980, il fut contraint de recourir à six reprises à l'article 49.3 de la Constitution (un texte était considéré comme adopté sans vote si aucune motion de censure n'avait été déposée contre lui) pour faire adopter les projets présentés. En raison des complications de toutes sortes provoquées par cette guérilla le budget de 1980 ne put être voté dans les délais normaux et il fallut réunir une session exceptionnelle de l'Assemblée. À d'autres reprises, pour contourner l'opposition du RPR, le gouvernement dut également recourir à la procédure du « vote bloqué » en fonction de l'article 44 de la Constitution.

Le président de la République quant à lui entendait ne tenir aucun compte des critiques faites par le RPR à la politique « monétariste » de Raymond Barre à qui il était reproché de se montrer indifférent à la progression du chômage, sans pour autant parvenir à réduire le taux de l'inflation. Entre les deux formations de la majorité, il s'agissait donc d'options politiques différentes.

• *La multiplicité des candidatures*

Il allait de soi que l'UDF soutiendrait le Président sortant, même si *Valéry Giscard d'Estaing* attendit l'extrême limite pour déclarer sa candidature, le 2 mars 1981 – l'élection avait été fixée au 26 avril pour le premier tour et au 10 mai pour le second tour, le mandat du président en exercice se terminant le 24 mai. *Georges Marchais* avait été officiellement déclaré candidat du Parti communiste dès le 12 novembre 1980.

Pour le RPR et le Parti socialiste, les choses furent moins simples. En effet, *Michel Debré* avait, dès le 30 juin 1980, annoncé sa candidature : garant de l'orthodoxie gaulliste, il refusait de s'effacer devant le chef du RPR, et il maintint sa candidature après que *Jacques Chirac* ait annoncé la sienne (3 février 1981) et qu'il ait obtenu le soutien du RPR.

À l'intérieur du parti socialiste, une sévère confrontation opposa *Michel Rocard* et *François Mitterrand.*

Candidat à l'élection présidentielle de 1969 au titre du PSU, Michel Rocard avait adhéré au Parti socialiste à la fin de 1974 à la suite d'« Assises du socialisme » qui avaient réuni à la fois des socialistes de diverses obédiences et des syndicalistes de la CFDT ; et très rapidement il se posa en rénovateur du socialisme face à un certain « archaïsme ». Très populaire dans l'opinion publique, il l'était moins dans le Parti socialiste, et lors du congrès de Metz de ce parti (6-8 avril 1979), violemment attaqué par un jeune protégé de François Mitterrand, Laurent Fabius, il s'engageait à ne pas être candidat contre François Mitterrand. Le 19 octobre 1980, il annonçait officiellement sa candidature, mais le 8 novembre *François Mitterrand* présentait la sienne et Michel Rocard s'effaçait.

Pour éviter la multiplication des candidatures marginales, les règles de présentation avaient été modifiées : il fallait maintenant obtenir le parrainage de 500 élus (parlementaires, conseillers généraux, maires) au lieu de 100 et qu'ils soient répartis dans trente départements au lieu de 10. Cette règle fut fatale à Jean-Marie Le Pen et à Alain Krivine ; en revanche *Michel Crépeau* se présentait au nom des radicaux de gauche, *Huguette Bouchardeau* pour le PSU, *Arlette Laguiller* pour Lutte ouvrière, *Brice Lalonde* pour les écologistes et dernière candidature plus surprenante, *Marie-France Garaud*, qui critiquait maintenant âprement tous les aspects de la politique du chef de l'État.

Résultats de l'élection présidentielle de 1981
1er tour-26 avril 1981

Inscrits	36 398 859	
Abstentions	6 882 777	soit 18,91 % des inscrits
Blancs et nuls	477 965	soit 1,31 % des inscrits
Suffrages exprimés	29 038 117	soit 79,78 % des inscrits
Valéry Giscard d'Estaing	8 222 432	soit 28,32 % des suffrages exprimés
François Mitterrand	7 505 960	soit 25,85 % des suffrages exprimés
Jacques Chirac	5 225 848	soit 18 % des suffrages exprimés
Georges Marchais	4 456 922	soit 15,35 % des suffrages exprimés
Brice Lalonde	1 126 254	soit 3,88 % des suffrages exprimés
Arlette Laguiller	668 057	soit 2,30 % des suffrages exprimés
Michel Crépeau	642 847	soit 2,21 % des suffrages exprimés
Michel Debré	481 821	soit 1,66 % des suffrages exprimés
Marie-France Garaud	386 623	soit 1,33 % des suffrages exprimés
Huguette Bouchardeau	321 353	soit 1,11 % des suffrages exprimés

• *La surprise du premier tour : le recul du Parti communiste*

Les résultats confirmaient globalement les rapports de forces enregistrés lors des élections précédentes et les prévisions des sondages : la majorité l'emportait légèrement sur l'opposition, 49,31 contre 46,32, en ne tenant pas compte des voix écologistes. Cette avance était suffisante pour que Valéry Giscard d'Estaing l'emporte au second tour, mais deux faits modifièrent profondément cette donnée.

François Mitterrand obtenait environ deux points de plus que prévu et Georges Marchais autant en moins. Le Parti communiste enregistrait sa plus grave défaite électorale depuis la Libération. Lors du « décrochage » de 1958, il avait conservé 19,2 % des suffrages exprimés. En 1981 il était ramené à son score de 1936 (15,2 %), ce qui à l'époque avait été un progrès...

Il sera nécessaire d'analyser plus loin cette régression du Parti communiste – phénomène conjoncturel ou phénomène structurel ? –, mais dans l'immédiat il était désavoué par une partie importante de son électorat et à moins de se « suicider » politiquement il fut obligé de se désister sans conditions pour le candidat socialiste. Tous les autres candidats de gauche en firent autant.

La défaite communiste eut en outre comme conséquence d'enlever beaucoup de valeur à un des arguments les plus efficaces contre la candidature de François Mitterrand, de risquer d'être l'otage du Parti communiste. L'image de la gauche en était brusquement transformée.

Deuxième fait, la discipline de vote qui se profilait à gauche était beaucoup moins assurée dans la majorité sortante. Jacques Chirac, contraint à se retirer, ne mit pas beaucoup d'empressement à se désister pour son concurrent, il appelait chacun à voter « selon sa conscience ». *À titre personnel*, il ne pouvait que voter pour M. Giscard d'Estaing. Michel Debré attendit près de 10 jours pour appeler à voter pour le président sortant et Marie-France Garaud faisait annoncer qu'elle voterait blanc.

L'alternance

Résultats de l'élection présidentielle de 1981
2e tour-10 mai 1981

Inscrits	36 398 762	
Abstentions	5 149 210	soit 14,15 % des inscrits
Blancs et nuls	898 984	soit 2,47 % des inscrits
Suffrages exprimés	30 350 568	soit 83,38 % des inscrits
François Mitterrand	15 708 262	soit 51,76 % des suffrages exprimés
Valéry Giscard d'Estaing	14 642 306	soit 48,24 % des suffrages exprimés

• *La victoire de François Mitterrand*

Elle était donc nette, plus que celle de son vainqueur de 1974, puisque son avance était d'un peu plus d'un million de voix.

D'après les analyses faites postérieurement, l'afflux d'électeurs au second tour – 4,81 % des inscrits en plus – n'avait, contrairement à 1974, que très légèrement favorisé Valéry Giscard d'Estaing. En revanche le nombre de votes blancs ou nuls avait presque doublé au détriment du vote Giscard et près d'un million de voix des trois candidats « gaullistes » du premier tour s'étaient portées au second sur François Mitterrand.

François Goguel tire de son analyse de ces élections cette conclusion : « Élu de justesse en 1974, malgré la défaillance d'une fraction de l'électorat de sensibilité gaulliste, Valéry Giscard d'Estaing aurait dû de toute évidence consacrer tous ses soins à rétablir l'unité de l'ancienne majorité. Or il a fait exactement le contraire… » (*Chroniques électorales*, t. III).

En cas de succès, François Mitterrand avait prévu de dissoudre l'Assemblée nationale afin de pouvoir disposer d'une majorité parlementaire. Ces nouvelles élections eurent lieu les 14 et 21 juin 1981.

Résultats des élections législatives de 1981
1er tour-14 juin
(France métropolitaine)

Inscrits	35 536 041	
Abstentions	10 354 010	soit 29,14 % des inscrits
Blancs ou nuls	359 086	soit 1,01 % des inscrits
Suffrages exprimés	24 822 945	soit 69,85 % des inscrits
Parti communiste	4 003 025	soit 16,13 % des suffrages exprimés
PSU-ex-gauche	312 649	soit 1,25 % des suffrages exprimés
Parti socialiste MRG	9 387 380	soit 38,02 % des suffrages exprimés
Divers gauche	61 860	soit 0,25 % des suffrages exprimés
Écologistes	265 647	soit 1,07 % des suffrages exprimés
Union pour une nouvelle majorité (RPR, UDF et divers)	10 649 476	soit 42,9 % des suffrages exprimés
Extrême droite	71 345	soit 0,29 % des suffrages exprimés
Divers	24 488	soit 0,07 % des suffrages exprimés

Résultats des élections législatives de 1981
2e tour-21 juin

Groupe communiste	44 sièges
Groupe socialiste	285 sièges
Groupe RPR	88 sièges
Groupe UDF	62 sièges
Non inscrits	11 sièges

• *Les élections législatives de 1981*

Pour ces élections, Jacques Chirac pour le RPR et Jean Lecanuet signaient un pacte constitutif de l'*Union pour une nouvelle majorité* (UNM) destiné à montrer l'unité retrouvée en présentant un candidat unique dans beaucoup de circonscriptions.

Les élections présidentielles de 1981

L'ÉLECTION PRÉSIDENTIELLE DE 1981 (Les votes pour François Mitterrand au 2e tour)

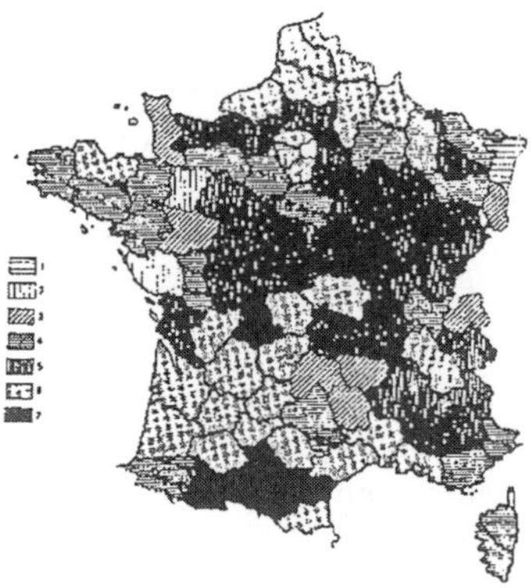

L'ÉLECTION PRÉSIDENTIELLE DE 1981 (Les votes pour Valéry Giscard d'Estaing au 2e tour)

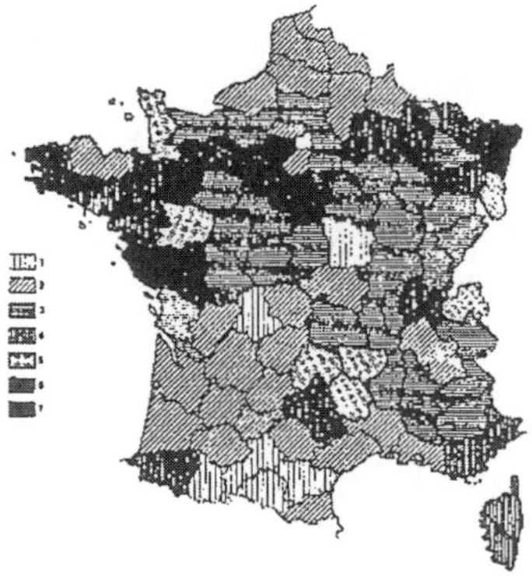

D'après F. Goguel, A. Grosser, *La Politique en France,* A. Colin, 1984, pp. 246-247.

La tonalité des cartes des suffrages en faveur de François Mitterrand et de Valéry Giscard d'Estaing ne sont pas très différentes, ce qui est normal puisque les deux candidats n'ont été séparés à l'arrivée que par 4,45 % (territoire métropolitain) et que grossièrement l'électorat français est coupé en deux moitiés presque égales. Toutefois, dans 65 départements, le candidat socialiste l'emporte contre seulement 31 pour son adversaire. Si on fait abstraction des reports qui se sont beaucoup mieux effectués à gauche qu'à droite (Valéry Giscard d'Estaing subit un manque à gagner sensible par rapport au premier tour dans les départements où, comme en Corrèze, Jacques Chirac était arrivé en tête), il apparaît que les zones de force de l'ancienne majorité, Ouest, Est, Sud-Est du Massif central, existent toujours, mais que la pénétration socialiste a été très forte dans l'Ouest. Pour le nouveau Président, deux zones de force très vastes apparaissent nettement, le nord de la France depuis la Seine-Maritime jusqu'aux départements du Nord et des Ardennes, et une vaste couronne au sud-ouest de la France, depuis la Nièvre jusqu'aux Bouches-du-Rhône en passant par le Bassin Aquitain, réalisant la synthèse entre deux électorats de gauche traditionnels, l'électorat urbain et industriel du Nord, l'électorat rural du Sud.

Deux constatations, un taux d'abstention très élevé – près du tiers de l'électorat en y incluant les blancs et nuls, et une augmentation très forte du pourcentage des suffrages exprimés de la gauche, tout particulièrement de la gauche socialiste et des candidats qui se situaient dans sa mouvance. Le Parti communiste faisait légèrement mieux en pourcentage qu'au premier tour de l'élection présidentielle (+ 0,78 %), mais ce n'était dû qu'à l'augmentation considérable du taux d'abstentions. Quant à la gauche non communiste prise dans son ensemble, elle obtenait 9 761 889 voix au lieu de 9 138 217 au premier tour de la présidentielle. Comme les écologistes étaient passés de 1 126 254 voix à 265 647, et que tout naturellement une partie de cet électorat disparu s'était reporté sur la gauche, une conclusion s'impose. Il n'y avait pas eu progression véritable de la gauche, mais tout simplement défaillance d'une partie considérable de l'électorat de l'ancienne majorité : des 14 316 724 voix rassemblées au premier tour de la présidentielle, il n'en restait plus, moins d'un mois plus tard, que 10 649 476, la perte était supérieure à 3 600 000 voix correspondant presque exactement à la croissance du nombre d'abstentions (+ 3 352 354). À peu près 25 % de l'électorat de l'ancienne majorité s'étaient réfugiés dans l'abstention provoquant l'apparence d'un raz de marée socialiste. Ce comportement peut s'expliquer par le choc subi à la suite de la première défaite de la majorité sortante qui – avec des évolutions internes – gouvernait la France depuis 23 ans, et probablement aussi par une sorte de réflexe de « loyalisme » envers le nouveau Président et les institutions de la Ve République. Il était normal de donner au nouveau Président les moyens de gouverner et les institutions exigeaient que le Président et la majorité parlementaire soient de la même tendance politique. Une fois de plus les électeurs avaient refusé l'hypothèse d'école si souvent agitée de deux majorités différentes.

Le second tour confirmait, et au-delà, le premier tour. Le Parti socialiste obtenait à lui seul la majorité absolue des députés, le Parti communiste perdait près de la moitié des siens. Quant à l'ancienne majorité, victime à son tour de la prime à la majorité qu'accorde en général le scrutin uninominal à deux tours, elle connaissait une véritable déroute.

Jamais « mutation aussi profonde », remarquait Jacques Fauvet dans *Le Monde* (23 juin 1981), ne s'était produite depuis la Libération et 1958.

Du « changement » à la « rigueur » (1981-1986)

• *Pierre Mauroy, Premier ministre*

Dès sa prise de fonction, le nouveau président de la République avait désigné le député-maire de Lille, *Pierre Mauroy*, comme Premier ministre (22 mai 1981), mais le gouvernement qu'il avait alors constitué était provisoire, en attendant que les élections législatives aient eu lieu.

Le 23 juin 1983, Pierre Mauroy constituait donc un deuxième gouvernement de 43 ministres et secrétaires d'État, le plus nombreux que la France ait jamais connu. À côté de 36 ministres socialistes, on y trouvait 2 radicaux de gauche, Michel Jobert, ancien ministre des Affaires étrangères de Georges Pompidou chargé du Commerce extérieur, et surtout quatre ministres communistes chargés respectivement des Transports (Charles Fiterman), de la Fonction publique (Anicet Le Pors), de la Santé (Jack Ralite) et de la Formation professionnelle (Marcel Rigout). Il était évidemment paradoxal que des ministres communistes entrent dans un gouvernement français 34 ans après leur éviction en 1947 (d'un gouvernement à direction socialiste), et après leur plus sévère défaite électorale, mais pour Pierre Mauroy c'était « la façon la plus naturelle d'honorer tous ceux qui se sont rassemblés dans la majorité présidentielle ». Pour le Parti communiste, c'était la possibilité d'espérer remonter la pente en participant à l'activité gouvernementale.

Les principaux ministères avaient été confiés à Gaston Defferre (Intérieur), Jacques Delors, un ancien collaborateur de Jacques Chaban-Delmas (Économie et Finances), Claude Cheysson (Relations extérieures), Alain Savary (Éducation nationale), Charles Hernu (Défense).

Sous l'autorité d'un président de la République qui n'avait pas voté la Constitution, mais qui, appuyé par une majorité homogène, disposait d'un pouvoir encore beaucoup plus grand que ses deux prédécesseurs immédiats, le Gouvernement s'employait immédiatement à mettre en œuvre les 110 propositions énoncées par François Mitterrand lors de la campagne présidentielle. Il s'agissait, formule qui était incessamment répétée, de réaliser le *changement.*

L'ère du changement se caractérisa par un ensemble de réformes sans précédent.

Les réformes de structure

Les deux principales furent la *nationalisation* de vastes secteurs de l'activité économique du pays et la *décentralisation régionale.*

• *Les nationalisations*

À la suite d'une longue bataille parlementaire aux multiples rebondissements (23 septembre 1981-11 février 1982), la loi sur les nationalisations fut définitivement adoptée : cinq grands groupes industriels étaient concernés, la Compagnie générale d'électricité, Saint-Gobain, Péchiney-Ugine-Kuhlmann, Rhône-Poulenc, Thomson-Brandt, ainsi que les 39 banques qui détenaient plus d'un milliard de francs sous forme de dépôts ou de placements à court terme, et les deux compagnies financières de Paris et des Pays-Bas (Paribas) et de Suez. Par ailleurs suivant des procédés divers, l'État prenait le contrôle ou des participations importantes dans les entreprises de sidérurgie Usinor et

Sacilor, dans les entreprises Matra et Dassault, ainsi que dans les entreprises à fortes participations étrangères, Compagnie générale des constructions téléphoniques, CII-Honeywell-Bull, Roussel-Uclaf. Le secteur public industriel faisait plus que doubler passant de 17 % à 30,9 % en terme de ventes, de 11 % à 24,7 % en termes d'effectifs employés.

• *La loi sur la décentralisation*

Promulguée le 3 mars 1982, elle prévoyait que dans les 22 régions instituées par la loi du 5 juillet 1972 le pouvoir exécutif était confié au président de l'Assemblée régionale élue au suffrage universel direct, en même temps que les moyens et les compétences des instances régionales étaient considérablement accrus par transfert d'un certain nombre d'attributions de l'État. En même temps, dans les départements, le pouvoir exécutif était transféré du préfet (devenu commissaire de la République) au président du conseil général, et les compétences des conseils généraux étaient également accrues.

• *Une succession de réformes*

Bien d'autres projets furent également mis en chantier : citons la *loi Quilliot* (du nom de Roger Quilliot, ministre de l'Urbanisme et du Logement) sur les rapports entre les propriétaires et les locataires (22 juin 1982), les *lois Auroux* (du nom de Jean Auroux, ministre du Travail) visant à renforcer les droits des travailleurs dans les entreprises (4 lois : 4 août, 28 octobre, 13 novembre, 23 décembre 1982), la loi sur la communication audiovisuelle, établissant de nouvelles structures pour la radio et la télévision et créant une *Haute-Autorité* de l'Audiovisuel composée de neuf membres, trois nommés par le président de la République, trois par le président de l'Assemblée nationale, trois par le président du Sénat (29 juillet 1982), la loi autorisant les radios privées locales (9 novembre 1981), la loi Ralite supprimant le secteur privé dans les hôpitaux (28 octobre 1982), ainsi que plus tardivement la loi du 26 janvier 1984 *sur l'enseignement supérieur.*

On peut ajouter également *la loi abolissant la peine de mort* (9 octobre 1981).

Les réformes conjoncturelles

• *La relance de l'économie*

Le nouveau pouvoir avait promis de résoudre les difficultés économiques et sociales, et en particulier le problème du chômage. Pour y parvenir, le président de la République et le Gouvernement choisirent de prendre le contre-pied de la politique d'austérité de Raymond Barre, et sous-estimant la profondeur de la crise, convaincu en tout cas de la prochaine « reprise » mondiale, ils entendaient *relancer l'économie française en développant la consommation.* Parmi les mesures prises qui devaient en même temps augmenter les revenus des plus défavorisés, conduire à plus de justice sociale et diminuer le chômage, on peut énumérer la loi instaurant les *trente-neuf heures* de travail hebdomadaire (au lieu de quarante et sans diminution de salaire) et les *cinq semaines de congés payés* (16 janvier 1982), la loi fixant la *retraite à soixante ans* (26 mars 1982), la *majoration du SMIC*, du *minimum vieillesse*, de *l'allocation logement*, des *allocations familiales*, pendant que les effectifs de la fonction publique étaient accrus de 162 000 personnes entre 1981 et 1983...

Pour faire face au coût de ces réformes, les dépenses publiques étaient augmentées de 27,5 %.

• *Des effets pervers*

L'ensemble de ces mesures ne donnèrent pas les résultats escomptés : il y eut effectivement relance de la consommation (+ 4 %), mais sans reprise de la production industrielle. La « relance » avait à peu près uniquement profité aux importations, d'où une profonde dégradation de la balance commerciale : le déficit de la balance commerciale qui avait été de 62 milliards en 1980 et de 50,6 milliards en 1981 sautait à 93,3 milliards en 1982. En même temps le déficit budgétaire se creusait (30,3 milliards en 1980, 80,9 milliards en 1981 et 98,9 milliards en 1982) ; celui de la Sécurité sociale aussi. L'inflation restait à un taux très élevé, 14,1 % de mars 1981 à mars 1982, alors qu'au même moment elle baissait dans les autres pays. L'écart d'inflation entre la France et ses six principaux concurrents (RFA, Royaume-Uni, Pays-Bas, Belgique, Italie, États-Unis) se creusait.

Pour faire face à cette situation il avait été nécessaire de recourir massivement à l'emprunt à l'intérieur et à l'extérieur : la dette publique intérieure passait de 418 milliards en 1980 à 500 en 1981, à 617 en 1982 et la dette extérieure était multipliée par 4 en 3 ans atteignant 451 milliards à la fin de 1983, et la création de monnaie était considérable. Négligeable en 1980, elle atteignait 32 milliards en 1982. Le franc s'affaiblissait, les dévaluations devenaient inévitables. La première en octobre 1981 était justifiée par le besoin d'apurer la situation, mais de nouvelles dévaluations furent, à nouveau, nécessaires en juin 1982 et en mars 1983.

Néanmoins le plus préoccupant, par rapport aux espérances, fut la poursuite de la progression du *chômage :* les demandeurs d'emploi étaient 1 657 000 en mars 1981, ils dépassaient les deux millions au 31 mars 1983 et les efforts du gouvernement pour s'accrocher « à la crête de deux millions » furent vains, malgré ce qu'on appela bientôt le « traitement social du chômage », c'est-à-dire la multiplication des *préretraites* et des *mises en formation.*

• *L'état de grâce et ses limites*

Dans un premier temps les changements considérables annoncés ou institués par « le nouveau régime » n'avaient pas été mal reçus par l'opinion : les sondages sur la *confiance* envers le chef de l'État (sondages SOFRES) indiquaient 74 % d'avis positifs en juin 1981 et ils étaient encore 57 % en décembre 1981, la courbe de Pierre Mauroy étant à peu près identique : 71 et 58. C'était *l'état de grâce*, un état de grâce qui montrait tout de même une détérioration assez rapide de l'image des deux hommes.

Le coup de semonce arriva rapidement. Le 17 janvier 1982, l'opposition remportait au premier tour quatre élections partielles, suite à des invalidations par le Conseil constitutionnel, enlevant trois sièges de député conquis par le Parti socialiste au mois de juin précédent. Les *élections cantonales* des 14 et 27 mars 1982 se soldaient par un « revers » important de la majorité : la gauche perdait une centaine de sièges et la présidence de huit conseils généraux, alors même que les pouvoirs des présidents des conseils généraux avaient été considérablement accrus.

• *Le retournement de l'opinion*

C'est au cours de cette année 1982 que les sondages montrèrent que l'opinion était en train de basculer : au mois de septembre 1982, il n'y avait plus que 42 % de satisfaits de l'action du président de la République contre 45 % de mécontents. Quant au Premier ministre, sa cote était devenue négative dès le mois de juin.

La baisse des cotes de popularité de François Mitterrand et de Pierre Mauroy avait précédé – à vrai dire – le moment où les mauvais résultats économiques et sociaux aient pu vraiment être ressentis. Comment peut-on expliquer une si rapide évolution ?

Les raisons en sont en fait multiples : parmi les électeurs de la majorité, certains avaient pris au pied de la lettre les slogans sur la « rupture avec le capitalisme », sur le « front de classe », et trouvaient que le « vrai changement », c'est-à-dire le changement de type de société, se faisait attendre, d'autres au contraire avaient souhaité l'alternance, mais non un bouleversement de la société et estimaient qu'on en faisait beaucoup trop. Ajouter à cela l'effet des désordres et des incohérences presque inévitables quand on entreprend tant de réformes en même temps.

Du côté de l'opposition, tous ceux qui avaient accepté de laisser faire l'expérience, ne serait-ce qu'en s'abstenant lors des élections législatives, commençaient à s'inquiéter. La présence de ministres communistes au gouvernement faisait planer l'ombre d'un socialisme de type soviétique. Certains socialistes ne faisaient rien pour dissiper ces craintes. Au congrès de Valence du Parti socialiste (23-25 octobre 1981), dans l'euphorie du triomphe, des propos menaçants avaient été prononcés envers l'opposition. Un des principaux dirigeants socialistes, Paul Quilès – simple effet de tribune certes –, avait parlé de « faire tomber des têtes », c'est-à-dire en fait de révoquer un certain nombre de hauts fonctionnaires. Quelques semaines plus tard à l'Assemblée nationale, le député socialiste de l'Indre, André Laigniel, lançait à l'opposition : « Vous avez juridiquement tort parce que vous êtes politiquement minoritaires ! » (16 janvier 1982). Dans l'ensemble du pays les adversaires du « nouveau régime » avaient relevé la tête et étaient passés à la contre-offensive.

La « rigueur »

Après le revers des élections cantonales, après une nouvelle série de mauvais indices économiques (l'augmentation des prix en avril 1982 avait été de 1,2 %), il apparut indispensable de modifier les orientations de la politique économique.

• *Adapter la politique économique aux réalités*

En même temps que la deuxième dévaluation, en juin 1982, un *plan d'accompagnement* était mis en œuvre comportant principalement le blocage des prix et des salaires (SMIC excepté) jusqu'au 31 octobre.

Le président de la République affirmait qu'il s'agissait seulement de la *deuxième phase du changement* (9 juin), mais c'était en réalité le début d'un changement complet d'orientation. Pour ne pas reprendre le terme d'austérité de la période Barre, le terme employé fut celui de « rigueur ».

Tout en annonçant que la rigueur ne cesserait pas à la fin octobre (5 septembre 1982), Pierre Mauroy démentait dans les semaines suivantes la nécessité d'un nouveau plan de rigueur, il affirmait même : « Les grosses difficultés sont derrière nous », « tous les indicateurs se remettent tranquillement au vert ». Il lui était difficile de faire autrement à l'approche des *élections municipales* (6-13 mars 1983), première consultation concernant l'ensemble des Français depuis 1981.

• *La progression de la droite aux élections municipales*

La loi du 19 novembre 1982 avait établi un nouveau mode de scrutin dans les villes de plus de 3 500 habitants. Le système majoritaire était maintenu, mais il était ajouté un peu de proportionnelle afin que la ou les minorités aient une représentation dans les conseils municipaux.

Le premier tour des élections municipales marqua une nette défaite de la majorité, faiblement corrigée au deuxième tour par un léger redressement. La progression de la droite était particulièrement forte à Paris, Lyon, Marseille dont Gaston Defferre ne conservait la mairie que d'extrême justesse. La gauche perdait 30 villes de plus de 30 000 habitants dont Saint-Étienne, Grenoble, Reims, Avignon, Roubaix, Nantes, Brest et n'en gagnait qu'une. Certes le recul de la gauche en 1983 était plus faible que celui de la majorité de l'époque en 1977 (elle avait perdu alors 57 villes), mais une étude statistique montrait que la majorité de l'électorat était nettement repassée à droite (53,54 % contre 46/47 %).

• *Le second plan de rigueur*

Au lendemain des élections municipales, le président de la République hésita quelques jours, puis décida de reconduire dans ses fonctions Pierre Mauroy qui formait un nouveau gouvernement (22 mars). Trois jours plus tard (25 mars), un *second plan de rigueur* était annoncé pour accompagner la troisième dévaluation. Son objectif était de réduire le *différentiel d'inflation* qui, en gênant les exportations rendait impossible de rétablir l'équilibre de la balance commerciale. En outre il était nécessaire de réduire les importations. Le plan prévoyait donc une ponction extrêmement forte sur les revenus pour diminuer la demande intérieure.

Les mesures prévues étaient les suivantes :

– emprunt obligatoire de 10 % de l'impôt sur le revenu payé en 1982 (au-delà de 5 000 F d'impôt) ;

– prélèvement de 1 % des revenus imposables de 1982 au bénéfice de la Sécurité sociale ;

– augmentation de la taxe sur les carburants pour réduire le déficit budgétaire ;

– réduction de 11 milliards des crédits de financement de la RATP, de la SNCF, d'EDF-GDF, par réduction de leurs dépenses et augmentation des tarifs ;

– 4 milliards d'économies imposés à la Sécurité sociale ;

– contrôle des changes et réduction des allocations de devises des touristes français se rendant à l'étranger, interdiction de l'usage des cartes de crédit à l'étranger.

• *La multiplication des manifestations catégorielles*

Le changement de politique économique n'entraînait pas le renoncement aux réformes, dans la mesure du moins où elles n'étaient pas source de nouvelles dépenses, et les effets de ces réformes combinés au mécontentement provoqué par les mesures économiques et leurs conséquences sociales, provoquèrent une explosion de revendications et de manifestations catégorielles. Le printemps 1983 fut très agité, au point que certains évoquèrent – avec exagération – un « mai 1968 à l'envers », un mai 1968 de droite : manifestations des étudiants en médecine contre la réforme de leurs études, manifestations des internes et chefs de cliniques contre la réforme de leurs études, manifestations des internes et chefs de cliniques contre la réforme hospitalière et leur nouveau statut, manifestations contre le projet de réforme de l'enseignement supérieur d'Alain Savary – le débat parlementaire fut un des plus acharnés –, manifestations des agriculteurs bretons à quoi s'ajoutèrent encore celles des policiers (3 juin), symboliquement toujours très graves.

Le Parti communiste devenait de plus en plus critique envers la politique gouvernementale, même si des ministres communistes faisaient encore partie du gouvernement. Ces critiques devinrent encore plus acerbes quand faute d'argent pour financer les activités industrielles en difficulté, il fallut renoncer à la relance promise des charbonnages (Georges Valbon, président communiste des Charbonnages de France depuis février 1982 démissionnait en novembre 1983) et qu'il fallut restructurer la sidérurgie en supprimant de nombreux emplois (mars-avril 1984). La déception fut d'autant plus grave dans ces deux domaines que des promesses formelles – à vrai dire économiquement inconsidérées – avaient été faites pendant la campagne électorale et dans l'euphorie de l'état de grâce.

D'une baisse de leur popularité le président de la République et son Premier ministre étaient passés à la franche impopularité : en octobre 1983, François Mitterrand ne comptait plus que 32 % de satisfaits contre 54 % de mécontents – un record pour un président de la Ve République. Pour Pierre Mauroy, c'était encore pire, 28 % de satisfaits contre 56 % de mécontents mais son prédécesseur sous le septennat précédent, Raymond Barre, avait fait aussi « bien » !

Difficultés et revers

• *Les difficultés économiques*

Le premier semestre de l'année 1984 ne fut pour le pouvoir socialiste qu'une longue série d'épreuves. Certaines améliorations se faisaient sentir sur le plan économique, résultat de la politique de « rigueur » : le taux d'inflation baissait, 9 % de mars 1982 à mars 1983 ne serait-ce qu'en raison de la baisse de l'inflation mondiale et de celle des prix du pétrole mais elle restait beaucoup plus forte que celle de l'Allemagne (3,5 %), des États-Unis (3,6 %) et même du Royaume-Uni (4,6 %), l'équilibre de la Sécurité sociale avait pu être provisoirement restauré en 1983, le déficit de la balance commerciale avait diminué (43,5 milliards pour 1983). En revanche le déficit budgétaire était toujours considérable (129,8 milliards en 1983, 125,8 prévus pour 1984), et surtout le chômage continuait de s'accroître (2 247 000 demandeurs d'emploi en mars 1984), le pouvoir d'achat baissait (– 0,3 % en 1983, – 0,4 % en 1984), conséquences de la faiblesse persistante de l'activité économique : le taux d'investissement des entreprises n'avait jamais été aussi faible depuis le début des années 60 en 1983. Le constat était d'autant plus amer, que d'autres pays : les États-Unis, l'Allemagne, le Japon sortaient de la crise.

• *Les revers politiques*

Sur le plan intérieur les difficultés n'étaient pas moindres : une cascade d'élections municipales partielles fin 1983 et début 1984 (dues à des invalidations pour fraude électorale en ce qui concerne les municipalités communistes) se traduisirent à peu près toutes par des défaites de la gauche, de graves conflits sociaux éclatèrent dans les usines d'automobiles (Talbot, Citroën, Renault), et surtout les résultats des élections européennes et les manifestations des défenseurs de l'enseignement privé qui avaient pu donner l'impression au mois de *juin 1984* que le pouvoir était acculé.

Les *deuxièmes élections européennes* eurent lieu le 17 juin 1984, et plus encore que d'habitude elles furent transformées en élections de politique intérieure, pour ou contre le pouvoir socialiste. La constitution d'une liste unique du RPR et de l'UDF dont les conceptions sur l'Europe étaient sensiblement différentes, sous la direction de Simone Veil, en fut un bon symbole.

Comme le titrait *Le Monde* (19 juin 1984), ces élections apparurent comme *un grave échec de la gauche* : le PS ne recueillait que 20,75 % des voix et le PC 11,2 %. Cette débâcle était due principalement à la nouvelle chute du Parti communiste. Ces élections confirmaient par ailleurs la poussée de l'extrême droite représentée par le Front national. Cet extrémisme de droite exploitait à la fois les thèmes de *l'insécurité* dont on rendait responsable le garde des Sceaux, Robert Badinter, du trop grand nombre *d'immigrés* – une des premières mesures prises par le gouvernement socialiste avait été de régulariser la situation des très nombreux « clandestins » et il était accusé de continuer à les laisser entrer en masse –, et le manque de fermeté dont l'opposition aurait fait preuve dans sa lutte contre le pouvoir socialiste. Le Front national recrutait d'ailleurs une partie importante de son électorat dans les quartiers populaires.

Résultats des élections européennes
17 juin 1984

Inscrits	36 880 688	
Abstentions	15 961 916	soit 43,27 % des inscrits
Blancs et nuls	737 838	soit 2 % des inscrits
Suffrages exprimés	20 180 934	soit 54,71 % des inscrits
UDF-RPR	8 683 596	soit 43,02 % des suffrages exprimés
Parti socialiste	4 188 875	soit 20,75 % des suffrages exprimés
Parti communiste	2 261 312	soit 11,20 % des suffrages exprimés
Front national	2 210 334	soit 10,95 % des suffrages exprimés
Écologistes	680 080	soit 3,36 % des suffrages exprimés
Radicale-Écologie (Olivier Stirn, Brice Lalonde...)	670 474	soit 3,32 % des suffrages exprimés
Lutte ouvrière (A. Laguiller)	417 702	soit 2,06 % des suffrages exprimés
Réussir l'Europe (Francine Gomez)	382 404	soit 1,89 % des suffrages exprimés

Six autres listes difficiles à classer avaient obtenu toutes moins de 1 % des voix, au total 3,29 % des suffrages exprimés.

● *Le retrait du projet de loi sur l'enseignement privé*

Une semaine plus tard, le dimanche 24 juin 1984, une gigantesque manifestation d'au moins un million de personnes déferlait dans Paris pour la *défense de l'enseignement privé.*

Le 15 mars 1981, candidat à la présidence de la République, François Mitterrand avait annoncé qu'en cas de succès il instaurerait un « grand service public, unifié et laïque d'éducation nationale sans spoliation, ni monopole », ce qui fut compris comme la volonté de nationaliser l'enseignement privé. Depuis qu'une loi Debré de 1959 avait institué que les établissements privés *sous contrat* pourraient recevoir l'aide financière de l'État, l'enseignement privé, c'est-à-dire surtout l'enseignement catholique, était en grande partie financé par l'État, tout en conservant le « caractère propre » de son enseignement et des modalités particulières de recrutement pour son personnel. Une loi Guermeur (Guy Guermeur était député du Finistère et président de *l'Association parlementaire pour la défense de la liberté d'enseignement*) votée en juillet 1977, avait renforcé la protection juridique du « caractère propre » des établissements privés et tendait à assurer aux maîtres exerçant dans ces établissements les avantages de carrière des fonctionnaires de l'Éducation nationale. D'ailleurs au fur et à mesure de la déchristianisation du pays, tant le personnel que les élèves des établissements privés étaient de moins en moins « pratiquants » et même « croyants », et l'augmentation de la fréquentation des établissements privés était la conséquence, sinon de la qualité de leur enseignement, du moins de celle de l'encadrement des élèves, face au déclin qualitatif de l'enseignement public.

Les projets socialistes concernant l'enseignement privé avaient avant même les élections provoqué les polémiques les plus vives. Aussi dès son arrivée au ministère de l'Éducation, Alain Savary avait cherché à réduire et faire disparaître le « dualisme » scolaire, sans porter atteinte au principe de la *liberté de l'enseignement !* Malgré la colère des milieux laïques, il était parvenu à un projet qui – même rejeté par les dirigeants de l'enseignement catholique – était relativement nuancé, mais au moment du vote de la loi, des députés socialistes avaient fait adopter un certain nombre de dispositions qui permettaient à l'archevêque de Paris, Mgr Lustiger, de dénoncer le « manquement à la parole donnée » du Gouvernement (5 juin). La réponse fut la manifestation de Paris que les responsables avaient longtemps différée. Le pouvoir socialiste se trouvait de plus en plus accusé de porter atteinte à la *liberté.*

Le président de la République était alors convaincu que devant le désaveu dont la politique gouvernementale faisait l'objet un *changement de cours était nécessaire.*

Le 12 juillet 1984, le projet de loi sur l'enseignement privé était retiré et le Premier ministre, *Pierre Mauroy, démissionnait* le 17 juillet. Le même jour, il était remplacé par *Laurent Fabius.*

Les élections législatives de 1986 et l'échec de la gauche

Le remplacement d'un gouvernement à bout de souffle par un nouveau gouvernement était imposé par les circonstances, mais aussi par les échéances électorales, les législatives de 1986 que la majorité avait toutes les chances de perdre dans les conditions du moment.

• *L'image positive du gouvernement Fabius*

La première caractéristique du gouvernement Fabius fut de ne plus comprendre de ministres communistes, et le Parti communiste entrait progressivement dans l'opposition. Ses députés ne votèrent pas le budget de 1985.

Une deuxième caractéristique était la jeunesse du Premier ministre – il a alors 38 ans – et son programme : il ne faisait plus état du programme socialiste, et il insistait sur la *« nécessité de moderniser »* l'économie française et de rassembler les Français. Les principales fonctions étaient confiées à de nouveaux ministres, Pierre Bérégovoy à l'Économie et aux Finances à la place de Jacques Delors, Pierre Joxe à l'Intérieur à la place de Gaston Defferre, Jean-Pierre Chevènement à l'Éducation nationale à la place d'Alain Savary. Au mois de décembre 1984, Roland Dumas remplaçait Claude Cheysson aux Relations extérieures.

L'imagc personnelle du nouveau Premier ministre était bonne, mais cela ne permit pas au président de la République de redresser sa cote de popularité ; en décembre 1984 le sondage IFOP ne lui donnait plus que 28 % de satisfaits contre 55 % de mécontents.

L'année 1985 n'améliora guère les choses : pour la majorité socialiste les élections cantonales de mars 1985 confirmèrent le glissement à droite de l'électorat. Les statistiques accordèrent 57,79 % des suffrages à la droite contre 41,10 % à la gauche. L'opposition gagnait 10 nouveaux départements et disposait de 71 présidences de conseil général contre 28.

• *Le retour au scrutin proportionnel*

Cette réforme qui d'ailleurs figurait dans le programme de François Mitterrand en 1981 était la seule méthode permettant de limiter la défaite de la majorité aux élections législatves : le 3 avril 1985, le gouvernement annonçait l'établissement de la proportionnelle à un tour dans le cadre départemental (loi votée définitivement par l'Assemblée nationale le 26 juin 1985). L'adoption de la proportionnelle avait d'ailleurs entraîné la démission du ministre de l'Agriculture, Michel Rocard, qui souhaitait le maintien du scrutin majoritaire.

• *La fin de « l'effet Fabius »*

Néanmoins toute une série « d'affaires » vinrent éroder l'image du gouvernement.

– *L'affaire néo-calédonienne :* en juillet 1984, l'Assemblée nationale avait voté un *nouveau statut d'autonomie* pour la Nouvelle-Calédonie, mais le *Front de Libération nationale kanak et socialiste* (FLNKS) représentant la majorité de la population mélanésienne rejetait ce statut. À partir de ce moment, la lutte s'engagea entre le FLNKS, partisan de l'indépendance (le principal dirigeant était Jean-Marie Tjibaou) et le *Rassemblement pour la Calédonie dans la République* (RCPR) proche du RPR, expression de la majorité de la population (Européens et différents autres groupes ethniques), partisan du maintien de la Nouvelle-Calédonie dans la République française. Pendant que le FLNKS créait une situation semi-insurrectionnelle dans une grande partie de l'île, Edgar Pisani, envoyé d'abord comme haut-commissaire (1er décembre 1984), puis nommé ministre chargé de la Nouvelle-Calédonie (21 mai 1985), s'employait à rétablir l'ordre (le 12 janvier 1985, Éloi Machoro, « chef de guerre » des indépendantistes était tué) et à mettre sur pied un plan « d'indépendance-association » vigoureusement rejeté par la majorité de la population. Des élections régionales en septembre 1985 confirmaient la prépondérance des anti-indépendantistes (60,84 %) au détriment des indépendantistes (35,18 %), mais assuraient à ces derniers le contrôle de trois régions sur quatre.

Un scrutin d'autodétermination était prévu pour après les élections de 1986, mais l'opposition en France soupçonnait les dirigeants socialistes de vouloir conduire le territoire à l'indépendance.

À vrai dire dans l'affaire de la Nouvelle-Calédonie, le Premier ministre n'était pas directement impliqué, il n'en fut pas de même des trois autres affaires.

– *L'affaire Greenpeace :* tout l'été 1985 fut occupé par les multiples rebondissements de cette affaire à la suite de l'attentat qui le 10 juillet avait coulé dans le port d'Auckland en Nouvelle-Zélande le navire *Rainbow Warrior* appartenant au mouvement antinucléaire *Greenpeace*, et dont l'enquête fit apparaître qu'il était le fait des services secrets français. Provoquant la démission du ministre de la Défense, Charles Hernu (20 septembre 1985), elle mit gravement en cause l'autorité et la crédibilité du jeune Premier ministre.

– Le *duel télévisé* avec Jacques Chirac le 27 octobre qui donna à l'opinion l'impression de la déconfiture du Premier ministre donné grand favori au départ.

– Le « trouble » avoué publiquement par le Premier ministre à la suite de la réception que le président de la République avait accordée au Premier ministre polonais, *le général Jaruzelski* (4 décembre 1985).

À la fin de l'année 1985, l'autorité du Premier ministre semblait déjà bien affaiblie, la défaite de la majorité assurée, de sorte que la campagne électorale fut largement dominée par le problème de l'éventuelle cohabitation : le président de la République annonçait qu'en tout état de cause il resterait à l'Élysée et qu'il n'y serait pas « inerte » (28 avril 1985), tandis que dans l'opposition, deux thèses s'opposaient, celle de Jacques Chirac et du RPR qui estimaient que vainqueurs il faudrait gouverner, donc cohabiter, celle de Raymond Barre qui soutenait que la cohabitation était totalement contraire à l'esprit des institutions de la Ve République.

Pourtant, à la fin de l'année 1985, un certain nombre d'indices économiques s'étaient nettement améliorés : l'*inflation* était tombée à moins de 5 % pour 1985, conséquence du mouvement de désinflation mondiale, le *pouvoir d'achat* avait légèrement augmenté (0,3 %) alors qu'il avait encore légèrement baissé en 1984 (– 0,3 %). Le franc s'était stabilisé. Le déficit de la balance commerciale avait été à peu près identique à celui de 1984 (– 25 milliards), mais la balance des paiements avait été équilibrée. En revanche le budget de l'État restait très déficitaire (– 149 milliards pour

1985, – 145 milliards prévus pour 1986 !), et surtout la production industrielle n'avait connu une sensible amélioration que dans la deuxième partie de 1985. Dans ces conditions, si le chômage avait tendance à se stabiliser et même à légèrement décroître en fin d'année grâce au succès des *TUC* (jeunes chômeurs engagés – à l'origine – pour un an au maximum pour exercer en théorie des travaux d'utilité collective), il était en fin d'année à 2 362 700.

• *Les thèmes de la campagne électorale : chômage et insécurité*

Le climat s'améliorait pour la majorité au début de 1986 : l'année précédente, le rapport droite-gauche était de 60/40 et laissait donc prévoir une énorme défaite de la gauche, l'écart se resserrait à l'approche des élections pour se stabiliser à 55/45, ce qui ne donnait plus (dans le cadre de la proportionnelle) l'assurance au RPR et à l'UDF d'avoir la majorité à eux seuls (sans le Front national).

Les deux principaux thèmes de la campagne électorale en dehors des questions institutionnelles furent évidemment le chômage, mais aussi un problème qui était de plus en plus au centre des préoccupations des Français, la *sécurité* recouvrant en même temps la délinquance grande ou petite, le terrorisme « national » (*Action directe*, le terrorisme corse, basque…) et le terrorisme international, principalement moyen-oriental, avec en toile de fond les otages français retenus au Liban.

• *La courte victoire de la droite*

Résultats des élections législatives de 1988
16 mars 1986
(France métropolitaine)

Inscrits	36 614 738	
Abstentions	7 878 658	soit 21,5 % des inscrits
Blancs et nuls	1 245 206	soit 2,4 % des inscrits
Suffrages exprimés	27 490 874	soit 75,1 % des inscrits
Extrême gauche	420 332	soit 1,5 % des suffrages exprimés
Parti communiste	2 663 259	soit 9,7 % des suffrages exprimés
Parti socialiste (Mouvement des radicaux de gauche)	8 688 034	soit 31,6 % des suffrages exprimés
Divers gauche	204 554	soit 1,2 % des suffrages exprimés
RPR-UDF (listes communes et listes séparées)	11 506 618	soit 42,1 % des suffrages exprimés
Divers droite	752 589	soit 2,5 % des suffrages exprimés
Front national	2 701 701	soit 9,8 % des suffrages exprimés
Divers extrême droite	63 698	soit 0,3 % des suffrages exprimés
Écologistes, régionalistes	363 457	soit 1,3 % des suffrages exprimés

Pour l'ensemble de l'Assemblée nationale (le nombre de députés était passé de 491 à 573), chaque formation obtenait les résultats suivants :

Parti communiste	35 sièges
Parti socialiste, MRG, divers gauche	215 sièges
UDF	129 sièges
RPR	145 sièges
Divers droite	14 sièges
Front national	35 sièges

Comme il était prévu, la gauche victorieuse en 1981 était perdante en 1986, et si globalement avec 44 % des voix, elle se redressait par rapport aux désastreuses élections européennes de 1984, elle se retrouvait à un niveau inférieur à 1973.

Parmi les vaincus, le Parti communiste connaissait une nouvelle chute de son électorat, et le parti naguère – il n'y avait pas si longtemps – le plus puissant de France, se retrouvait avec moins de 10 % des suffrages exprimés.

En revanche le Parti socialiste pouvait trouver des motifs de satisfaction dans sa défaite : avec près de 32 % des suffrages exprimés, il restait la première force politique française et sa remontée dans les derniers mois lui donnait l'espoir que sa défaite pouvait ne pas être sans appel.

Pour les vainqueurs, les motifs d'inquiétude étaient de deux sortes : en sièges, leur succès avait été obtenu de justesse, par rapport à la majorité absolue de 286 sièges, leur avance n'était que de deux ou trois sièges. En suffrages leur remontée avait été affaiblie par le succès du *Front national*. Il y avait bien longtemps que l'extrême droite n'avait obtenu de tels résultats et la proportionnelle lui permettait d'obtenir un groupe parlementaire important. Cette situation était d'autant plus préoccupante pour la droite qu'une partie des voix du Front national venaient de plus en plus des milieux populaires et n'étaient pas du tout acquises à la droite « classique » – les analyses ultérieures devaient le montrer –, réduisant d'autant son avance réelle sur la gauche.

Une des leçons de ces élections était que progressivement se constituait en France d'un côté un bloc « social-démocrate », de l'autre un bloc « libéral » de force assez égale, la conjoncture les départageant en faisant pencher la balance d'un côté ou de l'autre.

Le même jour que les élections législatives, les *élections régionales* avaient eu lieu. Pour la première fois pour l'ensemble du territoire, les assemblées régionales étaient élues au suffrage universel. Les résultats furent évidemment très proches de ceux des élections législatives : sur les 22 régions, la droite obtenait la majorité dans 20 d'entre elles, la gauche seulement dans deux : Nord-Pas-de-Calais, Limousin.

Ce qui avait été longtemps une hypothèse d'école, objet de débats entre les spécialistes de l'analyse des institutions, était devenu une réalité. Au soir du 16 mars 1986, la France avait une majorité parlementaire de droite et un président de la République de gauche.

La chute de l'électorat communiste

Aux élections de novembre 1946 le Parti communiste obtenait 28,2 % des suffrages exprimés, score qui n'avait pratiquement jamais été atteint par une formation politique française. Le 16 mars 1986, il était réduit à 9,76 % des suffrages exprimés.

• *Ce déclin de l'électorat communiste n'a pas eu lieu de façon continue.* Le premier décrochage s'est produit en 1958, où il est descendu au-dessous de 20 % (pour remonter ensuite légèrement au-dessus pendant la Vᵉ République jusqu'en 1981), un deuxième décrochage eut lieu en 1981 où le pourcentage de l'électorat communiste s'est établi autour de 15 %, et un troisième en 1984-1986 avec environ 10 %.

• *On peut interpréter ces baisses de la façon suivante.* Comme tout phénomène historique, les raisons du déclin du Parti communiste sont multiples, mais l'essentiel peut être rapporté à la nature de l'électorat communiste. L'électorat n'est pas homogène, mais se divise en trois groupes, une fraction « révolutionnaire », une fraction « protestataire » qui voit dans le Parti communiste le meilleur défenseur de ses revendications, une fraction « nationale » sensible à l'action du Parti communiste pendant la Résistance. Il va de soi qu'on peut retrouver deux ou trois de ces aspirations chez les mêmes électeurs.

En 1958 le Parti communiste recule dans ses zones de force et se maintient dans ses zones de faiblesse : il perd à ce moment une fraction de son électorat « patriote » passé directement au gaullisme. En 1981, le Parti communiste se replie sur ses zones de force : en fait il a perdu une large fraction de son électorat « protestataire » qui a trouvé dans le Parti socialiste le substitut qu'il pouvait souhaiter pour faire aboutir ses revendications. En 1984-1986, ses zones de force sont à leur tour gravement atteintes : c'est le noyau le plus dur, le noyau « révolutionnaire » qui cède à son tour parce que l'exemplarité de la révolution soviétique a progressivement disparu – de ce point de vue, ce qu'on a appelé « l'effet Soljenitsyne » a été considérable –, et parce que les mutations de la société française n'ont cessé de faire diminuer la fraction de la population à la recherche de son identité à travers un projet révolutionnaire.

À la question habituellement posée, le recul du Parti communiste est-il conjoncturel ou structurel, il est possible de répondre qu'il est très vraisemblablement structurel.

Le 18 mars François Mitterrand désignait Jacques Chirac comme Premier ministre, poste que, conformément à ce qu'il avait annoncé pendant sa campagne, il acceptait.

Une ère inédite commençait pour la Vᵉ République après 28 années d'identité entre la majorité présidentielle et la majorité législative, *l'ère de la cohabitation.*

La cohabitation (mars 1986-mai 1988)

La période de la cohabitation a duré depuis les élections législatives de 1986 jusqu'aux élections présidentielles de 1988. Ces deux années posèrent d'abord un problème institutionnel. Le président du Conseil avait été le Centre du pouvoir sous la IVᵉ République, mais le Premier ministre n'avait pas eu ce rôle sous la Vᵉ, en fonction de l'orientation donnée par le général de Gaulle et plutôt amplifiée par ses successeurs. Néanmoins la Constitution de 1958 spécifiait clairement en son article 20, « Le gouvernement détermine et conduit la politique de la nation » et dans son article 21, « Le Premier ministre dirige l'action du gouvernement ». Les circonstances conduisirent le nouveau Premier ministre gaulliste, Jacques Chirac, à privilégier la « lecture » littérale de la Constitution, au détriment de la « lecture » gaullienne d'un président de la République, adversaire notoire du gaullisme ! Dans la pratique, la Constitution de la Vᵉ République montra sa plasticité et sa capacité d'adaptation en permettant une redistribution des pouvoirs moins tranchée. Après une première phase d'observation entre François Mitterrand et Jacques Chirac pendant le printemps 1986, une seconde phase pendant l'été où le Premier ministre s'employa à apparaître comme le seul détenteur de tous les pouvoirs, à partir de l'automne 1986 le président de la République put reprendre sa place dans les domaines de la politique internationale et de la Défense. Cet apprentissage fut néanmoins difficile, peu confortable pour les deux cohabitants – le président de la République en particulier souffrit beaucoup de cette brutale amputation des pouvoirs dont disposait traditionnellement le président de la Vᵉ République – et l'opinion publique a ressenti que ce partage de l'exécutif n'en facilitait pas l'exercice et l'efficacité.

• *Le gouvernement de Jacques Chirac*

Pour la deuxième fois, mais dans des circonstances bien différentes, Jacques Chirac était devenu Premier ministre. Son gouvernement était composé de ministres appartenant au RPR et aux diverses composantes de l'UDF, mais le RPR en formait l'ossature avec Charles Pasqua au ministère de l'Intérieur, et surtout Édouard Balladur, véritable vice-Premier ministre, seul à porter le titre de ministre d'État, chargé de l'Économie, des Finances et de la Privatisation.

Ce titre exprimait quelle serait la philosophie du nouveau gouvernement, *le libéralisme en matière économique*. La libération complète des prix et la libération à peu près totale des changes en furent l'expression. Prenant le contre-pied des nationalisations de la période précédente, les *privatisations* furent un des aspects essentiels de la politique du nouveau gouvernement. Ce fut d'ailleurs dans ce secteur qu'il remporta ses principaux succès, les privatisations provoquant un véritable engouement de l'opinion – les demandes d'actions de *Paribas* (la Banque de Paris et des Pays-Bas) furent de quarante fois supérieures au nombre d'actions mises en vente ! –, jusqu'au moment où en octobre 1987 une crise boursière internationale obligea à les suspendre. En revanche la vive reprise de l'économie espérée sous les effets d'une politique libérale ne se produisit guère et le chômage que les socialistes n'avaient pas réussi à enrayer continua à progresser pendant l'année 1986, plus 200 000 à la fin de l'année, atteignant son point maximum en février 1987, 2 654 000 demandeurs d'emploi. Un plan d'urgence du ministre des Affaires sociales, Philippe Séguin, et l'augmentation du nombre d'emplois permirent de revenir au début de 1988 aux chiffres de 1986.

À la fin de 1986, le gouvernement de Jacques Chirac fut pris dans une véritable tourmente, vague d'attentats, d'origine moyen-orientale en septembre, interminable grève des cheminots de la mi-décembre à la mi-janvier et surtout immenses manifestations étudiantes et lycéennes aux mois de novembre et de décembre. La réforme universitaire présentée par Alain Devaquet, le secrétaire d'État à l'Enseignement supérieur, était accusée d'organiser la *sélection*. La mort d'un étudiant, Malik Oussekine, au cours de ces manifestations fut la conclusion tragique de ce mouvement et devint en quelque sorte emblématique.

À terme, les conséquences de cette fin d'année 1986 furent considérables, car c'est un gouvernement très affaibli qui entra dans la période de préparation des élections présidentielles de mai 1988. En contrepartie la cote de popularité du président de la République, qui lui manifestait clairement son hostilité, ne cessait de remonter.

La deuxième présidence de François Mitterrand (1988-1995)

• *Les élections de 1988*

Cette situation, ainsi que les sondages qui le donnaient vainqueur dans tous les cas au deuxième tour ne pouvaient que conduire François Mitterrand à se représenter, malgré son âge, 72 ans – mais le général de Gaulle en avait 75 en 1965. Après avoir retardé au maximum l'annonce de sa nouvelle candidature, François Mitterrand la plaça dans une perspective tout à fait différente de celle de 1981. Dans sa *Lettre à tous les Français*, il prétendait être le tenant du consensus national au-dessus des partis, comme le symbole de la *force tranquille*, sans référence particulière au socialisme.

Le parti communiste avait désigné un nouveau candidat, André Lajoinie, que l'on créditait d'un score très faible. De sorte que, contrairement à 1981, la gauche n'était pas réellement divisée, alors qu'à droite Jacques Chirac devait affronter Raymond Barre, soutenu par l'UDF, l'ancien président Valéry Giscard d'Estaing ayant renoncé à se présenter.

Résultats de l'élection présidentielle de 1988
1er tour-24 avril

Inscrits	38 126 507			
Abstentions	7 100 535	soit	18,62 %	des inscrits
Blancs et nuls	621 934	soit	2 %	des inscrits
Suffrages exprimés	30 406 038	soit	79,38 %	des inscrits
François Mitterrand	10 367 220	soit	34,09 %	des suffrages exprimés
Jacques Chirac	6 063 514	soit	19,94 %	des suffrages exprimés
Raymond Barre	5 031 849	soit	16,54 %	des suffrages exprimés
Jean-Marie Le Pen	4 375 864	soit	14,39 %	des suffrages exprimés
André Lajoinie	2 055 995	soit	6,76 %	des suffrages exprimés
Antoine Waechter	1 149 642	soit	3,78 %	des suffrages exprimés
Pierre Juquin	639 084	soit	2,1 %	des suffrages exprimés
Arlette Laguiller	616 017	soit	1,99 %	des suffrages exprimés
Pierre Boussel	116 823	soit	0,38 %	des suffrages exprimés

Il y avait en outre deux candidats trotskystes, Arlette Laguiller, comme d'habitude, au nom de *Lutte ouvrière*, et Pierre Boussel (MPPT, *Mouvement Pour un Parti des Travailleurs*), un dissident communiste, Pierre Juquin, un candidat écologiste, Antoine Waechter et, à l'extrême droite, Jean-Marie Le Pen pour le Front national.

François Mitterrand gagnait 8,24 % des suffrages exprimés par rapport à 1981, conséquence pour l'essentiel du profond déclin du parti communiste. André Lajoinie, son représentant, en avait perdu 8,59 %. Jacques Chirac, à l'inverse de ce que les sondages prévoyaient quelques mois plus tôt, parvenait à précéder Raymond Barre, mais les deux candidats de l'opposition de droite totalisaient seulement 36,48 % des suffrages exprimés, perdant ainsi 12,83 % par rapport aux différents candidats de 1981 issus de la majorité d'alors. Il était légitime de penser que ces suffrages avaient été en grande partie récupérés par l'extrême droite, absente alors de la compétition.

Pendant la campagne électorale, les problèmes du chômage, qu'aucune force politique ne semblait en mesure de résoudre, avaient été peu évoqués, à l'inverse de ceux de l'immigration et de la sécurité qui assurèrent le bon score de l'extrême droite après son émergence en 1986.

En apparence, la droite était légèrement majoritaire – 50,87 % –, mais son candidat le mieux placé, Jacques Chirac, ne semblait pas en mesure de rassembler l'ensemble des voix qui s'étaient portées sur les trois candidats de droite et son score personnel était trop faible pour provoquer une dynamique en sa faveur.

Résultats de l'élection présidentielle
2e tour-8 mai 1988

Inscrits	38 168 869	
Abstentions	6 083 798	soit 15,93 % des inscrits
Blancs ou nuls	1 134 822	soit 2,97 % des inscrits
Suffrages exprimés	32 085 071	soit 81,1 % des inscrits
François Mitterrand	16 704 279	soit 54,01 % des suffrages exprimés
Jacques Chirac	14 208 970	soit 45,98 % des suffrages exprimés

Acquis avec plus de 2 millions et demi de voix, le succès de François Mitterrand fut très large, bien davantage que celui de 1981. Au second tour, plus du quart (26 %) des voix de Jean-Marie Le Pen s'étaient portées sur François Mitterrand, rejoignant pour nombre d'entre elles leur famille d'origine, et 14 % des voix de Raymond Barre, des voix centristes pour la plupart, avaient également manqué à Jacques Chirac. De sorte qu'assez paradoxalement, la victoire très nette de François Mitterrand était le fait d'un électorat composite, dont il n'était pas certain qu'il lui assurerait une solide majorité parlementaire.

Les élections législatives le montrèrent rapidement. Le président de la République décidait, comme en 1981, de dissoudre l'Assemblée nationale et de procéder à de nouvelles élections qui devaient – contrairement à 1986 – se faire au scrutin majoritaire rétabli par Jacques Chirac.

Résultats des élections législatives de 1988
1er tour-8 mai

Inscrits	37 945 582	
Abstentions	13 000 790	soit 34,26 % des inscrits
Blancs et nuls	512 697	soit 1,35 % des inscrits
Suffrages exprimés	24 432 095	soit 64,39 % des inscrits
Extrême gauche	89 065	soit 0,36 % des suffrages exprimés
Parti communiste	2 765 761	soit 11,32 % des suffrages exprimés
Parti socialiste	8 493 720	soit 34,76 % des suffrages exprimés
MRG	272 316	soit 1,11 % des suffrages exprimés
Autres maj. présidentielle	403 690	soit 1,65 % des suffrages exprimés
Écologistes	86 312	soit 0,35 % des suffrages exprimés
Régionalistes	18 498	soit 0,07 % des suffrages exprimés
RPR	4 687 047	soit 19,18 % des suffrages exprimés
UDF	4 519 459	soit 18,49 % des suffrages exprimés
Divers droite	697 272	soit 2,85 % des suffrages exprimés
Front national	2 359 528	soit 9,65 % des suffrages exprimés
Autres extrême droite	32 445	soit 0,13 % des suffrages exprimés

Résultats du deuxième tour-12 juin-577 sièges

Communistes	27
Socialistes et divers gauche	278
UDF	130
RPR	128
Divers droite	13
Front national	1

Premier caractère de ces élections, un taux d'abstentions inhabituel, dépassant de plus de cinq points celui déjà très élevé de 1981, expliqué alors par l'abstention d'une partie importante de l'électorat de droite. En 1988, l'abstention, mieux répartie entre les différents courants politiques, témoignait de ce qu'une bonne partie de l'électorat n'avait pas compris la nécessité de ces nouvelles élections.

Deuxième caractère, le parti socialiste avait repris du terrain par rapport à 1986, mais il ne disposait pas de la majorité absolue. Il dépendait en théorie des voix communistes. En réalité, comme il était peu probable que communistes et opposition de droite mêlent facilement leurs voix dans un scrutin de censure, le parti socialiste pouvait néanmoins gouverner.

Autre conséquence du scrutin : l'élimination du Front national de l'Assemblée nationale, d'autant que son score législatif avait été très inférieur à son score présidentiel.

Il faut néanmoins souligner que si, en 1986, le scrutin proportionnel n'avait pas empêché la droite d'obtenir la majorité absolue, en 1988 le scrutin majoritaire n'avait pas donné de vraie majorité…

Le gouvernement Rocard (mai 1988-mai 1991)

Dès sa réélection, François Mitterrand avait choisi comme Premier ministre Michel Rocard qui s'était une nouvelle fois effacé devant lui pour l'élection présidentielle. Le gouvernement qu'il avait constitué, remanié après les élections législatives, manifestait une volonté « d'ouverture », puisque sur 49 ministres ou secrétaires d'État le gouvernement le plus nombreux de la Vᵉ République, la moitié n'appartenait pas au parti socialiste. L'ouverture était double, d'une part en direction de ce qui fut baptisé la « société civile », avec l'entrée au gouvernement de personnalités en principe non engagées dans la vie politique, comme l'historien Alain Decaux à la *Francophonie* ou le cancérologue Léon Schwarzenberg à la *Santé*, et une ouverture plus nettement politique en direction d'hommes du centre ou de droite. Ainsi un ancien très proche collaborateur de V. Giscard d'Estaing, Jean-Pierre Soisson, devenait ministre du Travail. Les postes les plus importants restaient toutefois occupés par les ministres socialistes d'avant 1986, Pierre Bérégovoy

(Économie et Finances), Pierre Joxe (Intérieur), Jean-Pierre Chevènement (Défense), Roland Dumas (Affaires étrangères). Lionel Jospin recevait le ministère de l'Éducation nationale et abandonnait la direction du parti socialiste à Pierre Mauroy (au détriment de Laurent Fabius, candidat de François Mitterrand, et qui devenait président de l'Assemblée nationale).

« L'ouverture », dans la pensée du Premier ministre, devait se poursuivre par une politique consensuelle, une *république du centre* aux yeux de certains commentateurs, susceptible de répondre aux aspirations de la population, mais qui risquait de la troubler en la privant de ses repères habituels. De cette politique consensuelle, le plus éclatant succès, surtout après les sanglants événements de l'île d'Ouvéa en mai 1988, fut le règlement transitoire de la question de la *Nouvelle-Calédonie* par accord entre les différentes parties, même si l'opinion française se désintéressa du référendum du 6 novembre 1988 – 63 % d'abstentions – qui donna force de loi à l'accord réalisé à Matignon.

La « Méthode Rocard » connut moins de succès sur le plan social. Une réforme importante fut le vote le 11 octobre 1988, presque à l'unanimité, du *RMI* (Revenu minimum d'insertion) garantissant 2 000 francs par mois aux personnes dépourvues de toute ressource, mais le choix d'une « politique de rigueur », visant à maintenir les grands équilibres économiques et privilégiant la lutte contre l'inflation et la défense du franc, multiplia les conflits sociaux. Le chômage avait régressé en 1988, en 1989 et au début de 1990, mais, à la fin de cette année, le nombre de chômeurs s'était remis à progresser, atteignant des chiffres-record (2 763 000 au mois de juillet 1991 suivant le ministère du Travail), et pouvait faire craindre d'atteindre les 3 millions, situation d'autant plus inquiétante que la France était davantage affectée par le chômage que les autres grands pays industriels (9 % de la population active en 1991 contre 6,1 en Angleterre ou 5 % dans l'ancienne RFA, 6,7 % aux États-Unis). Ce retournement était en fait lié à celui de la conjoncture économique, le taux de croissance passant de 4 en 1988 à 2 en 1991. Dans ces conditions, la « politique de rigueur » était poursuivie avec vigilance et, tout au long des trois années du ministère Rocard, les conflits sociaux ou catégoriels furent à peu près permanents. À cela sont venus s'ajouter les soubresauts réguliers dans les différents secteurs de l'Éducation nationale, tel le grand mouvement des Lycées, surtout professionnels, en novembre 1990.

Néanmoins, le trait frappant de cette période a été le rejet de la « politique » par une fraction considérable de l'opinion. L'abstention lors des consultations électorales est devenue de plus en plus forte : les élections européennes n'ont jamais beaucoup mobilisé les Français, mais l'abstention, qui avait été de 39,2 % en 1979, est passée à 42,88 % en 1984, puis à 51,11 % le 18 juin 1989. Les élections cantonales et municipales ont connu aussi des taux d'abstentions très élevés, 51 % en septembre 1988 pour les premières et 27,2 % pour les secondes en mars 1989, ce qui est également un record pour ce type d'élection. Il en a été de même à un point quelquefois extrême lors des élections partielles.

Comment peut-on expliquer ce désintérêt ? Vraisemblablement dans une grande mesure par le sentiment répandu de l'impuissance, autant des partis de gauche que de droite, à régler les problèmes actuels de la société, *difficultés économiques et emploi, immigration ou formation, financement de la santé*, d'où aussi le succès croissant des formations marginales, les groupements écologistes ou le Front national, voire le parti de la *Chasse* lors des élections européennes. En dépit de la forte cote de popularité du Premier ministre, ce désintérêt ou ce rejet frappe particulièrement le parti socialiste, miné par la violence de ses divisions internes – son congrès de Rennes du 15 au 18 mars 1990 en offrit le spectacle – et plus encore par les « affaires », c'est-à-dire toute une série d'opérations financières publiques ou privées de caractère illégal ou frauduleux au centre desquelles se trouvent souvent des socialistes. Le parti socialiste connaissait un grave revers aux élections européennes : la liste UDF-RPR conduite par V. Giscard d'Estaing (28,86 % des suffrages exprimés) l'emportait sur la liste socialiste de Laurent Fabius (23,61 %). Depuis 1981, jamais les forces de gauche ne s'étaient trouvées à un niveau aussi bas.

Dans cette sorte de dégradation de l'opinion, la *guerre du Golfe* a marqué une parenthèse. Après quelques hésitations, l'opinion s'est ralliée massivement à la politique du président de la République d'engagement sans restrictions aux côtés des États-Unis pour arrêter et refouler l'agression du président irakien Saddam Hussein contre le Koweit (2 août 1990). François Mitterrand retrouvait alors un taux de popularité parmi les plus élevés qu'il ait jamais obtenus.

Après la victoire, il estimait bientôt le moment favorable pour un changement de Premier ministre. Le 15 mai 1991, Michel Rocard était remplacé par Édith Cresson – la première femme à exercer cette fonction en France –, avec mission de donner « un nouvel élan » à l'action gouvernementale.

• *La fin de la législature (mai 1991-mai 1993)*

Le 2 avril 1992, Pierre Bérégovoy était nommé Premier ministre en remplacement d'Édith Cresson. Il y avait longtemps qu'il attendait son heure, mais il devait bientôt déclarer : « Le président a nommé Fabius parce que c'était le plus jeune. Rocard, parce que c'était le plus brillant d'entre nous. Cresson, parce que c'était une femme. Finalement, il m'a nommé et c'était déjà trop tard. »

Il est vrai que redresser la situation avant les élections législatives de 1993, c'est-à-dire en guère plus d'un an, était probablement une tâche impossible.

Édith Cresson fut le Premier ministre du gouvernement le plus bref de la Ve République, moins d'une année, *du 15 mai 1991 au 2 avril 1992*. Pour la première fois, en France, une femme dirigeait le gouvernement et cette innovation fut d'abord bien accueillie. Très rapidement toutefois, la popularité du Premier ministre, sans aucun doute mal préparé à cette tâche, commença à décliner – ses formules à l'emporte-pièce, la brutalité avec laquelle elle entendait « délocaliser » en province une partie des administrations parisiennes, avaient surpris l'opinion –, pour bientôt s'effondrer. La baisse de l'indice de popularité du président de la République ne fut pas moins grande. À la fin du mois de décembre 1991, François Mitterrand, avec 22 % d'avis favorables dans un sondage de l'IFOP, battait son précédent record d'impopularité qui datait de novembre 1984.

Lors des élections régionales du 22 mars 1992, avec 18,3 % des suffrages exprimés en métropole, le parti socialiste réussit son plus mauvais résultat depuis un quart de siècle. L'opposition de droite dirige 19 régions, bientôt 20 sur 22. Le même jour, les élections cantonales lui permettent de gagner 6 départements supplémentaires : 76 départements sur 99 lui sont acquis. Dans ces conditions, le président de la République est contraint de demander sa démission à Édith Cresson. Il nomme alors Premier ministre *Pierre Bérégovoy*, ministre de l'Économie et des Finances depuis 1988, dans les gouvernements Rocard et Cresson. Il était depuis longtemps candidat à cette fonction, mais il ne disposait que de 11 mois avant les élections législatives. La plus grande originalité du nouveau gouvernement était l'attribution du ministère de la Ville à l'homme d'affaires Bernard Tapie, dont, toutefois, la présence au gouvernement fut interrompue du mois de mai au mois de décembre pour cause d'inculpation. Ce changement de gouvernement ne fait guère remonter l'indice de popularité du chef de l'État.

Suivant les termes même du président de la République, les Français, qui l'ont pourtant littéralement plébiscité à la fin de la guerre du Golfe, sont atteints d'une maladie de *langueur*.

Plusieurs causes expliquent cette morosité des Français et leur rejet du parti socialiste.

La première est l'aggravation de la crise. Après les bonnes années 1988 et 1989, avec une progression de + 4,3 % et + 3,9 % du produit intérieur brut par rapport à l'année précédente, la chute est sensible en 1990, + 2,4 %, plus forte encore en 1991, + 0,6 %. La remontée de 1992 (+ 1,2 %) ne concerne que le premier semestre et prépare la véritable débâcle de 1993 (– 0,8 %). Pour la première fois depuis 1975, l'économie française s'est appauvrie. Le chômage progresse très vite. Au mois d'octobre 1992, le nombre de chômeurs atteint et dépasse les 3 millions, en décembre, il approche les 3 100 000.

Le *drame du sang contaminé* et les *affaires financières* créent une atmosphère de plus en plus défavorable à la majorité. Le « procès du sang contaminé », dont le principal accusé est le docteur Garetta, directeur de la transfusion sanguine, débute le 23 juin 1992. Il ne concerne que des médecins. Les hommes politiques, Laurent Fabius, Premier ministre au moment des faits en 1985, Georgina Dufoix, ministre des Affaires sociales, Edmond Hervé, secrétaire d'État à la Santé, ne sont entendus que comme témoins, mais les retombées sur l'image du parti socialiste ne sont pas négligeables. Il en est de même des affaires touchant au financement du parti socialiste réalisé par l'intermédiaire de différents *bureaux d'études* qui n'avaient pas d'autres fonctions que de collecter de l'argent auprès des collectivités locales. Des hommes politiques socialistes ne sont pas seuls à être poursuivis pour différentes malversations, mais dans l'opinion le parti socialiste en est particulièrement affecté. En arrivant au pouvoir, Pierre Bérégovoy avait annoncé son intention de poursuivre avec fermeté la corruption, mais son implication personnelle dans une affaire, en elle-même de peu d'importance, un prêt sans intérêt accordé par un proche du président de la République, Roger-Patrice Pelat, lui-même impliqué dans des spéculations douteuses, a un effet déplorable sur la propre image du Premier ministre.

Le président de la République avait souhaité rassembler l'opinion autour de l'approbation du traité de Maastricht, signé le 7 février 1992, qui créait l'Union européenne. Il décide l'organisation d'un référendum pour le 20 septembre 1992 et tout laissait présager un large succès du *oui*, soutenu par la droite et par la gauche. La campagne électorale se traduit, en réalité, par une montée du *non* préconisé, non seulement par l'extrême gauche et l'extrême droite, mais par une partie des socialistes autour de Jean-Pierre Chevènement, des gaullistes autour de Philippe Séguin et de Charles Pasqua, des giscardiens autour de Philippe de Villiers. La campagne du *non* est encore favorisée par la colère des paysans devant la réforme de la Politique agricole commune (PAC), entérinée par la Commission européenne de Bruxelles le 21 mai. Malgré le soutien de Jacques Chirac et de Valéry Giscard d'Estaing, le *oui* ne l'emporta finalement que de très peu, 50,81 % des suffrages exprimés en métropole.

Dans ces conditions, dans l'atmosphère de désarroi moral et, alors que la France connaît la récession la plus grave depuis longtemps, l'espérance du président de la République de remonter la pente est vaine. Les socialistes se préparent à une défaite assurée lors des élections législatives – tous les sondages le laissent présager.

Des résultats trop prévisibles expliquent que la participation électorale ait été moyenne, encore qu'elle ait été de plus de trois points supérieure à celle de 1988, mais la débâcle subie par la majorité sortante fut d'une ampleur imprévue. Tandis que le parti communiste connaissait un nouveau recul, 2,14 % en moins, le parti socialiste et ses alliés perdaient plus de 17 % des suffrages exprimés. Le second tour ne corrigeait pas le premier, comme cela arrive parfois ; il l'aggravait encore, et, dans le cadre d'un scrutin majoritaire, la sanction était particulièrement rude. Le parti socialiste et ses alliés perdaient 214 sièges. L'opposition de droite avec 485 sièges obtenait 84 % des sièges de l'Assemblée. Rarement dans la vie politique de la France, l'Assemblée avait connu une majorité aussi forte.

Résultats des élections législatives de 1993
1er tour-21 mars

Inscrits	38 881 564	
Votants	26 796 142	soit 68,91 % des inscrits
Abstentions	12 085 422	soit 31,08 % des inscrits
Blancs et nuls	1 417 984	soit 3,54 % des inscrits
Suffrages exprimés	25 378 158	soit 65,24 % des inscrits
Extrême-Gauche	423 282	soit 1,66 % des suffrages exprimés
Parti communiste	2 331 399	soit 9,18 % des suffrages exprimés
Parti socialiste	4 415 495	soit 17,39 % des suffrages exprimés
Autres Majorité présidentielle et divers gauche	693 945	soit 2,73 % des suffrages exprimés
Écologistes	2 716 313	soit 10,70 % des suffrages exprimés
UPF (Union pour la France) (RPR et UDF)	10 074 796	soit 39,69 % des suffrages exprimés
Divers droite	1 118 032	soit 4,40 % des suffrages exprimés
Front national	3 152 543	soit 12,42 % des suffrages exprimés
Autres extrême-droite	35 411	soit 0,14 % des suffrages exprimés
Divers	416 942	soit 1,06 % des suffrages exprimés

Résultats du deuxième tour – 28 mars
577 sièges (y compris les sièges attribués au premier tour)

Parti communiste	24
Parti socialiste et autres (MRG, majorité présidentielle)	68
UDF	207
RPR	242
Divers droite	36

La nouvelle cohabitation (mars 1993-mai 1995)

Sauf à démissionner, ce qu'il n'a pas eu l'intention de faire, semble-t-il, le président de la République était contraint à une nouvelle *cohabitation* qui durerait jusqu'à la fin de son mandat. Après la démission de Pierre Bérégovoy qui mettait un terme dramatique à cette période en se suicidant quelques jours plus tard (1er mai 1993), François Mitterrand faisait appel à un Premier ministre issu de la principale formation de la nouvelle majorité, le RPR. Depuis plusieurs mois le nom d'*Édouard Balladur* s'était imposé, d'autant que Jacques Chirac, président du RPR, ne souhaitait pas occuper pour la troisième fois les fonctions de Premier ministre et entendait se réserver pour la prochaine élection présidentielle.

Le nouveau gouvernement comprend à peu près une quinzaine de membres en moins que les gouvernements socialistes qui l'ont précédé. Seulement 29 ministres et pas de secrétaires d'État. Ses principaux membres sont Simone Veil, ministre des Affaires sociales, Charles Pasqua, ministre de l'Intérieur, Alain Juppé, ministre des Affaires étrangères, François Léotard, ministre de la Défense, Edmond Alphandéry, ministre de l'Économie…

Le Premier ministre connaît pendant plusieurs mois une extraordinaire popularité qui augurait une marche triomphale vers l'Élysée. Il lance un emprunt en juillet 1993 qui rencontre un immense succès et recueille 110 milliards de francs. Au début du mois d'août, il parvient à enrayer la spéculation contre le franc, au mois de décembre à conclure de façon satisfaisante la négociation sur le commerce international (les négociations du GATT) qui inquiétait particulièrement les milieux ruraux.

Néanmoins, à partir de la fin de l'automne et au début de 1994, la situation d'Édouard Balladur commence à se dégrader. Un début de reprise se fait sentir, mais, sur la lancée de la période précédente, le chômage a continué à progresser à vive allure. Tout près de 3 300 000 demandeurs d'emploi sont enregistrés à la fin de décembre 1993. Dans ce même mois, l'adoption d'une loi facilitant le financement de l'enseignement privé par les collectivités locales provoque une manifestation laïque d'une ampleur exceptionnelle. Quelques semaines plus tard, pour essayer de limiter le chômage des jeunes, le gouvernement institue le *Contrat d'insertion professionnelle* (CIP), immédiatement accusé de permettre des rémunérations au-dessous du SMIC. Il suscite de si violentes protestations que le gouvernement est obligé progressivement de le retirer (février-avril). Pour les prochaines élections présidentielles, les divisions s'affirment au sein de la nouvelle majorité entre les partisans d'Édouard Balladur et ceux de Jacques Chirac.

L'incertitude quant à l'avenir se traduit lors des *élections européennes du 12 juin 1994*. Alors que les listes de la majorité conduite par Dominique Baudis et du parti socialiste dirigée par Michel Rocard obtiennent des scores médiocres (25,58 %) ou faibles (14,49 %), des listes marginales rencontrent un succès inattendu, à gauche celle de Bernard Tapie (12,03 %), à droite, celle de Philippe de Villiers (12,33 %).

Tout semble, plus que jamais, suspendu à l'élection présidentielle de mai 1995, plus ouverte qu'il ne paraissait quelques mois plus tôt.

Les élections présidentielles de 1995

• *Les candidats et la campagne*

Depuis que Michel Rocard était devenu premier secrétaire du parti socialiste, il apparaissait comme le candidat « naturel » de son parti face à Jacques Chirac. Néanmoins, d'après les résultats des élections législatives de 1993, sa défaite ne faisait guère de doute, d'autant que François Mitterrand gravement malade était passé progressivement à l'arrière-plan. Opéré une première fois d'un cancer à la prostate en septembre 1992, il avait dû subir une nouvelle opération le 18 juillet 1994. Mais, à la suite des très mauvais résultats des élections européennes, Michel Rocard est remplacé le 19 juin 1994 à la tête du parti socialiste par Henri Emmanuelli et cesse d'en être l'éventuel candidat.

De son côté, *Jacques Chirac*, qui était déjà en campagne, annonce officiellement le 4 novembre 1994 sa candidature à l'élection présidentielle. Mais cette annonce ne clarifie pas la situation à droite. Jacques Chirac se prive de moins en moins de critiquer l'action gouvernementale d'Édouard Balladur, ce qui a pour conséquence de pousser davantage le Premier ministre à se présenter, même s'il affirme ne pas avoir encore pris de décision. D'autant que sa cote dans les sondages reste très élevée, à l'encontre de celle de Jacques Chirac.

Ainsi au duel annoncé Rocard-Chirac, un autre duel Chirac-Balladur est en train de se substituer, dont l'issue semble ne pouvoir être qu'une victoire du second.

La position d'Édouard Balladur n'est pourtant pas aussi forte qu'il pouvait paraître. Son gouvernement a été ébranlé par une série de démissions à la suite des mises en examen en juillet 1994 d'Alain Carignon, ministre de la Communication (qui est même incarcéré pendant plusieurs mois), en octobre de Gérard Longuet, ministre de l'Industrie, et en novembre de Michel Roussin, ministre de la Coopération, compromis dans diverses affaires financières – Michel Roussin bénéficia d'un non-lieu, mais beaucoup plus tard. C'était faire également bon marché de l'existence de la culture de gauche d'à peu près la moitié de l'électorat.

L'intervention de *Jacques Delors* dans la campagne allait le rappeler. Lorsque l'ancien ministre socialiste, qui venait de quitter la présidence de la *Commission européenne*, qu'il avait occupée de 1985 à 1994, s'engage dans la voie d'une candidature à la présidence de la République, il bénéficie très rapidement d'une cote très favorable dans les sondages. Le parti socialiste plébiscite sa candidature lors de son congrès de Liévin (18 au 20 novembre 1994). Toutefois il annonce son renoncement le 11 décembre, ne croyant pas pouvoir disposer de la majorité qui lui serait nécessaire pour mener sa politique. Il n'en reste pas moins que la démonstration avait été faite que la campagne présidentielle ne se jouerait pas uniquement à droite.

À l'approche de l'échéance électorale, la situation se décanta à gauche avec la candidature de *Lionel Jospin*. Ancien premier secrétaire du parti socialiste (1981-1988) et ancien ministre de l'Éducation nationale (1988-1992), il semblait s'être écarté de la politique à la suite de sa défaite aux élections législatives de 1993. En fait, après le retrait de Jacques Delors, il estima que la voie était libre et, le 4 janvier, il annonce sa candidature à la candidature socialiste. Il n'a pas de mal à l'emporter par près de 66 % des mandats du parti socialiste sur Henri Emmanuelli (3 février 1995). Il est ainsi devenu le candidat du parti socialiste, mais les chances qu'on lui accorde sont à peu près nulles.

À droite, la situation se complique : le 18 janvier, *Édouard Balladur* annonce sa candidature, soutenue par la plus grande partie de l'UDF et une partie du RPR. Comme Jacques Chirac affirmait que cela ne changeait rien à sa détermination, deux candidats seraient issus du RPR. En revanche, les candidats possibles de l'UDF, Raymond Barre et Valéry Giscard d'Estaing, renonçaient à se présenter.

À côté des trois principaux candidats, de nombreuses autres candidatures avaient été annoncées, mais certaines d'entre elles n'obtinrent pas le nombre de parrainages suffisant.

Outre la candidature assez étrange d'un ancien énarque, Jacques Cheminade, mais qui obtint les soutiens nécessaires, les autres candidatures avalisées par le Conseil constitutionnel furent celles

– d'*Arlette Laguiller*, pour la quatrième fois, au titre de l'organisation trotskystes, *Lutte ouvrière* ;
– de *Robert Hue*, le nouveau secrétaire national du parti communiste dont on pouvait penser qu'il n'était qu'une doublure de Georges Marchais et qui révèle pendant la campagne électorale une personnalité populaire ;
– de *Dominique Voynet*, candidate écologiste, mais qui donne à l'écologie une teinte d'extrême-gauche ;
– de *Philippe de Villiers*, pour la droite traditionaliste ;
– de *Jean-Marie Le Pen*, pour la troisième fois au nom du Front National.

Les radicaux de gauche avaient choisi Jean-François Hory comme candidat, mais il se retira avant l'échéance en raison de sondages nuls.

Pendant plusieurs semaines, la campagne électorale semble se résumer au duel intérieur de la droite, d'autant que certains sondages, quand ils ne donnent pas Édouard Balladur élu au premier tour, ce qui en fait était absurde, laissent croire que la gauche serait éliminée dès le premier tour et que le second tour se disputerait entre les deux candidats du RPR.

La campagne devait démentir ces sondages établis peut-être quelquefois avec une insuffisante rigueur.

La première surprise vint du retournement de la tendance favorable à Édouard Balladur. Dès les premiers jours de mars 1995, les sondages indiquaient que Chirac devançait Balladur.

La surprise fut d'autant plus grande que la popularité du Premier ministre avait été encore momentanément renforcée par la façon dont la prise d'otages à bord d'un Airbus d'Air France par un commando du GIA algérien (Groupe islamiste armé) avait été réglée entre le 24 et le 27 décembre.

La popularité d'Édouard Balladur reposait principalement sur l'efficacité de son gouvernement et sur son crédit moral. Or il fut affaibli sur ces deux plans.

La reprise économique et le recul du chômage étaient les succès les plus marquants de son gouvernement : en 1994, après la récession de 1993, la croissance avait été de 2,7 % et le chômage baissait depuis octobre. Néanmoins, la lenteur de ce recul – à la fin de 1994, il y avait tout de même encore davantage de chômeurs qu'à la fin de 1993 (3 423 000 contre 3 400 000 en données brutes) – permettait de craindre que la méthode qui consistait à attendre principalement de la croissance la baisse du chômage soit insuffisante. En particulier Jacques Chirac assurait qu'il était possible, par une politique plus volontariste, de faire beaucoup mieux.

La méthode dont se flatte le gouvernement, la *méthode Balladur*, est également mise en cause, à propos de l'affaire des IUT. Une circulaire de janvier 1994, du ministère de l'Enseignement supérieur, restreignait les possibilités pour les étudiants des Instituts universitaires de technologie de poursuivre des études supérieures après l'obtention de leurs diplômes. Elle provoque de violentes protestations et manifestations des étudiants des IUT, à la suite de quoi la circulaire est retirée le 14 février. « Le recul fait-il partie intégrande de la méthode Balladur ? » interroge *Le Monde*. En fait, ce que le Premier ministre présente comme une méthode de concertation est stigmatisé comme une manifestation permanente de faiblesse de l'action gouvernementale.

Quant au crédit moral du Premier ministre, il est miné par l'affaire Schuller, un conseiller général des Hauts-de-Seine, proche du ministre de l'Intérieur Charles Pasqua, impliqué dans la mise en cause de la gestion des HLM des Hauts-de-Seine et de Paris. Affaire subalterne en temps ordinaire, elle prend un relief particulier en période électorale et ses effets sont aggravés par les manœuvres douteuses du ministère de l'Intérieur. Or cette affaire, à multiples rebondissements, servit de toile de fond à la campagne depuis le mois de septembre 1994.

Il faut encore souligner que lorsque les candidats furent pratiquement obligés d'indiquer quel était leur patrimoine, rien d'illégal ou de répréhensible n'apparut dans les activités d'Édouard Balladur, mais l'importance des rémunérations qu'il avait reçues comme président d'une Société privée (quand il n'était pas au gouvernement) fit mauvais effet sur l'opinion.

La deuxième surprise de la campagne fut que le candidat socialiste, après une très lente mise en route et des débuts modestes dans les sondages (15 à 17 %) avait très nettement progressé et l'idée d'un second tour entre les deux seuls candidats de droite avait progressivement perdu la plus grande part de sa crédibilité.

Résultats des élections présidentielles de 1995
1er tour-23 avril

Inscrits	39 992 912	
Abstentions	8 647 118	soit 21,62 % des inscrits.
Blancs et nuls	883 161	soit 2,59 % des inscrits
Exprimés	30 462 633	soit 76,15 % des inscrits
Lionel Jospin	7 097 786	soit 23,30 % des suffrages exprimés
Jacques Chirac	6 348 375	soit 20,84 % des suffrages exprimés
Édouard Balladur	5 658 796	soit 18,58 % des suffrages exprimés
Jean-Marie Le Pen	4 570 838	soit 15 % des suffrages exprimés
Robert Hue	2 632 460	soit 8,64 % des suffrages exprimés
Arlette Laguiller	1 615 552	soit 5,30 % des suffrages exprimés
Philippe de Villiers	1 443 186	soit 4,74 % des suffrages exprimés
Dominique Voynet	1 010 681	soit 3,32 % des suffrages exprimés
Jacques Cheminade	84 559	soit 0,28 % des suffrages exprimés

Après les surprises de la campagne, celles des résultats ne furent pas moins grandes. Non seulement Lionel Jospin n'était pas éliminé, mais il arrivait en tête. Chirac avait pris l'avantage sur Balladur, comme l'indiquaient les sondages, mais le jour du vote cette avance avait été très réduite. Le pronostic d'un effondrement de Balladur, après qu'il fut distancé, ne s'était pas produit, au point même que, pendant quelques minutes, il fut difficile de savoir qui était devant l'autre, de Balladur et de Chirac !

Ce premier tour permettait quelques remarques.

1) Les abstentions avaient été nombreuses, les plus nombreuses lors d'une élection présidentielle, mises à part celles de 1969 à la suite du départ du général de Gaulle. Elles traduisaient, sans aucun doute, que pour beaucoup la politique ne pouvait apporter de réponse aux difficultés économiques, sociales et morales que connaissait le pays.

2) Le candidat socialiste avait naturellement rassemblé dans une élection de ce type une partie notable des électeurs. Au total, l'électorat de Lionel Jospin n'était que de 2,55 % inférieur à celui de François Mitterrand en 1981.

3) Jacques Chirac, malgré l'acharnement de sa campagne, faisait un score médiocre. Il n'améliorait que de moins d'un pour cent son score de 1988. L'électorat de la majorité était divisé en deux parties à peu près égales, Édouard Balladur ne se trouvant qu'à 2,26 % de son concurrent.

4) La droite restait très majoritaire dans le pays : les candidats de droite recueillaient plus de 59 % des suffrages.

5) Le Front national confirmait la réalité de son implantation et une présence de plus en plus marquée chez les ouvriers et dans les catégories défavorisées : Jean-Marie Le Pen recueillait une proportion de votes ouvriers supérieure à celle de tous les autres candidats...

6) Le parti communiste, malgré la campagne prometteuse de Robert Hue, restait à son étiage. En 1988, les deux candidats (André Lajoinie et Pierre Juquin) qui se référaient au communisme avaient obtenu 8,86 % des suffrages, soit 0,22 % de plus que Robert Hue.

• *Le deuxième tour*

Les résultats du premier tour rendaient probable la victoire de Jacques Chirac, mais ne la garantissaient pas. La médiocrité de son score montrait la réticence qu'il provoquait dans une grande partie de l'électorat. En outre, plusieurs élections antérieures avaient fait apparaître qu'une partie notable de l'électorat du Front national venait de la gauche. Or ces électeurs ne se ralliaient pas volontiers à la droite classique au deuxième tour, ils avaient même tendance à rejoindre leur famille d'origine. Ce mouvement risquait d'être d'autant plus accentué que Jean-Marie Le Pen favorisait Lionel Jospin en annonçant qu'il voterait blanc. Quant à ce dernier, sa première place du premier tour pouvait provoquer une dynamique en sa faveur.

En revanche, contrairement à ce qui s'était produit en 1981 où le désistement de Jacques Chirac en faveur de Valéry Giscard d'Estaing avait été très réticent, la netteté du désistement d'Édouard Balladur en faveur de Jacques Chirac devait, en principe, éviter de mauvais reports de voix à droite, même si la dureté de la campagne pouvait laisser des traces.

La campagne du second tour fut marquée par le grand débat télévisé, le 2 mai, entre les deux concurrents restés en lice. Ce débat devenu traditionnel, dont l'influence n'a jamais été mesurée exactement, fut un grand événement médiatique, mais il ne semble pas avoir eu d'effets sur les positions réciproques.

Logiquement le vote blanc avait considérablement augmenté, à la suite des consignes assez largement suivies de Jean-Marie Le Pen (31 % de son électorat). Il contrebalança la légère diminution des abstentions. Les suffrages exprimés furent finalement moins nombreux au second tour.

Résultats de l'élection présidentielle de 1995
Deuxième tour-7 mai 1995

Inscrits	39 985 925	
Abstentions	8 133 230	soit 20,34 % des inscrits
Blancs et nuls	1 895 018	soit 5,95 % des inscrits
Exprimés	29 957 677	soit 73,63 % des inscrits
Jacques Chirac	15 766 658	soit 52,63 % des suffrages exprimés
Lionel Jospin	14 191 019	soit 47,37 % des suffrages exprimés

L'élection de Jacques Chirac était dépourvue d'ambiguïtés. Avec une avance de 1 575 639 voix, sa marge était plus importante que celles de Valéry Giscard d'Estaing en 1974 et de François Mitterrand en 1981.

La situation des forces politiques n'en était pas moins paradoxale : d'un côté la droite était maintenant maîtresse de tous les pouvoirs, présidence de la République, gouvernement, Assemblée nationale, la plupart des Régions et des Départements. Après 14 ans de présidence socialiste, l'alternance était complète, mais, d'un autre côté, l'élection présidentielle marquait un renouveau du parti socialiste, de sorte qu'au moment de son plein triomphe la droite n'était plus assurée de gagner les élections législatives de 1998 ! Comme pour François Mitterrand en 1981 et 1988, une dissolution de l'Assemblée nationale aurait donné à Jacques Chirac un délai plein de cinq ans pour gouverner sans consultation électorale majeure, mais comment justifier la dissolution d'une Assemblée où l'on dispose d'une majorité aussi écrasante ?

La première présidence de Jacques Chirac (1995-2002)

Les gouvernements Juppé (1995-1997)

Ministre des Affaires étrangères dans le gouvernement Balladur, président du RPR par intérim, ancien élève de l'École normale supérieure, agrégé de Lettres, ancien élève de l'École nationale d'Administration, principal lieutenant de Jacques Chirac pendant la campagne présidentielle, Alain Juppé, à 50 ans, apparaissait comme favori pour le poste de Premier ministre, en concurrence toutefois avec Philippe Séguin, président de l'Assemblée nationale, dont le poids dans la campagne avait été également considérable. Le

17 mai 1995, Alain Juppé était nommé Premier ministre et le 19 mai, son gouvernement était formé.

La constitution de ce gouvernement prenait le contre-pied de celui d'Édouard Balladur. Nombreux, 46 ministres et secrétaires d'État, comptant peu de fortes personnalités et un grand nombre d'inconnus – surtout des inconnues –, de fort recrutement parisien, à dominante RPR – peu de ministres d'Édouard Balladur y ont retrouvé une place –, il comprenait 12 femmes, à des postes d'ailleurs en général secondaires. Ses principaux ministres étaient le garde des Sceaux, le RPR Jacques Toubon, le ministre de l'Économie et des Finances, le libéral Alain Madelin, le ministre de l'Éducation nationale, le centriste chrétien, François Bayrou, le ministre de l'Aménagement du territoire, Bernard Pons, un des piliers du RPR.

En fait la constitution du gouvernement était déjà un message. La présidence de Jacques Chirac devait, à son tour, être celle du *changement*, celle du renouveau de la France non seulement par rapport à la période socialiste, mais aussi par rapport à la période de cohabitation, le nouveau Premier ministre décrivant comme « calamiteux » l'état des Finances légué par son prédécesseur.

Elle entendait, en particulier, recoudre le tissu national, déchiré par la « fracture sociale », génératrice de millions « d'exclus » dus au chômage, à la pauvreté, à l'absence de domicile, fracture que Jacques Chirac n'avait cessé de dénoncer pendant sa campagne électorale. La politique nouvelle devait tout faire, par une volonté de tous les instants, pour régler le problème de *l'emploi*, c'était le maître-mot.

La victoire électorale avait d'ailleurs fait bénéficier le nouveau président de la République d'un grand capital d'espérance. Elle avait transformé en immenses attentes, même chez ceux qui n'avaient pas voté pour lui, les promesses du candidat.

Avant de passer aux actes, le nouveau pouvoir devait pourtant affronter les élections municipales, fixées aux 11 et 18 juin 1995. Elles auraient dû avoir lieu au mois de mars, mais elles avaient été repoussées afin de ne pas interférer avec les élections présidentielles.

Dans la pratique, elles affaiblirent le nouveau pouvoir, car même si des élections municipales, en raison de leur dispersion, sont souvent difficiles à interpréter, elles ne montrèrent aucunement un recul de la gauche par rapport aux élections précédentes, celles de 1989 qui avaient été bonnes pour elle. La conquête pour la première fois d'une grande ville de droite, Toulon, par le Front national et l'érosion des positions de l'ancien maire de Paris qu'était Jacques Chirac, avec le passage à gauche de six arrondissements parisiens, donnèrent le sentiment, malgré l'élection à Marseille de l'UDF Jean-Claude

Gaudin, qu'à peine en place le nouveau pouvoir était contesté. Le parti socialiste au contraire confirmait sa remontée.

La rapidité avec laquelle la déception s'installa fut à la hauteur des espérances que l'élection de Jacques Chirac avait provoquées, d'autant que le Premier ministre Alain Juppé fut presque immédiatement englué dans une affaire, elle aussi à rebondissements multiples, et qui mettait en cause son intégrité. Il était accusé d'avoir fait baisser les prix des loyers des appartements du domaine privé de la Ville de Paris qu'il occupait, ainsi que son fils, en profitant de ses fonctions d'adjoint au maire.

Les cotes de popularité du président de la République et du Premier ministre s'affaissaient avec une rapidité inconnue jusqu'alors, surtout pour un président de la République.

Sur le plan extérieur, la volonté, beaucoup plus ferme de Jacques Chirac que celle de ses prédécesseurs, pour trouver une solution à la question de l'ancienne Yougoslavie, sa décision de sortir d'une intervention principalement « humanitaire », était bien accueillie et conduisait les États-Unis à s'impliquer davantage. Elle aboutit à un accord de paix signé à Dayton (EU) et ratifié à Paris le 14 décembre 1995. En revanche, le nouveau président de la République provoquait un tollé international, relayé par les protestations de la gauche française, en annonçant le 13 juin la reprise des essais nucléaires que François Mitterrand avait suspendus en avril 1992. Cette série de huit essais programmés entre septembre 1995 et mai 1996, avant leur arrêt définitif, fut finalement réduite à six et se termina dès le début de l'année 1996.

En même temps, comme il en avait déjà été lors du gouvernement Chirac de 1986, une vague d'attentats, due cette fois au GIA algérien, débute le 25 juillet par un attentat dans le RER parisien à la station Saint-Michel, faisant de nombreuses victimes.

L'accident le plus spectaculaire du nouveau septennat fut son incapacité à empêcher l'éclatement d'une crise sociale considérable. Il était rapidement apparu que les promesses de la campagne électorale d'entreprendre une vaste politique sociale tout en respectant la rigueur budgétaire, d'accélérer la relance économique et d'augmenter les salaires, tout en accroissant les prélèvements fiscaux, étaient fort contradictoires. L'opinion fut d'autant plus déconcertée lorsque le chômage commença de nouveau à augmenter au mois d'août, après 10 mois de recul, et la croissance à ralentir.

Le président de la République qui, dès le début du mois de septembre avait affirmé : « je n'ai pas de baguette magique », annonçait le 26 octobre un revirement de la politique économique et sociale et une période de deux ans de rigueur. À une nouvelle politique devait correspondre un nouveau gouvernement. Alors que déjà le ministre de l'Économie, Alain Madelin, avait été renvoyé le 25 août, un nouveau gouvernement était constitué début novembre.

La nouvelle équipe était moins nombreuse et la plupart des femmes en avaient été évincées, 8 sur 12. Alain Juppé en gardait la direction.

Cela n'empêchait pas une longue crise sociale de plus d'un mois de la mi-novembre à la mi-décembre. Déclenchée d'abord par les étudiants, elle fut surtout animée par les services publics, essentiellement les chemins de fer et les transports parisiens qui défendaient avec ténacité leurs « avantages acquis », en particulier dans le domaine des retraites. Si les grévistes ne furent pas très nombreux, en dehors des deux groupes précédents, les manifestations, en particulier dans les grandes villes de la moitié sud de la France, Bordeaux, Toulouse, Marseille, furent souvent massives. Le slogan essentiel en était l'abolition du *plan Juppé*, c'est-à-dire d'un vaste plan de réforme de la Sécurité sociale présenté devant l'Assemblée nationale le 15 novembre, clef de voûte pour le Premier ministre de l'effort de retour à l'équilibre du budget et des comptes sociaux.

Les cheminots et les employés de la RATP obtinrent de conserver leurs avantages acquis, le plan Juppé – maîtrise des dépenses sociales contrôlée par le Parlement, nouvelle taxe, le RDS (remboursement de la Dette sociale) portant sur la totalité des revenus – ne fut pas retiré et la crise sociale s'acheva le 21 décembre, à la veille des fêtes de Noël et du Jour de l'an, par un « sommet social » sans grands effets.

Au début de l'année 1996, les attentats terroristes ont cessé – au moins momentanément –, à la suite de nombreuses arrestations dans les milieux islamistes, les essais nucléaires sont achevés, les mouvements sociaux n'ont pas repris contrairement à certains pronostics. La cote du président de la République a sensiblement remonté, à un niveau malgré tout modeste (bonnes opinions, 37 %, mauvaises, 58 %) alors que celle du Premier ministre continue à s'affaisser (bonnes opinions, 28 %, mauvaises 68 %). Ce sondage BVA (15-17 février) est le plus mauvais enregistré par le Premier ministre depuis sa nomination. Sa politique économique et sociale ne parvient pas à convaincre l'opinion.

Le 8 janvier 1996, *la mort de François Mitterrand* à l'âge de 79 ans est l'objet d'une couverture médiatique à peu près sans précédent : elle apparaît, plus que les élections présidentielles, comme la fin d'une époque.

Fin d'une époque par la mort d'un homme aimé ou détesté, plus souvent détesté qu'aimé de son vivant, mais qui avait été sans conteste une personnalité dominante, au point qu'il fallut sa disparition pour que Jacques Chirac se sente vraiment président. Mais une nouvelle époque qui héritait largement de la précédente.

D'abord par la morosité des Français. Après l'embellie Balladur, au bout de bientôt un an de la présidence de Jacques Chirac – une présidence qui n'avait presque pas connu *d'état de grâce* –, tous les analystes se rejoignaient sur cette appréciation, morosité et scepticisme (René Rémond), désenchantement et amertume (Serge Sur), qui devait caractériser toute l'année 1996. Même si on pouvait souligner la solidité du franc, l'inflation maîtrisée (+ 1,7 %), des échanges extérieurs de bonne tenue (un excédent de 122,3 milliards contre 97,8 l'année précédente), une Bourse brillante, la croissance restait faible (1,3 contre 2,2 en 1995 et 2,8 en 1994) et partant le lancinant problème du chômage ne s'améliorait pas, bien au contraire. L'année 1996 avait vu 87 000 chômeurs de plus (en données corrigées), leur nombre total était proche de 3 100 000 et le taux de chômage était de 12,7 %. Les deux ans de politique de rigueur qui avaient été annoncés par le gouvernement (à l'encontre des promesses électorales) étaient d'autant moins bien supportés qu'on les savait rendus obligatoires par l'objectif qu'Alain Juppé s'était fixé et dont il n'entendait en aucun cas dévier, réunir les conditions du passage à la monnaie unique. Or, si les Français avaient intégré la nécessité de la monnaie unique, ils comprenaient mal et acceptaient difficilement que cela suppose tant de contraintes.

La déception était si forte devant le manque de résultats qu'elle se traduisait par des niveaux de popularité ou plutôt d'impopularité rarement atteints par un Premier ministre et un président de la République. À la fin de 1996, en seize mois, Jacques Chirac avait perdu 27 points de confiance et Alain Juppé 38… En mai 1996, il n'y avait que 28 % des Français pour croire que la majorité appliquait le programme pour lequel elle avait été élue.

Dans cette ambiance, des réformes opérées apparaissaient surtout les aspects négatifs. Ainsi de la réforme du service national – et de son remplacement par une armée professionnelle – annoncée le 22 février par le président de la République. En d'autres temps, elle aurait au moins satisfait ceux qui ne feraient pas leur service militaire, or elle fut accueillie dans une sorte d'indifférence et provoqua plus de troubles dans les esprits que d'approbations, en particulier dans des milieux militaires, pourtant traditionnellement favorables à la majorité. Les villes condamnées à être privées de leurs garnisons et à perdre emplois et revenus manifestent leurs inquiétudes.

La lutte du ministre de l'Intérieur Jean-Louis Debré contre l'immigration clandestine suscite des troubles importants avec le développement du mouvement des « Sans-Papiers ». L'évacuation par la force le 23 août des « clandestins » installés dans l'église Saint-Bernard avec le soutien de diverses personnalités est mal perçue, sans mettre fin à l'agitation.

En mars-avril 1997, l'application du Plan Juppé sur la maîtrise des frais médicaux provoque une grande grève des internes et des chefs de cliniques des hôpitaux approuvés par de nombreux médecins. Là aussi c'était un électorat en général favorable à la majorité.

En novembre 1996, une grande grève des routiers avait progressivement paralysé la France.

Le gouvernement Juppé n'était pas menacé par le risque d'une censure parlementaire en raison de l'énorme majorité dont il disposait, mais beaucoup de parlementaires étaient fort inquiets quant à leur réélection lors des élections de 1998. Dans une bonne conjoncture beaucoup d'entre eux n'auraient pas retrouvé leurs sièges, *a fortiori* dans cette situation. Résultat, le Parlement est « mélancolique ».

Néanmoins, à la fin de 1996, un léger mieux apparaît pour la majorité : une légère progression dans les sondages, des indices un peu meilleurs, l'INSEE prévoit une croissance plus forte pour 1997, 2,3 %, le nombre de chômeurs a diminué de 29 000, au mois de décembre. L'année 1997 s'annonçait pourtant difficile, ne serait-ce que parce que la croissance était insuffisante pour assurer les rentrées fiscales nécessaires et que, dans ces conditions, établir un budget qui permette de respecter les critères de Maastricht était impossible, sauf de procéder à une nouvelle et sévère augmentation de la pression fiscale. Des notes émises par des « experts » du ministère de l'Économie (qui se révélèrent bientôt très exagérées, sinon fallacieuses) renforcent l'inquiétude. Ajouter à cela les procédures judiciaires envers nombre d'hommes politiques de la majorité, en particulier celles concernant la ville de Paris. Le maire de Paris, Jean Tibéri, lui-même, était mis en examen le 5 mars 1997…

Dans ces conditions la défaite lors des élections de l'année suivante paraissait inévitable…

La dissolution et les élections de 1997

Que faire pour l'éviter ? C'était une idée fort ancienne chez Jacques Chirac que dans une situation de ce genre, il ne fallait pas attendre le dénouement fatal, mais contrecarrer le destin par un acte volontaire, dans le cas présent procéder à des élections anticipées. Déjà en 1976, une des raisons de sa rupture avec le président de la République avait été le refus de Valéry Giscard d'Estaing d'accepter des élections anticipées.

D'où l'idée de dissolution qui germe à partir de la fin de 1996 et qui prend corps au cours du premier trimestre 1997, d'autant que les conditions semblent plus favorables. Le 27 février, Jean-Louis Debré a fait voter une nouvelle loi sur l'immigration qui doit satisfaire l'électorat de la majorité, tandis qu'une fraction de l'électorat de gauche accuse le parti socialiste de ne s'y être opposé que faiblement, d'avoir été incapable d'empêcher ce même mois le Front national de conquérir la mairie de Vitrolles (Bouches-du-Rhône) face à un médiocre candidat socialiste… Les grandes manifestations contre le Front national, comme celle du 29 mars à Strasbourg, étaient aussi une forme d'avertissement envers le parti socialiste.

De son côté, le parti communiste changeait progressivement sous la direction de Robert Hue, son image était meilleure, mais les sondages ne lui donnaient l'assurance d'aucun progrès électoral significatif.

L'état de relative faiblesse dans laquelle la gauche se trouvait conforte l'idée d'une dissolution.

Le 21 avril 1997, Jacques Chirac l'annonce et les nouvelles élections sont fixées au 25 mai et au 1er juin.

Les instituts de sondages créditaient alors la droite en progrès et la gauche en recul d'environ 40 % des voix et prévoyaient, pour la plupart d'entre eux, que la droite conserverait la majorité, même si évidemment elle serait moins forte que précédemment… Compte tenu de l'impopularité de l'exécutif, ce pronostic aurait dû surprendre, mais semaine après semaine, il était répété.

Jusqu'aux derniers sondages autorisés, le déroulement de la campagne ne semblait pas avoir modifié cette situation : ni la droite dont le véritable chef, le président de la République, n'avait pourtant pas réussi à faire comprendre les raisons de la dissolution – il était difficile de dire que la défaite semblait inévitable l'année suivante ! –, ni la gauche n'avaient vu leurs positions se modifier…

• *Le premier tour*

Résultats des élections législatives de 1997
1er tour-25 mai
(France métropolitaine)

Inscrits	38 004 867	
Votants	26 036 937	soit 68,5 % des inscrits
Abstentions	11 967 930	soit 31,5 % des inscrits
Blancs et nuls	1 862 238	soit 4,9 % des inscrits
Suffrages exprimés	24 760 146	soit 65,14 % des inscrits
Extrême-Gauche	549 914	soit 2,22 % des suffrages exprimés
Parti communiste	2 440 951	soit 9,86 % des suffrages exprimés
Parti socialiste	6 366 967	soit 25,71 % des suffrages exprimés
Mvt. des citoyens	265 921	soit 1,07 % des suffrages exprimés
Divers gauche	477 444	soit 1,93 % des suffrages exprimés
Écologistes	1 583 469	soit 4,17 % des suffrages exprimés
RPR	4 081 116	soit 16,48 % des suffrages exprimés
UDF	3 684 937	soit 14,88 % des suffrages exprimés
Divers droite	1 093 399	soit 4,42 % des suffrages exprimés
Front national	3 773 901	soit 15,24 % des suffrages exprimés
Autres extrême-droite	38 896	soit 0,16 % des suffrages exprimés
Divers	402 231	soit 1,63 % des suffrages exprimés

Les élections de 1997 ne ressemblèrent à celles de 1993 que par un seul trait, à peu près le même pourcentage d'abstentions. Pour le reste, la gauche sans compter l'extrême gauche et en ne comprenant qu'une partie des écologistes, les Verts (3,68 %), rassemblait 42,25 % des suffrages, et la droite 35,78 %, en recul de huit points sur ses résultats de 1993. Les sondages étaient gravement démentis, le président « désavoué ».

La position de la majorité sortante était d'autant plus difficile, à moins de retournement des électeurs entre les deux tours, que les dirigeants du Front national n'avaient aucunement l'intention d'apporter leurs suffrages à la droite parlementaire. Pour tenter de conjurer l'hostilité polarisée sur Alain Juppé, Jacques Chirac le remplaçait par Philippe Séguin pour mener la campagne.

• *Le deuxième tour*

Au deuxième tour, la gauche était victorieuse avec 48,28 % des voix contre 46,02 % à la droite et le maintien des candidats du Front national dans de nombreuses circonscriptions avait accru sa victoire.

Résultats du deuxième tour 1er juin (577 sièges, y compris les sièges attribués au 1er tour)

Parti communiste	37 sièges
Parti socialiste (et radicaux de gauche)	259 sièges
Mvt. des citoyens	7 sièges
Écologistes	8 sièges
Divers gauche	9 sièges
RPR	139 sièges
UDF	109 sièges
Divers droite	8 sièges
Front national	1 siège

La gauche l'emportait avec 320 sièges, mais le parti socialiste n'avait pas obtenu la majorité absolue (289). Quant à la droite, elle était battue, en définitive, d'assez peu – un déplacement de voix d'environ 1 % lui aurait permis de conserver le pouvoir –, mais, au niveau psychologique, sa défaite donna l'impression d'une déroute. Sa déconfiture – quatre ans après la débâcle socialiste de 1993 – montrait certainement une grande versatilité d'une partie de l'électorat – depuis 1978 aucune majorité législative n'avait gagné les élections suivantes – et la déception qu'engendraient les majorités successives, mais elle prenait une résonance particulière parce que la consultation avait été voulue par Jacques Chirac et que, pendant longtemps, on avait pu croire qu'il gagnerait son pari. La surprise, voire un peu de ridicule, s'ajoutaient à la défaite. La droite donnait l'impression d'un « champ de ruines ».

La troisième cohabitation (juin 1997- mai 2002)

Dès le 2 juin, le vainqueur, le premier secrétaire du parti socialiste, Lionel Jospin était nommé Premier ministre et en un peu plus de dix ans la troisième cohabitation commençait, mais cette fois-ci entre un président de la République de droite et un Premier ministre de gauche et, non pour attendre les élections présidentielle dans deux ans, mais en principe dans cinq, sauf nouvelle dissolution ou événement encore imprévisible.

Lionel Jospin formait un gouvernement « pluriel » – suivant la formule employée alors – puisque des ministres communistes, écologistes ou du Mouvement des citoyens, étaient appelés aux côtés des socialistes et de leurs alliés radicaux de gauche.

La constitution du gouvernement marquait la rupture avec le Mitterrandisme par l'élimination à peu près totale des anciens ministres de premier plan des gouvernements de François Mitterrand, mis à part Jean-Pierre Chevènement (Intérieur) mais qui avait rompu avec le parti socialiste. L'Économie et les Finances étaient confiées à Dominique Strauss-Kahn, les Affaires étrangères à Hubert Védrine, l'Emploi et la Solidarité à Martine Aubry (numéro deux du gouvernement), l'Éducation nationale à un ami personnel du Premier ministre, Claude Allègre… Une écologiste, Dominique Voynet, entrait dans le gouvernement avec en charge l'environnement.

Même si les circonstances obligeaient Lionel Jospin à modifier certaines promesses de campagne, la fermeture de usines Renault de Vilvorde en Belgique était confirmée, la régularisation des « sans-papiers » était faite au compte-gouttes, les lois Pasqua et Debré sur la nationalité et l'immigration étaient aménagées et non purement et simplement abrogées, il connaissait pendant six mois un « état de grâce » pratiquement sans nuages. La croissance semblait revenue, les problèmes budgétaires réglés comme par enchantement, les critères de Maastricht atteints sans difficultés… Même les critiques du président de la République, particulièrement vives contre l'annonce de l'abaissement de la durée hebdomadaire de travail de 39 heures à 35 sans modification de rémunération, ne semblaient avoir guère d'écho.

Pendant les années 1998 et 1999, la cohabitation se poursuit sans heurts majeurs entre le président de la République et le Premier ministre. Les taux de popularité de l'un et de l'autre connaissent en général des évolutions à peu près parallèles et se trouvent la plupart du temps à un niveau élevé. Lionel Jospin ne subit qu'une chute brutale et momentanée de sa cote de confiance du fait, à la fin de 1997-début 1998, d'un mouvement imprévu de chômeurs. D'ailleurs les positions du président de la République et du Premier ministre, si elles peuvent diverger en politique intérieure, sont très proches pour ce qui est de la politique étrangère. Il y a en particulier identité de vue lors de l'opération menée par l'OTAN contre la Serbie dans l'affaire du Kosovo (mars-juin 1999). Néanmoins la cohabitation, appréciée des Français parce qu'elle évite que tous les pouvoirs soient rassemblés dans les mains d'une même tendance politique, donne le sentiment, surtout quand elle se prolonge aussi longtemps, qu'elle n'est guère favorable à une action gouvernementale dynamique. D'où une spéculation récurrente sur des modifications constitutionnelles – durée du mandat présidentiel ramenée à cinq ans, mise en place d'un système présidentiel – censées éviter les périodes de cohabitation contraires à l'esprit de la Ve République.

Cette période calme ne va pourtant pas sans modifications importantes des formations politiques, dont la principale est au cours du mois de décembre 1998, l'éclatement du Front national entre deux mouvements, l'un dirigé par Jean-Marie Le Pen qui conserve le nom du parti d'extrême droite, l'autre par Bruno Mégret qui devient bientôt le *Mouvement national et républicain.* Lors des élections européennes du 13 juin 1999, les deux formations recueillent respectivement 5,71 % et 3,29 % des suffrages exprimés, soit au total 8,99 %, une influence en baisse très sensible par rapport aux scrutins précédents, ce qui est un élément tout à fait nouveau dans la vie politique française. La division de l'extrême droite risque de l'empêcher d'être présente au second tour des élections, modifiant sensiblement le rapport droite-gauche.

La droite est également marquée par une division supplémentaire. À côté du RPR dirigé à partir de 2000 par Michèle Alliot-Marie, de l'UDF dirigée par le centriste François Bayrou, du *Parti Républicain* qui s'est séparé de l'UDF et est devenu *Démocratie Libérale* (DL) sous la direction d'Alain Madelin, une nouvelle formation qui a repris le sigle ancien de RPF, ce qui signifie maintenant *Rassemblement pour la France*, s'est constituée sous la direction de Charles Pasqua et de Philippe de Villiers. Ce nouveau mouvement entend rassembler les « souverainistes », c'est-à-dire les adversaires de droite de la construction européenne. Elle crée une surprise en obtenant lors des élections européennes du 13 juin 1999 plus de voix (13,09 %) que la liste du RPF (12,71 %) dirigée par Nicolas Sarkozy qui avait remplacé Philippe Seguin à la tête du mouvement gaulliste.

La gauche a peu changé ; le parti socialiste y maintient sa primauté (21,96 % à la liste dirigée par François Hollande, premier secrétaire du parti), la liste écologiste de Daniel Cohn-Bendit obtient un score honorable (9,71 %). En revanche, les transformations continuelles que Robert Hue inflige au parti communiste (mis à part le maintien de son nom) et qui visent à le séparer définitivement de son passé ne lui ont pas jusqu'à présent permis de redresser son influence (6,80 %), tandis que l'extrême gauche trotskyste obtient des résultats inhabituels (5,20 % à la liste d'Arlette Laguiller).

Le pays donne l'impression de la stabilité, voire du retour à l'optimisme, grâce au maintien de la croissance économique qui n'a finalement pas trop pâti de la crise des Bourses asiatiques. La croissance économique a toutefois été plus faible en 1999 (2,7 %) qu'en 1998 (3,4 %), mais elle a connu un net redémarrage dans la deuxième partie de l'année. Ce retour de l'opinion à la confiance traduit, pour la première fois depuis le déclenchement de la grande crise économique en 1974, le sentiment d'être entré dans une période de croissance durable, d'autant que c'est un phénomène qui affecte l'ensemble du monde. L'introduction de la monnaie unique européenne, *l'Euro*, le 4 janvier 1999, pour les onze pays qualifiés, ne provoque pas de difficultés particulières, sauf que *l'Euro* ne cesse de baisser par rapport au dollar – la mise en circulation de l'*Euro*, en remplacement du franc, fut fixée au 1er janvier 2002. Assez paradoxalement, la bonne santé économique du pays n'empêche pas les impôts de continuer d'augmenter. Les « prélèvements obligatoires » qui étaient à 44,9 % en 1997 atteignent à la fin de 1999 un sommet avec 45,3 % du revenu national. Parallèlement à la croissance, le chômage diminue, assez lentement d'ailleurs.

– Décembre 1997 : 3 027 800 demandeurs d'emploi (avec correction des variations saisonnières), soit 12,2 % de la population active ;

– Décembre 1998 : 2 899 900 demandeurs d'emploi, soit 11,5 % de la population active ;

– Décembre 1999 : 2 773 000 demandeurs d'emploi, soit 11 % de la population active.

Cette baisse du chômage est due au retour de la croissance et n'est que peu la conséquence du passage aux 35 heures, même si cela avait été son objectif initial.

Les autres principales réformes furent l'établissement du PACS (pacte civil de solidarité) pour les couples homosexuels (13 octobre 1999), de la parité hommes-femmes pour les élections, de la CMU (couverture maladie universelle) à partir du 1er janvier 2000.

La situation de croissance et l'augmentation des revenus de l'État permettent au surplus de faire face aux conséquences financières des deux tempêtes d'une intensité inconnue jusqu'alors qui provoquent d'immenses dégâts dans les derniers jours de 1999.

En revanche, le gouvernement se heurte à des oppositions politiques ou syndicales qui l'obligent à renoncer à une réforme de la justice, à une réorganisation de l'administration fiscale. Ce dernier échec entraîne le départ après seulement cinq mois du ministre de l'Économie, Christian Sautter qui avait remplacé Dominique Strauss-Kahn (voir ci-dessous). Le gouvernement rencontre aussi de grandes difficultés dans les réformes touchant l'enseignement, il est tout à fait prudent dans son souhait de réformer le régime des retraites des fonctionnaires, les conflits entre ministres sont de plus en plus fréquents… Le début de l'année 2000 marque, au moins temporairement, une période de difficultés pour le gouvernement Jospin que n'arrange pas un difficile voyage en Israël où des étudiants palestiniens bombardent avec des pierres le Premier ministre français (26 février).

Après trois ans, 1997, 1998, 1999 de stabilité et de cohabitation d'apparence harmonieuse, le climat est en train de se modifier.

En 2001, le renversement de la tendance économique apparaît clairement. Depuis plusieurs mois, la baisse du chômage se ralentissait et il repart à la hausse à partir du mois de mai. Cette augmentation est confirmée dans les mois suivants et s'accélère. En avril 2001, à son point le plus bas, le nombre de demandeurs d'emplois (en données corrigées) était de 2 063 100, en décembre 2001, il est de 2 212 100.

La baisse de la croissance a précédé la remontée du chômage. Dès le mois de février, la dégradation de l'environnement international pèse sur la conjoncture française, la consommation baisse, la confiance des ménages s'érode. Au quatrième trimestre de 2001, l'économie française est proche de la stagnation.

Parallèlement, et même avec un peu d'avance, même si la popularité du Premier ministre reste exceptionnellement élevée après une si longue période de gouvernement, des difficultés petites ou grandes ne cessent de s'accumuler.

L'équipe gouvernementale qui avait soutenu l'action du Premier ministre se trouve progressivement démembrée par le départ de ses principales personnalités. Le premier à démissionner est l'efficace ministre de l'Économie, Dominique Strauss-Kahn (2 novembre 1999) impliqué dans le scandale de la MNEF (Mutuelle nationale des Étudiants de France). C'est ensuite, le ministre de l'Éducation nationale, Claude Allègre, plus apprécié à droite qu'à gauche, et qui avait ameuté contre lui une grande part du personnel de son administration. Il perd son poste, lors du remaniement ministériel du 27 mars 2000, ainsi que la ministre de la Culture, Catherine Trautmann. Ils sont bientôt suivis par le ministre de l'Intérieur, Jean-Pierre Chevènement, (28 août 2000), en désaccord avec la politique corse du gouvernement, par la ministre de l'Emploi, Martine Aubry, « la dame des 35 heures »[3] (18 octobre 2000) qui veut se consacrer à sa candidature à la mairie de Lille et par la ministre de l'Environnement, l'écologiste Dominique Voynet (10 juillet 2001) qui souhaite s'occuper de son parti.

3. D'après le titre de l'ouvrage très polémique sur l'action de Martine Aubry des journalistes Philippe Alexandre et Béatrice de l'Aunoit, Robert Laffont (2002).

Ces départs permettent le retour de Laurent Fabius et de Jack Lang qui remplacent respectivement Christian Sautter et Claude Allègre. L'arrivée de ces deux hautes personnalités de l'époque mitterandienne est expliquée officiellement par la nécessité de faire appel à des personnalités expérimentées. En réalité, Lionel Jospin qui avait construit son attitude sur le « droit d'inventaire » de la période Mitterrand, c'est-à-dire sur la nécessité de prendre ses distances envers un bilan contrasté, ressent à l'approche des élections, la nécessité de ressouder les différents éléments de la famille socialiste.

Une autre difficulté devient permanente. La réforme la plus importante avait été la loi ramenant de 39 à 35 heures la durée mensuelle légale du travail le 1er janvier 2000 (seulement en 2002 pour les entreprises de moins de 20 salariés). Or la mise en place des 35 heures avait rencontré d'innombrables difficultés – les dirigeants d'entreprise s'employaient à ce que la réforme soit la moins coûteuse possible –, même si le temps libéré baptisé RTT (Réduction du temps de travail) était devenu très populaire, surtout chez les cadres. Néanmoins le vote de la deuxième loi sur les 35 heures le 15 décembre 1999 ouvre de nouvelles difficultés. Pour obtenir les suffrages communistes, il avait fallu y introduire un certain nombre de dispositions sociales, en particulier celles visant à rendre plus difficiles les licenciements, mais dès le mois de janvier 2000, le Conseil constitutionnel annule ces dispositions. Ce n'était pas pour apaiser les divergences grandissantes entre socialistes et communistes. Les pires difficultés sont encore toutefois de trouver le financement des RTT – syndicats et patronat s'opposent catégoriquement à ce que cela soit pris sur la Sécurité sociale – et d'appliquer la loi à la fonction publique où une négociation générale échoue.

Le vote de la loi de modernisation sociale (13 juin 2001), sorte de fourre-tout reprenant des projets très divers, mais dont une disposition rend également plus difficile les licenciements économiques est votée là encore à la suite de terribles tiraillements à l'intérieur de la « majorité plurielle », les Verts votant contre...

Le déferlement de plans sociaux (Michelin, Danone, Marks et Spencer, Air Liberté, Moulinex...) en 2000 et au début de 2001 (qui n'apparaissent pas toujours provoqués par le ralentissement de la croissance) plonge le gouvernement dans l'embarras et alimente les oppositions à l'intérieur de la majorité.

La progression de la violence et de l'insécurité, même si ce n'étaient pas des faits nouveaux, commence à devenir une préoccupation majeure de l'opinion publique.

Dans les difficultés que rencontre le gouvernement, on ne peut négliger également l'effet des maladresses qu'il multiplie lors de la marée noire provoquée par le pétrolier l'*Erika* (naufrage le 12 décembre 1999) ou des accusations (non fondées) portées contre lui lors des inondations de la Somme (avril 2001), mais on ne peut omettre également l'approche du cycle électoral qui débute avec les élections municipales des 11 et 18 mars 2001.

Les élections municipales de mars 2001

Les élections municipales ne sont pas considérées comme des élections uniquement politiques, mais il est rare qu'elles ne délivrent pas des enseignements. Pour ces élections de mars 2001, tout laissait présager, y compris les sondages, que la gauche plurielle allait l'emporter. On évoquait la vague « rose » qui ne pouvait manquer de se produire.

C'est tout le contraire qui eut lieu ; après un premier tour comme souvent difficile à interpréter, la victoire de la droite au deuxième tour fut une grande surprise : elle gagnait 24 villes de plus de 30 000 habitants et en perdait seulement une. Pour les villes de plus de 100 000 habitants, (en dehors de Paris et de Lyon), elle n'était défaite qu'à Dijon et en gagnait six, Aix-en-Provence, Nîmes, Orléans, Rouen, Strasbourg, Toulon (enlevé au Front national).

La victoire de la droite avait certes été favorisée par l'écroulement des deux composantes du Front national, victimes l'une et l'autre des effets de la scission, mais on pouvait remarquer que, dans d'assez nombreux cas, être ministre du gouvernement Jospin ou en avoir fait partie n'avait pas eu un effet bénéfique sur les électeurs (c'était le cas pour Jean-Claude Gayssot, ministre des transports, battu à Béziers, Pierre Moscovici, ministre des affaires européennes à Montbéliard, Dominique Voynet à Dôle, Élisabeth Guigou, ministre de l'Emploi à Avignon, Jack Lang à Blois… ou du médiocre résultat de Martine Aubry à Lille). Au surplus la défaite avait été particulièrement lourde pour le Parti communiste qui perdait presque toutes les villes importantes qu'il détenait encore, Nîmes, Tarbes, Evreux…

En revanche la gauche l'emportait à Paris et à Lyon. Apparemment la raison était la même, les divisions de la droite. Raison qui ne manquait pas de pertinence, mais qui n'expliquait pas tout. À Paris, il y avait déjà plus de dix ans que le déclin de la droite se marquait d'élection en élection et la violence de l'opposition entre Philippe Séguin et le maire sortant de Paris, Jean Tibéri, n'avait fait qu'apporter le coup de grâce et permis au socialiste Bertrand Delanoë de tirer les marrons du feu et de gagner. À Lyon, ville de droite modérée, l'opposition entre cette droite traditionnelle et une droite plus dure avait permis à une gauche dont la tête de file, le socialiste Gérard Collomb, était lui-même fort modéré, de l'emporter.

Conséquence la plus paradoxale de ces élections municipales, à la veille de consultations de première importance, leurs résultats furent assez peu intégrés dans l'analyse de la situation politique. Les victoires de la gauche à Paris et à Lyon remisèrent à l'arrière-plan la large victoire de la droite dans le reste du pays.

Les élections présidentielles

Progressivement la perspective des élections présidentielles de 2002 occupait tout l'espace politique, encore que, dans un premier temps, ce sont la durée du mandat présidentiel et le calendrier qui furent surtout discutés.

• *La question du quinquennat*

Depuis 1873, la durée du mandat présidentiel, quelle que soit la réalité de la fonction, avait été de sept ans. C'était Georges Pompidou qui avait pensé le premier que, dans l'esprit de la constitution de 1958, il devait être ramené à cinq ans, mais les circonstances n'avaient pas permis l'aboutissement de ce projet. Il devait fait surface à divers moments et il était mentionné dans le programme de Lionel Jospin. Jacques Chirac s'y était longtemps opposé, car il y avait vu une menace pour la pérennité de son septennat. Les avis étaient extrêmement divergents sur l'effet du quinquennat, certains croyaient qu'il éviterait la cohabitation, d'autres au contraire qu'il l'institutionnaliserait… Un référendum, pratiquement sans véritable débat – toutes les grandes formations politiques, sauf le Parti communiste qui préconisait l'abstention, parti socialiste, RPR, UDF, appuyaient le projet – eut lieu le 24 octobre 2000. Le oui l'emporta avec 73 % des suffrages exprimés, mais il y avait eu tout près de 70 % d'abstentions…

• *Le calendrier électoral*

À la suite du décalage dû à la dissolution de 1997, les élections législatives et présidentielles devaient avoir lieu à peu près au même moment, les législatives précédant les présidentielles. N'était-il pas dans l'esprit de la Ve République que l'on commence par les présidentielles ? En réalité les positions des uns et des autres furent essentiellement motivées par des considérations tactiques – dans quelle mesure, un avantage pourrait-il être tiré du maintien ou de l'inversion du calendrier ? – même si elles reposaient sur des hypothèses assez aléatoires.

Le RPR (à l'initiative de Jacques Chirac), Démocratie libérale, les Verts et les communistes, qui pensaient que cela leur donnerait une meilleure chance lors de législatives étaient pour le maintien, les socialistes et l'UDF de François Bayrou – du moins en partie – pour l'inversion. Ces derniers l'emportèrent (24 avril 2001). Les élections présidentielles auraient donc lieu les premières à leur date normale, les 21 avril et 5 mai 2002, et, après une prolongation de quelques semaines de l'Assemblée nationale sortante, les élections législatives, les 9 et 16 juin 2002.

• *Le premier tour*

Même s'ils estimaient qu'il était de bonne guerre de se déclarer le plus tard possible, personne ne doutait que les deux principaux candidats qui se disputeraient le second tour seraient le président de la République et le Premier ministre sortants. Les sondages, compte tenu de leur marge d'erreur, peinaient à donner l'éventuel vainqueur, encore qu'en général Jacques Chirac semblait très légèrement distancer Lionel Jospin. Cela pouvait paraître surprenant, compte tenu de la popularité du Premier ministre, mais au cours des années et, malgré les « affaires » dont il était accusé avec régularité et dont les médias étaient la caisse de résonance, la popularité du président de la République avait rejoint celle du Premier ministre, voire de temps en temps la dépassait.

La précampagne présidentielle fut brutalement interrompue par le coup de tonnerre du 11 septembre 2001 et les attentats contre les deux tours du World Trade Center à New York et contre le Pentagone à Washington. D'un seul coup, les affaires intérieures françaises étaient renvoyées à l'arrière-plan par la redoutable intrusion du terrorisme dans la vie de chacun, cette guerre d'un nouveau type qui menaçait. Ceux qui comme François Bayrou avaient commencé leur campagne l'interrompaient.

Néanmoins, au bout de quelques semaines, malgré la guerre engagée en Afghanistan et à laquelle la France participait – faiblement –, la campagne électorale française reprenait dans ce contexte nouveau. L'événement n'avait pas été sans conséquences : dans ces semaines, Jacques Chirac était apparu comme le *leader* de la France, l'homme qui « avait en charge l'essentiel » (de Gaulle), tandis que le Premier ministre restait en retrait, voire effacé.

Avant ou après le 11 septembre, le fait marquant de la campagne présidentielle fut cependant la multiplication des candidats qui s'employaient à occuper le terrain avant que les vedettes n'entrent en scène. Certains d'entre eux purent croire à leur destin pendant quelques semaines, notamment Jean-Pierre Chevènement qui s'était autoproclamé, au delà des divisions partisanes de droite ou de gauche, le représentant unique de la République. Compte tenu de la nécessité d'obtenir le parrainage de 500 élus, ce qui entre autres élimina la candidature de Charles Pasqua au nom des « souverainistes », outre Jacques Chirac qui se déclarait le 11 février 2002 et Lionel Jospin le 20, Jean-Pierre Chevènement et François Bayrou (pour ce qui restait de l'UDF), il y eut 12 autres candidats.

– À l'extrême gauche, trois trotskistes, Arlette Laguiller (Lutte ouvrière), Olivier Besancenot (Ligue communiste révolutionnaire) à la place de l'habituel candidat, Alain Krivine, Daniel Gluckstein (parti des travailleurs).

– Pour le parti communiste, son secrétaire national, Robert Hue.

– Pour les « Verts », Noël Mamère qui avait remplacé un premier candidat Alain Lipietz, dont les déclarations incontrôlées risquaient d'ameuter l'opinion.

– Une radicale de gauche, la Guyanaise Christiane Taubira.

– Une écologiste de droite, ancienne ministre du gouvernement Juppé, Corinne Lepage.

– Alain Madelin pour *Démocratie libérale*, Christine Boutin pour les valeurs familiales et le « chasseur » Jean Saint-Josse (Chasse, pêche, nature, traditions), tous de droite.

– À l'extrême droite, les deux frères devenus ennemis, Jean-Marie Le Pen (Front national) et Bruno Mégret (Mouvement national républicain).

Résultats de l'élection présidentielle de 2002
(compte non tenu de la Polynésie française, de Saint-Pierre-et-Miquelon et du vote des Français de l'étranger)
1er tour–21 avril

Inscrits	40 575 392	
Votants	29 271 991,	soit 72,14 % des inscrits
Abstentions	11 303 401,	soit 27,86 % des inscrits
Blancs et nuls	995 030,	soit 2,46 % des inscrits
Exprimés	28 276 961,	soit 69,68 % des inscrits
Jacques Chirac	5 573 958,	soit 19,71 % des suffrages exprimés
Jean-Marie Le Pen	4 791 750,	soit 16,95 % des suffrages exprimés
Lionel Jospin	4 558 554,	soit 16,12 % des suffrages exprimés
François Bayrou	1 939 124,	soit 6,86 % des suffrages exprimés
Arlette Laguiller	1 625 169,	soit 5,75 % des suffrages exprimés
Jean-Pierre Chevènement	1 509 644,	soit 5,34 % des suffrages exprimés
Noël Mamère	1 484 238,	soit 5,25 % des suffrages exprimés
Olivier Besancenot	1 206 782,	soit 4,27 % des suffrages exprimés
Jean Saint-Josse	1 201 524,	soit 4,25 % des suffrages exprimés
Alain Madelin	1 103 841,	soit 3,90 % des suffrages exprimés
Robert Hue	959 328,	soit 3,39 % des suffrages exprimés
Bruno Mégret	664 836,	soit 2,35 % des suffrages exprimés
Christiane Taubira	656 048,	soit 2,32 % des suffrages exprimés
Corinne Lepage	531 601,	soit 1,88 % des suffrages exprimés
Christine Boutin	338 229,	soit 1,20 % des suffrages exprimés
Daniel Gluckstein	132 335,	soit 0,47 % des suffrages exprimés

La campagne se déroula sans grande passion, sans que les sondages indiquent de changements importants dans les positions respectives des deux principaux candidats – ni l'un, ni l'autre ne progressent vraiment, ni ne faiblissent particulièrement. Ils restent toutefois à un niveau médiocre – ce que la multiplicité des candidatures peut en partie expliquer. Deux faits ont néanmoins affecté la candidature de Lionel Jospin, ses déclarations sur son concurrent « vieilli et usé » qui choquent une partie de l'opinion, son aveu d'avoir été très longtemps trotskyste, alors qu'il était officiellement socialiste, ce qu'il avait toujours nié.

L'annonce des résultats provoqua la stupeur. Certes depuis quelques jours les sondages enregistraient une progression du candidat du Front national, mais de là à penser qu'il devancerait l'un des deux principaux candidats... Ils étaient bien rares, ceux qui avaient pu l'imaginer. Le sentiment fut celui d'un séisme politique.

Sans attendre, Lionel Jospin, éliminé du second tour, annonçait son retrait de la vie politique, tandis que les autres candidats de gauche avec plus ou moins d'allant, se désistaient pour Jacques Chirac, sauf les candidats trotskistes qui se refusaient à donner des consignes de vote et Bruno Mégret qui le faisait pour Jean-Marie Le Pen.

La stupéfaction de l'opinion, l'humiliation ressentie dans un pays si volontiers donneur de leçons, provoquaient une réaction aussi formidable qu'inattendue – le pourcentage des abstentionnistes exceptionnellement élevé n'y poussait pas. Certes il était totalement invraisemblable que le candidat du Front national puisse l'emporter – encore que de faux sondages inquiétants circulaient –, mais tandis que d'immenses manifestations, surtout de jeunes, étudiants, lycéens en très grand nombre, appelaient à barrer la route au Front national, pratiquement aucune catégorie de la population, aucun groupement aussi éloigné de la vie politique qu'il soit en temps ordinaire, ne craignait de s'engager dans le combat. Jacques Chirac retrouvait les grands accents du tribun pour appeler à la défense de la République.

• *Le deuxième tour*

Les conditions exceptionnelles de ce second tour furent incarnées par le refus de Jacques Chirac de se prêter au traditionnel débat avec Jean-Marie Le Pen.

Même si la victoire de Jacques Chirac ne faisait pas de doute, son ampleur provoquait un *ouf* de soulagement chez beaucoup de Français, le Front national finalement avait été maintenu dans ses pourcentages habituels et n'avait même pas réussi à cumuler les pourcentages du premier tour de Jean-Marie Le Pen et Bruno Mégret.

Résultats de l'élection présidentielle de 2002
2e tour–5 mai 2002

Inscrits	40 653 471	
Votants	32 577 810,	soit 80,14 % des inscrits
Abstentions	8 075 661,	soit 19,86 % des inscrits
Blancs et nuls	1 758 849,	soit 5,40 % des inscrits
Exprimés	30 818 961,	soit 74,74 % des inscrits
Jacques Chirac	25 316 674,	soit 82,15 % des suffrages exprimés
Jean-Marie Le Pen	5 502 314,	soit 17,85 % des suffrages exprimés

La deuxième présidence de Jacques Chirac (2002.....)

Les élections législatives

Après la démission du gouvernement Jospin, plusieurs noms de Premiers ministres circulaient, mais dès le lundi 6 mai, Jean-Pierre Raffarin, président de la région Poitou-Charentes et sénateur de la Vienne, une personnalité politique peu connue de l'ensemble des Français, était nommé. Néanmoins le gouvernement qu'il formait ne pouvait avoir qu'une existence très éphémère si la majorité présidentielle ne gagnait pas les élections.

• *Le premier tour*

À l'instar du premier tour de l'élection présidentielle, les élections législatives furent également marquées par un très grand nombre de candidatures, même si la plus grande partie de la droite s'était rassemblée dans *l'Union pour la majorité présidentielle* (UMP), une droite qui semblait proche de la victoire, sauf si, comme en 1997, l'extrême droite était en état de se maintenir au second tour et de lui faire perdre de nombreux sièges.

Résultats des élections législatives de 2002
1er tour–9 juin

Inscrits	40 930 928
Votants	26 350 320, soit 64,38 % des inscrits
Abstentions	14 580 608, soit 35,62 % des inscrits
Blancs et nuls	562 418, soit 2,13 % des inscrits
Exprimés	25 787 902, soit 62,65 % des inscrits
Extrême gauche trotskyste	737 931, soit 2,86 % des suffrages exprimés
Parti communiste	1 210 913, soit 4,70 % des suffrages exprimés
Parti socialiste et Parti radical de gauche	6 519 691, soit 25,28 % des suffrages exprimés
Verts	1 142 723, soit 4,43 % des suffrages exprimés
Pôle républicain (anciennement MDC, Chevènement)	313 589, soit 1,22 % des suffrages exprimés
Divers gauche	475 985, soit 1,85 % des suffrages exprimés
UMP	9 662 901, soit 34,23 % des suffrages exprimés
UDF	1 081 368, soit 4,19 % des suffrages exprimés
CPNT	422 851, soit 1,64 % des suffrages exprimés
Divers droite	1 121 296, soit 4,35 % des suffrages exprimés
Front national	2 865 173, soit 11,11 % des suffrages exprimés
Mouvement national républicain	278 524, soit 1,08 % des suffrages exprimés
(Il reste un peu plus de 3 % de voix inclassables)	

On pouvait observer qu'après le sursaut du second tour de la présidentielle, l'abstention s'était de nouveau établie à un niveau très élevé.

Quant aux forces politiques, les législatives confirmaient que le Parti communiste était électoralement à peu près hors jeu, et montraient que pour Jean-Marie Le Pen, s'il avait réussi à liquider la scission du MNR, à peu près partout l'écroulement du vote Front national éliminait ses candidats du second tour .

Le parti socialiste après l'abandon de son chef de file et sa déconvenue de l'élection présidentielle avait résisté mieux que prévu, mais, sauf événement extraordinaire, la victoire de la droite était assurée au second tour.

• *Le deuxième tour*

Il confirmait les prévisions du premier tour. Avec 52,83 % des suffrages la droite obtenait la majorité absolue des sièges, tandis qu'avec 45,32 %, la gauche ne s'écroulait pas, comme le Parti socialiste l'avait fait neuf ans plus tôt, en 1993.

Résultats du 2e tour
16 juin

Parti communiste	21 sièges
Parti socialiste et radicaux de gauche	148 sièges
Verts	3 sièges
Divers gauche	6 sièges
UMP	369 sièges
UDF	22 sièges
Divers droite	8 sièges

Ce n'est que d'extrême justesse que le Parti communiste d'un côté, l'UDF de l'autre, avaient sauvé leur groupe parlementaire (20). La Ve République s'était créée sur l'idée de la bipolarité. C'était pratiquement la première fois qu'elle était presque complètement réalisée, du moins au niveau de l'Assemblée nationale.

Le gouvernement Raffarin

Dès le 17 juin, la composition du deuxième gouvernement Raffarin était annoncée. Elle était identique au premier à un ministre près, mais 12 ministres-délégués et secrétaires d'État nouveaux y faisaient leur entrée. Au total, le nouveau gouvernement comprenait 38 membres. Il était le témoignage d'un profond renouvellement du personnel dirigeant de la droite, comme avait pu l'être le gouvernement Jospin pour le personnel de la gauche en 1997. À côté du numéro deux, le ministre de l'Intérieur, Nicolas Sarkozy et du numéro 3, le ministre des Affaires sociales, François Fillon, du ministre des Affaires étrangères, Dominique de Villepin, ancien secrétaire général de l'Élysée, le trait le plus frappant du nouveau gouvernement était le nombre de ses membres, non seulement non parlementaires, mais issus de la « société civile », le ministre de l'Éducation nationale, le philosophe Luc Ferry, le ministre de l'Économie, l'industriel Francis Mer, le ministre de la Culture, l'ancien directeur du Centre Pompidou, Jean-Jacques Aillagon, la ministre aux Affaires européennes, un ancien membre du Conseil constitutionnel, spécialiste de bioéthique, venue de la gauche, Noëlle Lenoir, la ministre à la Recherche, la spationaute Claudie Haigneré... Pour la première fois, depuis la guerre d'Algérie, il était fait appel à deux secrétaires d'État, issus de l'émigration, Toki Soffi pour le développement durable et un ancien harki, Hamlaoui Mekachera, comme secrétaire d'État aux Anciens combattants. Dix femmes faisaient partie du nouveau gouvernement.

Il est difficile de dire si le changement de période qu'on avait cru discerner en 1995, après une vingtaine d'années dominées par des gouvernements de gauche, s'ouvrait en 2002. La volatilité d'un électorat qui a perdu ses repères traditionnels, les difficultés des sondages, englués dans des habitudes de questionnement futile, à s'adapter aux mouvements de fond de la société française, rendent les prévisions difficiles.

Il est certain en revanche que c'est dans un contexte difficile, les problèmes économiques mondiaux et leurs effets sur la France, la menace du terrorisme international, que le nouveau pouvoir devait s'attaquer en même temps à de très nombreux problèmes, ceux de l'insécurité, de la santé, du financement des retraites, d'un chômage encore considérable, de celui récurrent de l'immigration, des défaillances de la Défense, tous sources de dépenses, alors qu'il fallait également lutter contre un lourd déficit budgétaire et que la croissance était très faible.

Bibliographie

Instruments de travail

– *L'Année politique,* un volume depuis 1944. Édité actuellement par les Éditions Événements et tendances.
– *Encyclopædia Universalis*, un volume annuel *Universalia* chaque année depuis 1974.

Les mémoires

AURIOL (Vincent), *Mon septennat,* Gallimard, 1977.
– Édition intégrale de *Journal du Septennat* (sous la direction de Jacques OZOUF et Pierre NORA) en 7 volumes, Armand Colin 1970 à 1980.
DE GAULLE (Charles), *Mémoires de guerre,* tome III, *Le Salut (1944-1946),* Plon, 1958.
– *Mémoires d'Espoir,* 2 volumes, Plon, 1970-1971.

À défaut de mémoires de François Mitterrand :
FAVIER (Pierre) et MARTIN-ROLAND (Michel), *La décennie Mitterrand,* tome I, *Les ruptures (1981-1984)*, 1990, tome II, *Les Épreuves (1984-1988)*, 1991, tome III, *Les défis (1988-1991)*, 1996, tome IV, *Les déchirements (1981-1995),* Seuil, 1999.

Les travaux généraux

« Nouvelle histoire de la France contemporaine », Éditions du Seuil :
AZÉMA (Jean-Pierre), *De Munich à la Libération (1938-1944),* 1979.
BECKER (Jean-Jacques) (avec la collaboration de Pascal ORY), *Crises et alternances (1974-2000),* 2002.
BERSTEIN (Serge), *La France de l'expansion* : tome I, *La République gaullienne (1958-1969),* 1989 ; tome II (avec Jean-Pierre RIOUX), *L'apogée Pompidou (1969-1974)*, 1995.
RIOUX (Jean-Pierre), La *France de la IVe République (1944-1958)* : tome I, *L'ardeur et la nécessité (1944-1952),* 1980 ; tome II, *L'expansion et l'impuissance (1952-1958),* 1983.
WIEVIORKA (Olivier) et PROCHASSON (Christophe), *La France du XXe siècle, Documents d'Histoire,* 1994.

AGULHON (Maurice), *La République de Jules Ferry à François Mitterrand,* Hachette, 1997.
CHAPSAL (Jacques), *La vie politique en France de 1940 à 1958,* PUF, 1979.
– *La vie politique sous la Ve République,* tome I, *1958-1974* ; tome II, *1974-1987,* PUF, 1990.
Dossier sur la IVe République, « Histoire, recherches et archives », *Historiens-Géographes.* N° 357 (mai-juin 1997), n° 358 (juillet-août 1997), n° 361 (mars-avril 1998).
GOGUEL (François), *Géographie des élections françaises sous la Troisième et la Quatrième République,* Armand Colin, 1970.
– *Les scrutins politiques en France de 1945 à nos jours,* 3 volumes, Presses de la Fondation nationale des Sciences politiques :
– tome I, *La Quatrième République*, 1981.
– tome II, *La Cinquième République du général de Gaulle*, 1982.
– tome III, *La Cinquième République après de Gaulle*, 1983.
La libération de la France (Actes du colloque de 1974), CNRS, 1976.
RÉMOND (René) (avec la collaboration de Jean-François SIRINELLI), *Notre siècle (1918-1995),* Fayard, 1996.
WILLIAMS (Philippe), *La vie politique sous la IVe République,* Armand Colin, 1971.

Les forces politiques

BECKER (Jean-Jacques), *Le parti communiste veut-il prendre le pouvoir ? La stratégie du PCF de 1930 à nos jours,* Seuil, 1981.
BERGOUGNIOUX (Alain) et GRUNBERG (Gérard), *Le long remords du pouvoir. Le parti socialiste français (1905-1992),* Fayard, 1992.
BERSTEIN (Serge), *Histoire du gaullisme,* Perrin, 2001.
BUTON (Philippe), *Les lendemains qui déchantent. Le parti communiste français à la Libération,* PFNSP, 1993.
COURTOIS (Stéphane) et LAZAR (Marc), *Histoire du parti communiste français,* PUF, 2000.
MAYER Nonna et PERRINEAU Pascal (dir.), *Le Front national à découvert*, PNFSP, 1996.
QUILLIOT (Roger), *La SFIO et l'exercice du pouvoir (1944-1958),* Fayard, 1972.
RÉMOND (René), *Les droites en France,* Aubier, 1982.

Index des noms

D

E

F

G

M

N

O

P

Q

Armand Colin Éditeur
21, rue du Montparnasse, 75006 Paris
N° d'éditeur : 11002157 - (II) - (2,5) - OSB 100° -
NOC - HBT
Dépôt légal : septembre 2005

Achevé d'imprimer sur les presses de
SNEL Grafics sa
rue Saint-Vincent 12 – B-4020 Liège
Tél +32(0)4 344 65 60 - Fax +32(0)4 341 48 41
septembre 2005 – 36089

Imprimé en Belgique